AF591054

FRÉDÉRIC MASSON
de l'Académie Française

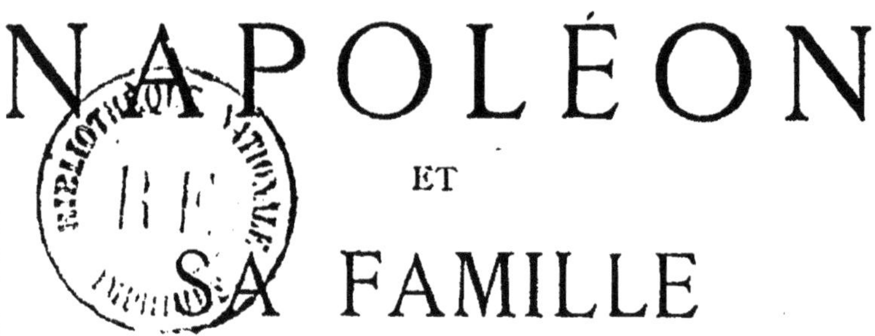

NAPOLÉON ET SA FAMILLE

XI

1815

Deuxième édition

PARIS
Société d'Éditions littéraires et artistiques
LIBRAIRIE PAUL OLLENDORFF
50, CHAUSSÉE D'ANTIN, 50

1914
Tous droits réservés

BIBLIOTHÈQUE NATIONALE
R.F.
IMPRIMÉS

NAPOLÉON

ET

SA FAMILLE

8° Lb44. 1552

ŒUVRES DE M. FRÉDÉRIC MASSON

de l'Académie française

Le Cardinal de Bernis depuis son ministère (1758-1794)	1 vol. in-8°.
Le Département des Affaires étrangères pendant la Révolution (1787-1804)	1 vol. in-8°.
L'Académie française (1629-1793)	1 vol. in-8°.

ÉTUDES NAPOLÉONIENNES

I. **Manuscrits inédits de Napoléon** (1786-1791)	1 vol. in-8°.
Napoléon dans sa Jeunesse (1769-1793)	1 vol. in-8°.
II. **Napoléon et les Femmes**	1 vol. in-8°.
Joséphine de Beauharnais (1763-1796)	1 vol. in-8°.
Joséphine Impératrice et Reine (1804-1809)	1 vol. in-8°.
Joséphine répudiée (1809-1814)	1 vol. in-8°.
L'Impératrice Marie-Louise (1809-1815)	1 vol. in-8°.

La série sera complète en six volumes.

III. **Napoléon et sa Famille** (1769-1815)	11 vol. in-8°.

L'ouvrage complet formera douze volumes.

IV. **Napoléon et son fils**	1 vol. in-8°.
V. **Napoléon chez lui. — La journée de l'Empereur aux Tuileries**	1 vol. in-8°.
VI. **Cavaliers de Napoléon**	1 vol. in-8°.
Le Sacre et le couronnement de Napoléon	1 vol. in-8°.
VII. **Napoléon à Sainte-Hélène** (1815-1821)	1 vol. in-8°.

CHAQUE VOLUME : 7 FR. 50

Napoléon et les Femmes, édition illustrée par Calbet	1 vol. in-18.
La Révolte de Toulon en prairial an III	1 vol. in-18.
Le Marquis de Grignan, petit-fils de Mme de Sévigné.	1 vol. in-18.
Diplomates de la Révolution	1 vol. in-8°.
Jadis (1re et 2e séries)	2 vol. in-18.
L'Affaire Maubreuil (Mars-avril 1814)	1 vol. in-18.
Jadis et Aujourd'hui (1re et 2e séries)	2 vol. in-18.
Autour de Sainte-Hélène (1re, 2e et 3e séries)	3 vol. in-18.
Sur Napoléon	1 vol. in-18.
Petites histoires (1re et 2e séries)	2 vol. in-18.
Au jour le jour	1 vol. in-18.
Pour l'Empereur (1796-1821)	1 vol. in-18.

CHAQUE VOLUME : 3 FR. 50

Mémoires et Lettres du Cardinal de Bernis (1715-1758)	2 vol. in-8°.
Journal inédit du marquis de Torcy (1709-1711)	1 vol. in-8°.
Mémoires du Comte Hippolyte d'Espinchal	2 vol. in-8°.

CHAQUE VOLUME : 7 FR. 50

Souvenirs de Maurice Duvicquet	1 vol. 3 fr. 50
Journal de ma déportation, par Laffon-Ladebat	1 vol. 3 fr. 50

Tous droits de reproduction et de traduction réservés pour tous les pays, y compris la Suède, la Norvège, la Hollande et le Danemark.

S'adresser pour traiter à la Librairie Paul Ollendorff, 50, Chaussée d'Antin, Paris.

NAPOLÉON
ET SA FAMILLE

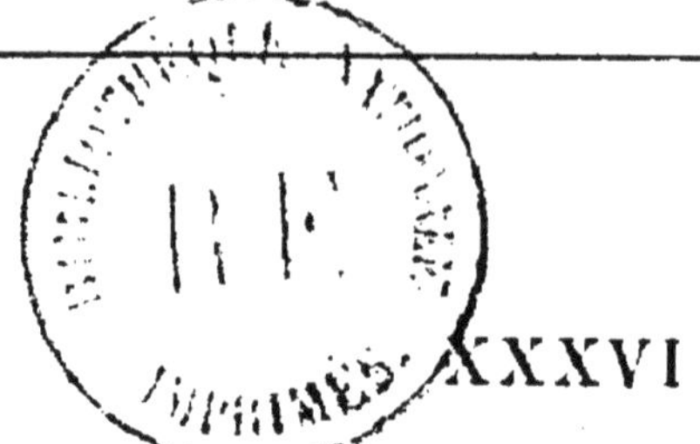
RF

XXXVI

LE RETOUR DE L'ILE D'ELBE
26 Février-28 Avril 1815.

L'ENTENTE AVEC MURAT
Mai 1814-Février 1815.

Le retour de l'ile d'Elbe. — L'Empereur n'a fait confidence de son retour ni à sa mère, ni à Pauline. — Attitude de Madame lors du départ. — Attitude de Pauline. — Recommandations faites aux princesses. — Qu'elles attendent à Porto-Ferrajo.

L'Empereur sait qu'il trouvera des amis en France, à Grenoble. — Motifs qui le dirigent vers Grenoble. — Le cléricalisme et les Bourbons. — Résistance des libéraux et des patriotes. — Les Loges. — A Grenoble, l'Empereur sera à Paris. — Point d'illusions sur le but et sur les moyens. — Tout ensuite dépend du retour de Marie-Louise. — L'Empereur convaincu qu'elle n'attend qu'un signe. — Lettre écrite de Grenoble. — Lettre écrite de Lyon. — Dictée faite à Bertrand. — Opinion générale que la paix est subordonnée au retour de l'Impératrice. — Nécessité de la paix pour la France. — Il faut que l'Europe consente au retour de Marie-Louise. — Les décrets de Lyon. — Pourquoi ils sont rendus. — Apparence et réalité. — Le Champ de Mai et le couronnement de l'Impératrice et du Prince impérial. — La régence annoncée. — Pourquoi l'Empereur confie le portefeuille des Affaires Étrangères au duc de Vicence. — Désappointement de Fouché. — Prestige que l'Empereur prête au duc de Vicence. — Il croit à sa fidélité. — Il essaie de reprendre Talleyrand et de le débaucher des Bourbons. — Emissaires qu'il lui envoie. — Lettres qu'il lui adresse. — Lettres qu'il adresse à l'empereur de Russie et à l'empereur d'Autriche. — Succès qu'il en attend. — Conviction où il est de la prochaine arrivée de l'Impératrice. — Lettre à Fesch sur le couronnement du prince impérial. — Les revenants de Vienne. — Le capitaine Hurault. — Bruits contradictoires. — Réponse du Congrès aux manifestes de Napoléon. — L'Empereur mis au ban de l'Europe. — Ce qu'est la déclaration du 13 mars. — La doctrine de la Sainte-Alliance. — Injustice et mensonges. — Proclamation du droit d'intervention. — Napoléon ne croit pas que les Alliés exécutent leurs menaces. — Il proteste de son désir de la paix. — Circulaire de M. le duc de Vicence. — Protestation du Conseil d'Etat. — L'Empereur veut employer des agents secrets. — Lettres autographes aux souverains. — La France en interdit. — La régence pourtant n'est pas impossible. — Mais la régence de Marie-Louise. — Tout dépend d'elle. — Mauvais bruits rapportés par Montrond sur sa situation d'esprit. — Arrivée de Ballouhey. — L'Empereur n'apprend de lui rien de positif. — Il faut attendre l'arrivée de Méneval. — La destinée de Napoléon et la fortune de la France aux mains de Marie-Louise.

Entente avec Murat. — En quittant l'île d'Elbe, Napoléon comptait sur deux alliés, Marie-Louise et Murat. — Qu'arrive-t-il de Murat?

Les deux parias de l'Europe contraints à s'entendre, — après des négociations qui ne durent guère être entamées avant le mois de décembre. — Napoléon a nié qu'aucun rapprochement ait eu lieu avant son départ. — Contredit par les faits. — Il allègue qu'il envoya le chevalier Colonna au moment du départ. — Objet de la mission de Colonna. — Ce qu'en dit Napoléon. — Contradictions relevées qui prouvent l'entente antérieure au second voyage de Colonna. — Point d'alliance signée. — Paroles de Murat. — Mission que Napoléon confie à Murat. — Faire connaître à l'Autriche ses dispositions pacifiques. — Il compte sur la nécessité pour rendre Murat raisonnable.

Politique de Murat depuis mai 1814. — Son isolement en Europe. — Le Renégat. — Seule l'Autriche lui fait à peu près bonne mine. — L'évacuation de la Toscane, des Duchés et des Marches. — Pie VII et Murat. — Refus du Pape de le reconnaître tant qu'il occupera une partie quelconque du territoire pontifical. — L'Angleterre refuse de se compromettre et de recevoir son émissaire. — Même conduite de la part de la Russie. — Les Bourbons : l'Espagne et le Deux Mai. — Lettre de Murat à Ferdinand VII. — Attitude vis-à-vis de Louis XVIII. Envoi de Schinina. — Argent distribué par les mains de Fouché. — Tentatives sur Talleyrand. — Pourquoi infructueuses. — Lettre de Murat à Louis XVIII. — Humilité de Murat. — Jaucourt et Schinina. — Offre d'alliance contre l'Autriche. — Hostilités ouvertes par Louis XVIII. — Policiers français en Lombardie. — Desquirou de Saint-Agnan. — Murat dénonce les patriotes italiens. — Sauvage répression d'un mouvement carbonariste. — Avances à l'Autriche. — Murat met ses espoirs en M. de Metternich. — Conditions pour qu'il soit sauvé. — Qu'on soit certain de sa sincérité lorsqu'il a trahi l'Empereur, que nulle puissance n'ait intérêt à le détruire. — Or il est accusé par tous. — Mauvaise volonté prouvée. — Résolution prise par Louis XVIII. — Négociation secrète entre Blacas et Bombelles. — Murat veut prendre les devants, présente un mémoire apologétique. — Ce mémoire livré à la critique du comte Nugent et de Lord Bentinck. — Entrevue de Talleyrand et de la légation muratiste. — Eugène et la princesse Bagration. — Vantardises de Murat. — 80.000 hommes ! — Lettre à l'empereur d'Autriche. — Lettre au prince Régent. — Les Anglais refusent de livrer Murat, à moins qu'on ne leur prouve sa duplicité. — Louis XVIII prépare l'attaque contre Murat. — La princesse de Galles à Naples. — Murat joue sur les deux cartes : Angleterre et Autriche ; mais il se remet en rapport avec les Unitaires. — Les Emissaires de Fouché. — M. de Jullian. — Projets des Unitaires. .

Caroline. — Elle a accepté totalement l'alliance avec l'Autriche. — Elle se tient pour chef de famille. — Comme elle morigène. — Rapports avec Pauline.

Echange de lettres. — Voie ouverte pour Murat. — L'Empereur a recommandé la paix. — Dès le 23 février, Murat a présenté un ultimatum à l'Autriche. — Que gagne Napoléon à cette entente avec Murat ?

L'Empereur n'avait point pour habitude de faire confidence de ses desseins — surtout à des femmes. Sans doute pouvait-il se croire assuré de la discrétion de sa mère et de sa sœur, mais sait-on jamais? Certaine femme de l'intimité de Pauline fournissait des nouvelles à l'agent de Mariotti, l'organisateur de l'espionnage, et il eût suffi d'un mot lâché devant elle pour que tout fût compromis. Madame avait ses Corses. La plupart étaient sûrs, mais ils avaient des parents et amis qui l'étaient moins. Ce ne fut donc que le soir même de son départ qu'il annonça la résolution. « Tous les compagnons de l'Empereur allèrent prendre congé de Madame et de la princesse Pauline. Madame était parfaite de noble simplicité. » Devant le monde, elle n'avait garde de pleurer; mais, quand elle était seule, comme dit Marchand, « elle était dans les larmes ». « Marchand, lui dit-elle, je vous recommande mon fils », et, lui présentant une bonbonnière sur laquelle était son portrait très ressemblant[1] : « Tenez, lui dit-elle, qu'à l'avenir elle remplace celle dont il se sert habituellement. Si la fortune lui est contraire, ne l'abandonnez pas. » Elle couvrit ses yeux de ses deux mains et Marchand n'entendit plus que des sanglots.

Pauline avait si peu connaissance des projets de son frère, que, le 16 février, elle avait pris date au 26 pour un bal qu'elle comptait donner. Elle y avait invité le commissaire anglais, sir Neil Campbell, lequel s'était excusé, n'étant pas sûr d'être revenu du continent où l'attirait une belle dame. Elle

[1] Termes dont l'Empereur se servira plus tard lorsqu'il disposera dans son testament de cette bonbonnière.

lorsque certains des généraux avaient commencé leur mouvement. Ces mouvements, au lieu d'être coordonnés par une volonté ferme et de devenir ainsi irrésistibles, se brisèrent au premier obstacle. Il est certain à présent que cette conspiration militaire était nettement napoléonienne, mais faut-il conclure de là qu'elle eût l'aveu de l'Empereur et qu'elle eût été combinée avec lui : non certes, puisque ce fut j[illegible]ent sur ce « qu'ils craignaient de contra[illegible] l'Empereur, de lui déplaire, qu'ils pensaient qu'on devait attendre ses ordres » que plusieurs — entre autres Davout — se retranchèrent pour ne point agir. Selon toute vraisemblance, l'Empereur n'était point au courant d'un mouvement qui n'avait point été suffisamment étudié et qui éclata prématurément sur l'annonce du débarquement. Mais, s'il échoua, il permit au moins de juger quel était l'esprit de l'armée et comme était profonde et générale sa désaffection des Bourbons. Pourtant ce n'était pas seulement sur cet état de l'opinion que pouvait compter l'Empereur, et croire qu'il se fût risqué à venir en France sur des indications confuses que lui eût apportées un envoyé du duc de Bassano, serait le mal connaître. Il savait qu'il trouverait, toute disposée à l'accueillir, une ville, non si éloignée de la mer qu'il ne pût la gagner au travers d'un pays peu habité où il n'aurait à redouter ni la révolte des populations ni l'opposition des garnisons. Il savait que cette ville, d'où était parti en 89 le signal des revendications légitimes, était demeurée ferme en son libéralisme, intacte en son patriotisme, décidée en son dévouement, qu'on y tenait pour inséparables ces trois éléments constitutifs de l'existence nationale. De là, il avait reçu des émissaires et des avis; là, il avait trouvé des facilités pour transmettre des ordres. Étant donné que les Bourbons assemblaient une armée sur les Alpes, en Savoie et en Dauphiné en vue de l'expédition qu'ils préparaient contre Murat, nul point n'était plus favorable pour la propagande — plutôt pour l'entente entre leurs adversaires. Que l'instrument pour une telle entente se trouvât dans les loges, on n'en saurait douter. Ce n'était point l'esprit révolutionnaire qui se conservait dans les loges, mais l'esprit de la Révolution. On n'y voulait point persécuter; on n'y professait point de haine contre les religions, on y était et on y demeurait déiste et spiritualiste; mais on n'y entendait point que la société civile fût subordonnée aux ministres d'un culte, encore moins régie par eux. Dès le début de la Restauration, la France entière avait senti que cette alliance contractée en Vendée entre « l'Autel et le Trône », affermie et consolidée par la persécution dirigée par les terroristes à la fois contre les royalistes et contre les prêtres, allait, malgré le Concordat, malgré les faveurs prodiguées par le Premier Consul et l'Empereur à l'Église de France, porter ses fruits et que la monarchie deviendrait l'exécutrice des desseins du clergé — et du clergé émigré. Les loges, persécutées et fermées dans certaines localités, devinrent alors, presque partout, les centres naturels de la résistance ; là se réunirent les patriotes, les hommes décidés à maintenir en France l'égalité devant la loi, la liberté de penser, l'indépendance nationale. On ne saurait douter que les patriotes, devenus francs-maçons, ne se soient efforcés à assurer le retour de l'Empereur, puisque par là se trouveraient résolues leurs revendications. Mais il faut se garder de penser que l'impulsion leur vînt des Grands Premiers Dignitaires. Dans la séance du 12 août 1814, le Grand-Orient de France avait déclaré vacante la grande maîtrise que remplissait Joseph et en même temps avait aboli les Grands Maîtres adjoints : Cambacérès et Murat ; il avait institué trois Grands Conservateurs, Macdonald, Beurnonville, ci-devant Grands Administrateurs de la Grande-Loge Symbolique, et Valence, ci-devant Grand Représentant du Grand Maître. Il y avait donc là bien plutôt une expression orléaniste qu'une tendance bonapartiste, mais, à cette apparence de gouvernement, échappaient la réalité du pouvoir et la direction effective : la démocratie des loges suffisait à se conduire et prenait, selon les régions, des directions diverses.

Le fait admis que Grenoble attend et espère le libérateur — Murat le connaissait et se flattait que, s'il envahissait la France à la tête de l'armée italienne, Grenoble l'accueillerait avec enthousiasme, — le fait admis que Napoléon sait que, devant lui, sans qu'il ait à brûler une amorce, ces murs tomberont et que ces portes s'ouvriront, qu'il trouvera là un point d'appui, une place de ravitaillement, un matériel et des troupes, l'expédition, dans tous ses détails, s'explique et se justifie. Si Grenoble se donne à lui, c'est toute la France patriote : Lyonnais, Bourgogne, Champagne, Lorraine, Alsace! Faute de Grenoble, faute d'une ville militaire et républicaine comme celle-là, il n'est qu'un aventurier errant à travers les montagnes, suivi de quelques centaines d'hommes, ne faisant que des recrues insignifiantes, n'échappant que par fortune aux gendarmes, destiné fatalement à être pris ou fusillé par la première force militaire organisée qu'il rencontrera et qui ouvrira le feu. Napoléon risquait des coups d'audace, certes, mais après en avoir pesé et mesuré les chances. Il eût fait un acte de folie s'il s'était aventuré sur un terrain qui n'eût été nullement préparé et où il se fût trouvé à la merci d'un portier consigne, comme le capitaine Lamouret et ses vingt hommes à Antibes. Il avait son plan et connaissait son but. Là il ne se faisait point d'illusions.

Où il s'en faisait, et de nature à vicier et détruire toutes ses combinaisons, c'était sur la situation européenne — adhésion de l'Autriche, neutralité de l'Angleterre — et sur sa situation familiale — arrivée certaine et prochaine de sa femme et de c'est bien là ce qu'écrit, le 20 mars, le maréchal Ney au général Bertrand : « Que d'actions de grâce ne devons-nous pas au ciel d'avoir si promptement entendu nos cris et de nous avoir rendu notre auguste souverain et bientôt son épouse et cet enfant chéri qui cimenteront à jamais notre amour et notre bonheur ! » « On attend très prochainement l'Impératrice et le Roi de Rome, écrit La Motte-Langon à M. de Carrière, sous-préfet de Carcassonne. Leur venue fermera la bouche à bien du monde. » C'est là l'opinion unanime et c'est un facteur indispensable de sa marche triomphale que cette certitude qu'il donne de la paix. La France veut reconquérir son indépendance, elle veut chasser les Bourbons, mais elle ne veut point renouveler la guerre ; si elle est obligée de la soutenir, elle se défendra, mais elle n'admet point la provocation. Elle a trop souffert l'année précédente, elle est lasse, tout de même, et, malgré les prisonniers rentrés d'Allemagne, d'Angleterre et de Russie, qui forment des cadres précieux, elle fournira difficilement des levées analogues à celles de la fin de 1813. D'ailleurs, l'Empereur le sent à merveille ; ce qui fit l'espèce de popularité des Bourbons, ce fut la paix, et la paix doit à présent être dans ses mains. On dira qu'au lieu du laurier de la guerre, il apporte l'olivier de la paix, et c'est sur sa femme et son enfant qu'il compte.

Mais il faut que l'Europe y consente.

Le 13 mars, ce jour même où il écrit à Marie-

Louise cette lettre en forme pompeuse où il l'invite à le rejoindre, il prend cette suite de décrets qu'on peut bien dire anodins et qui semblent destinés à rassurer et contenter l'Europe, en même temps qu'ils donnent un semblant de satisfaction à ceux-là qui seuls peuvent soutenir le régime : les militaires, les patriotes, les possesseurs des biens nationaux. Moyennant quelques phrases sur la sincérité desquelles il est difficile de se méprendre et la proscription apparente de treize individus qui sont hors de France, il amnistie tous les autres et il s'imagine qu'il rassure par là les souverains d'Europe : ceux-ci en effet craignent d'abord la Révolution et, en renonçant dès lors à la déchaîner, Napoléon brise la meilleure de ses armes. Mais c'est à dessein. Quelle preuve plus éclatante en fournir que ce décret par lequel il dissout la Chambre des Pairs et la Chambre des Communes et ordonne la réunion à Paris, dans le courant du mois de mai prochain, en assemblée extraordinaire du Champ de Mai, des collèges électoraux de l'Empire « afin de prendre, dit-il, les mesures convenables pour corriger et modifier nos Constitutions selon l'intérêt et la volonté de la nation et en même temps pour assister au couronnement de l'Impératrice, notre très chère et aimée épouse et à celui de notre cher et bien-aimé fils ».

Ainsi son premier acte officiel, dès que la fortune se décide en sa faveur, est de reprendre le dessein qu'il avait nourri depuis la fin de 1812, mais, cette fois, avec un but marqué que va préciser encore une des premières mesures qu'il prend à Paris lorsqu'il arrive à constituer un ministère. L'année d'avant, la combinaison de la Régence n'avait-elle pas été presque agréée par l'empereur Alexandre, lorsque le duc de Raguse, en passant à l'ennemi et en rendant impossible cette reprise des hostilités qui effrayait si fort les Alliés et leurs amis, assura aux Bourbons cette couronne qui pouvait encore leur échapper? Jusqu'à quel point l'empereur de Russie était-il sincère; jusqu'à quel point M. le duc de Vicence était-il fidèle? Ce sont des questions qui seront tranchées quelque jour; mais, quel que fût le fond de leurs pensées, Napoléon n'en avait pas moins été convaincu que le duc de Vicence le servait et qu'il avait amené l'empereur Alexandre, malgré sa déclaration qu'il ne traiterait ni avec Bonaparte, ni avec aucun membre de sa famille, à admettre la possibilité d'une proclamation de Napoléon II sous la régence de l'Impératrice.

Pour cela, dès le 21 mars, le lendemain de son entrée à Paris, il nomma le duc de Vicence ministre des Affaires Étrangères, car il n'y avait plus de Relations extérieures et cela encore était un symptôme. A coup sûr, dès que Napoléon voulait entrer en négociation et qu'il pensait à une régence, solution qui, dans une fraction du monde politique, avait des partisans, il eût fallu un homme très avisé qui trouvât les moyens d'ouvrir des conversations avec les ministres étrangers, autrichiens ou anglais, avec le Congrès et les diplomates qui y siégeaient. Fouché se présentait à cet effet, très empressé à exercer dans les cours et les chancelleries ses talents de policier. On le rebuta en le renvoyant à la Police, ce qui rendit seulement subreptices ses tentatives et les fit avorter, alors qu'elles eussent pu donner au moins des espérances.

Tel était le prestige que prêtait à Caulaincourt l'influence que Napoléon lui attribuait sur l'empereur Alexandre que toute considération s'effaçait là devant. Repoussé comme il l'avait été par les Bourbons, Caulaincourt, dont on n'avait point connu les démarches pour se faire accueillir, avait bénéficié des services qu'il s'était offert à rendre à la reine Hortense lorsque l'empereur Alexandre avait exigé de Louis XVIII qu'on remplît à son égard les clauses du traité de Fontainebleau. Ainsi tirait-il profit des actes qui eussent dû davantage le desservir aux yeux de l'Empereur. Mais Napoléon n'en était point à chercher la fidélité, le dévouement ou l'intégrité : si tout moyen lui agréait pourvu qu'il le menât à ses fins, tout homme lui devenait bon pourvu qu'il eût chance d'arriver à Vienne, d'aborder l'impératrice Marie-Louise et d'ébranler Talleyrand. N'importe qui, n'importe quoi, pourvu que le messager ne fût point arrêté aux frontières, et qu'il pût porter ses lettres. Car il ne doutait pas que l'Impératrice n'eût été retenue par son père et par les souverains; aussitôt qu'elle en aurait le pouvoir, elle accourrait avec son fils. Et l'on ne saurait la tenir en captivité, lorsque son mari et son peuple la réclamaient.

Aussi l'Empereur multiplie les dépêches et les messagers. A Paris, le 22, on avise un secrétaire de l'ambassade d'Autriche qui n'est pas encore parti : on le charge d'une lettre. Le 26, Montrond, comblé d'argent pour lui et pour sa maîtresse Mme Hamelin, est chargé — outre les paroles qu'il doit porter au prince de Talleyrand — d'un pli pour l'Impératrice : c'est la lettre que brûlent Mme de Montesquiou et Méneval pour qu'elle ne soit pas livrée par Marie-Louise. Le 27, le grand-maréchal rappelle à l'Empereur que « le colonel polonais, que le major Jermanowski lui a amené le matin, part le même jour pour Vienne et promet de rendre la lettre dont il sera chargé ». L'Empereur répond : « Je vous remettrai ma lettre ce soir à 6 heures. Ecrivez à Méneval et à Mme de Montesquiou pour leur faire connaître en détail ce qui s'est passé et chargez l'officier d'un paquet de *Moniteurs* depuis le 20 mars jusqu'à ce jour. » Et cette lettre qui porte la date du 28 est ainsi : « Ma bonne Louise, je suis maître de toute la France : tout le peuple et toute l'armée sont dans le plus grand enthousiasme. Le soi-disant roi est passé en Angleterre. Je passe toute la journée des revues de 25.000 hommes. Je t'attends pour le mois d'avril. Sois à Strasbourg du 15 au 20 avril. » Le 1er avril, c'est par Flahaut qu'il écrit, Flahaut qui passe pour être le fils de Talleyrand : en tout cas, son protégé intime et son élève. Si quelqu'un, après Montrond, peut agir sur Talleyrand, c'est Flahaut. Si quelqu'un peut parvenir jusqu'à Marie-Louise et la décider, c'est Flahaut ; si quelqu'un peut s'employer près des souverains, c'est Flahaut. Aussi, en outre des lettres pour l'Impératrice, est-il chargé de lettres pour l'empereur d'Autriche et l'empereur de Russie. Sans doute, Napoléon y parle-t-il de la paix, mais, dit-il, le plus vif de ses vœux est de revoir bientôt dans sa capitale l'objet de ses plus douces affections, son épouse et son fils chéri. Il indique dès lors quelle peut être l'issue qu'il donnerait à sa politique si l'Europe s'y prêtait. Après avoir insisté sur les vertus de l'Impératrice, la dignité de sa conduite, la tendresse que l'empereur d'Autriche ne peut manquer d'éprouver pour une fille qui lui était déjà si chère, il ajoute : « Mes efforts tendent uniquement à consolider ce trône que l'amour de mes peuples m'a conservé et rendu et à le léguer un jour, affermi sur d'inébranlables fondements, à l'enfant que Votre Majesté a entouré de ses bontés paternelles. » Et il termine par une touchante invocation aux principes de son très cher beau-père, à la valeur qu'il attache à ses affections de famille ; il a l'heureuse confiance qu'il s'empressera, quelles que puissent être d'ailleurs les dispositions de son cabinet et de sa politique, de concourir à accélérer l'instant de la réunion d'une femme avec son mari et d'un fils avec son père. Le 4, il écrit : « Ma bonne Louise, je t'ai crit bien des fois ; je t'ai envoyé F. (Flahaut) il y trois jours; je t'expédie un homme pour te dire ue tout va très bien. Je suis adoré et maître de ut. Il ne me manque que toi, ma bonne Louise, t mon fils. Viens donc de suite me rejoindre par trasbourg. Le porteur te racontera quel est l'esprit e la France. Adieu, ma bonne Louise. Tout à oi. »

Après Montrond, après Flahaut, il expédie ufresne Saint-Léon, l'âme damnée de Talleyrand; l expédie Bresson, directeur des fonds aux Affaires trangères, une créature de Talleyrand; quelque elge, comme Stassart, ou quelque Polonais vient-il ire qu'il a des moyens d'entrer à Schœnbrunn, ite, des lettres pour l'Impératrice, pour Talley-aud, pour Méneval, pour Mme de Montesquiou.

Ils vont venir, ils arrivent, ils entreront tout à 'heure à Strasbourg, le télégraphe jouera aussitôt; ès lors, Napoléon tient que tout est assuré. Les ettres du 28 mars à Marie-Louise, du 1er avril à l'empereur François, du 4 avril à l'Impératrice; combien d'autres? le montrent en une agitation cruelle. Le 8, il fait écrire par Caulaincourt au cardinal Fesch nommé ministre à Rome : « Sa Majesté a vraiment à cœur que Votre Eminence puisse s'arranger pour être à Paris le 30 mai afin d'officier au couronnement du Prince impérial. »

A ses demandes, ses instances, ses ordres, pas de réponse. Le capitaine Hurault, qui, après son aventure d'Aix, avait rejoint sa femme à Vienne, est accouru à la première nouvelle du débarquement, il est arrivé à la fin de mars, mais il ne sait rien — ou il ne veut rien dire. Cette incertitude où l'on est donne naissance à des bruits contradictoires : les uns affirment que Marie-Louise est en route et qu'on l'attend en Alsace. D'autres disent qu'elle est gardée à vue à Presbourg, que l'empereur d'Autriche a livré en otage, comme garants de sa conduite envers les Alliés, le Roi de Rome et le prince Eugène.

Tout cela est d'imagination, mais, à défaut d'une réponse de sa femme, Napoléon a connaissance, depuis le 21 ou le 22 au plus tard, de la réponse anticipée que les alliés ont faite aux propositions de paix qu'il leur adresse par toutes les voies. Il en a connaissance, car, le 20, de Turin, le marquis d'Osmond, ambassadeur de Louis XVIII, de Besançon, le comte de Scey, préfet du Doubs, en ont fait passer des copies imprimées aux préfets et aux maires de la région, qui se sont empressés de les envoyer au grand maréchal.

Le 13, pendant qu'à Lyon, l'Empereur se convainquait que l'Autriche lui serait propice, et qu'il écrivait à sa femme sa lettre officielle, à Vienne les représentants de l'Europe : Autriche, Espagne, France, Grande-Bretagne, Portugal, Prusse, Russie, Suède, rédigeaient, signaient, promulguaient l'acte le plus notoirement mensonger qu'aient confectionné des diplomates sans scrupules. Ils y disaient que les puissances signataires du traité de Paris, « informées de l'évasion de Napoléon Buonaparte et de son entrée à main armée en France, devaient à leur propre dignité et à l'intérêt de l'ordre social une déclaration des sentiments que cet événement leur avait fait éprouver. « En rompant ainsi la convention qui l'avait établi à l'île d'Elbe, Buonaparte, disaient les représentants des Rois coalisés, détruit le seul titre légal auquel son existence se trouve attachée. En reparaissant en France, avec des projets de troubles et de bouleversements, il s'est privé lui-même de la protection des lois et a manifesté, à la face de l'univers, qu'il ne saurait y avoir ni paix, ni trêve avec lui. » Et sur ce motif que Buonaparte avait rompu la Convention qui l'établissait à l'île d'Elbe, « les Puissances déclaraient que Napoléon Buonaparte s'était placé hors des relations civiles et sociales et que, comme ennemi et perturbateur du repos du monde, il s'était livré à la vindicte publique. »

Ainsi, libre aux Bourbons de ne point exécuter le traité du 11 avril, libre à eux de voler le trésor impérial, d'arrêter sur les grand'routes les princesses de la Famille impériale, de séquestrer les biens de quiconque était Buonaparte, de machiner l'enlèvement et l'assassinat de l'Empereur ; cela leur attirait tout au plus, de la part de la Russie et de l'Angleterre, quelques timides représentations : Tout de même, leur faisait-on dire, il pourrait être mieux de payer quelque chose, et puis on passait. Mais si, excédé à la fin des attentats dirigés contre lui et contre les siens, chassé de son île par la famine proche, Napoléon Buonaparte s'avisait de réclamer aux Bourbons l'exécution du traité qui leur avait valu leur trône, quel attentat! quel crime! quelle ignominie! L'Europe entière prenait les armes et jurait de ne les point déposer qu'elle n'eût pris Buonaparte mort ou vif.

Elle affirmait bien autre chose : ce que, au temps de la première coalition, les puissances alliées n'avaient point osé déclarer à Pilnitz, ce que le duc de Brunswick lui-même n'avait point osé manifester, les souverains, enivrés de leur victoire, le posaient à présent en principe — un principe que, durant quinze années, ils devaient appliquer par la terreur : « Les souverains de l'Europe animés des mêmes sentiments et guidés par les mêmes principes déclarent... qu'ils seraient prêts à donner... à tout gouvernement attaqué, dès que la demande en serait formée, les secours nécessaires pour rétablir la tranquillité publique et à faire cause commune contre tous ceux qui entreprendraient de la compromettre. » Ainsi se scellait, sous les auspices du prince de Talleyrand, la sainte alliance des rois contre les peuples; ainsi, à l'égard de Napoléon, se trouvait formulée par ses pires ennemis, bien plus éloquemment qu'elle n'eût pu l'être par ses partisans les plus dévoués, cet axiome que sa cause est la cause des nations; s'il tombe, nulle nation n'a le droit de disposer d'elle-même; toute nation appartient à son souverain qui en est maître et à l'Europe chargée d'appliquer l'exécution de cette loi nouvelle; ainsi tous les principes que la Révolution avait proclamés : Souveraineté du Peuple et Indépendance nationale, sont compromis s'il tombe, sauvés s'il triomphe. La doctrine de la Sainte-Alliance est ici exprimée intégralement : l'oppression des peuples dépend de la victoire ou de la défaite de Napoléon.

Napoléon, assure-t-on, n'avait pas pris tout à fait au sérieux cette excommunication majeure prononcée au moment où l'on ne connaissait que son débarquement, où le Congrès se flattait que « la France entière ralliée autour de son souverain légitime, ferait incessamment rentrer dans le néant cette dernière tentative d'un délire criminel et impuissant ». Il imaginait que, voyant tous les Français se prononcer contre les Bourbons, les souverains seraient tentés de réfléchir et que peut-être ils reviendraient à la combinaison de la régence qu'il s'efforçait de leur suggérer et dont il témoignait n'être point éloigné.

De tous côtés il pousse des reconnaissances, il tente des ouvertures, il s'efforce à présenter des garanties, et il proteste de la passion qu'il éprouve pour la paix. Par son ordre, le 30 mars, M. le duc de Vicence, adresse aux agents français à l'étranger une circulaire, où, après avoir raconté en termes dithyrambiques la révolution du 20 mars, il ajoute : « Si, au moment de quitter la cour auprès de laquelle vous résidez, vous avez occasion de voir le ministre des Affaires Étrangères, vous lui ferez connaître que l'Empereur n'a rien de plus à cœur que le maintien de la paix; que Sa Majesté a renoncé aux projets de grandeur qu'elle pouvait avoir antérieurement conçu et que le système de son cabinet, comme l'ensemble de la direction des affaires en France, est dans une tout autre direction. » Par son ordre, le 2 avril, une commission composée des présidents de section du Conseil d'État, Defermon, Regnaud de Saint-Jean-d'Angély, Boulay, Andréossy, publie une réfutation de la Déclaration du 13 mars; elle en attribue la rédaction exclusivement aux plénipotentiaires français; elle prouve que chacun des articles de la Convention de Fontainebleau a été violé par les Bourbons et par les Alliés, et que Napoléon n'avait d'autre moyen de salut que de sortir de son île; elle peint la Restauration et son gouvernement sous les couleurs les plus noires; dans un style de pamphlet, elle réclame pour la France le droit de disposer d'elle-même, et elle termine par l'affirmation, en même temps des intentions pacifiques de la France, et de sa résolution de se défendre comme en 92, si elle était attaquée « par une injuste coalition »; à coup sûr, rien de plus convainquant et de plus raisonnable, mais n'était-ce pas mettre en présence une fois de plus ces termes inconciliables : légitimité et droit d'intervention d'une part, souveraineté du peuple et droit de disposer de soi de l'autre? Comment les concilier, comment empêcher qu'ils se heurtent violemment et qu'ils accusent plus fortement encore l'antinomie entre l'Empereur et l'Europe monarchique ?

Le 2 avril, l'Empereur se berçait encore de l'idée que, moyennant des agents secrets employés à bon escient, il rallierait la Suède, les Pays-Bas, quelques cantons suisses, divers princes d'Allemagne, entre autres ceux de Bavière, de Wurtemberg, de Bade, de Hesse-Darmstadt, de Nassau et de Saxe, certains princes d'Italie, comme le grand-duc de Toscane et le Pape, et enfin les souverains d'Espagne et de Portugal. « On leur ferait connaître, par des insinuations multipliées et par des agents secrets, ses intentions et ses bonnes dispositions à leur égard. » A la vérité, aucun courrier n'était admis à franchir le Rhin, et, les agents secrets étant rigoureusement poursuivis, rien ne filtrait de ces desseins pacifiques. Mais l'Empereur ne paraissait point douter qu'une simple représentation de son ministre des Relations extérieures ne suffît pour lever les obstacles : « La guerre ayant pour objet, disait-il, d'amener la paix, interrompre les communications c'est agir contre le droit des gens. » Dans la confiance qu'il avait gardée en son ancienne puissance, il se flattait que, s'il intervenait personnellement, on n'oserait point arrêter ses émissaires : c'est pourquoi, le 4 avril, il adressait à chaque souverain une lettre autographe où, après avoir raconté pourquoi il s'était décidé à rentrer en France : « Je suis venu, disait-il, et du point où j'ai touché le rivage l'amour de mes peuples m'a porté jusqu'au sein de ma capitale. » Et il continuait : « Assez de gloire a illustré tour à tour les drapeaux des diverses nations ; les vicissitudes du sort ont assez fait succéder de grands revers à de grands succès. Une plus belle arène est aujourd'hui ouverte aux souverains et je suis le premier à y descendre. Après avoir présenté au monde le spectacle de grands combats, il sera plus doux désormais de ne reconnaître d'autre rivalité que celle des avantages de la paix, d'autre lutte que la lutte sainte de la félicité des peuples. La France se plaît à proclamer avec franchise le noble but de ses vœux. Jalouse de son indépendance, le principe invariable de sa politique sera le respect le plus absolu de l'indépendance des autres nations. » Une circulaire de Caulaincourt aux ministres des principaux cabinets paraphrasait cette lettre, commentée plus amplement encore par une note parue dans le *Moniteur* du lendemain, mais toute phrase prononcée ou écrite amenait fatalement une affirmation plus caractérisée et plus nette de la souveraineté du peuple et du principe de non intervention. « C'est contre la volonté nationale, disait le *Moniteur*, que les Puissances agiraient en attaquant la France ; or elles savent ce qui en résulte. »

De ces menaces, comme de ces promesses et de

ces assurances, rien ne filtrait au dehors. « L'établissement d'une sorte de blocus qui rompait toutes les communications de la France avec les Gouvernements étrangers », comme écrivait Caulaincourt le 16 avril, rendait vaines les protestations que faisait l'Empereur de son amour pour la paix. Ce n'était pas le Blocus, c'était l'Interdit. Les souverains réunis en Congrès retranchaient du monde la France dont l'épidémie révolutionnaire pouvait gagner leurs peuples. Un cordon sanitaire l'isolait, en attendant que, leurs forces étant réunies, les Alliés abolissent le foyer d'infection en supprimant celui qu'ils en tenaient pour l'instigateur.

Pourtant, et quels que fussent les termes de la déclaration du 13 mars, et quelque forts que fussent les engagements que les plénipotentiaires de Louis XVIII se flattaient d'avoir obtenus, certains des souverains alliés n'eussent point été extrêmement éloignés d'admettre la combinaison même à laquelle Napoléon lui-même avait dû arrêter son esprit, comme la seule qui pût concilier les droits de la France, ceux de la dynastie nationale et les convenances de l'Europe : il n'y avait qu'à retourner d'une année en arrière, au mois de mars 1814 : proclamation de Napoléon II, régence de Marie-Louise.

L'empereur Alexandre avait éprouvé de la part des Bourbons une telle ingratitude, des manques de forme si caractérisés, que l'antipathie qu'il avait conçue contre eux s'était accentuée presque jusqu'à la haine et toute combinaison où ils ne fussent point entrés lui eût vraisemblablement agréé pourvu qu'il ne s'agît point de Napoléon lui-même ; l'Autriche, au dire de Fouché, n'eût point été éloignée d'acquiescer à l'idée de la Régence et peut-être Metternich, dans les négociations qu'il devait engager avec lui, n'était-il pas entièrement de mauvaise foi. Mais il restait à résoudre une question majeure. Pour faire une régence, il fallait un régent ou une régente : une régente, d'après le sénatus-consulte du 5 février 1813, si les sénatus-consultes étaient encore en vigueur. L'Impératrice avait été régente durant les deux dernières campagnes et seule elle avait été en question lors des négociations d'avril 1814. Les souverains ne se fussent prêtés à aucune autre combinaison et ils ne pouvaient trouver chez aucun des dignitaires auxquels, d'après le sénatus-consulte du 28 floréal an XII, la régence eût été attribuée, les garanties que présentait une archiduchesse d'Autriche ; mais encore fallait-il que Marie-Louise « consentît », qu'elle vînt à Paris avec l'agrément de l'Europe et qu'elle amenât son fils. Or l'Empereur reste sans la moindre indication sur ses intentions, et chaque jour qui s'écoule enlève une espérance ; mais Napoléon ne veut pas admettre encore que sa femme lui a échappé.

Le 15 avril, Montrond, qui a trouvé moyen d'entrer à Vienne et de voir Talleyrand, revient avec une lettre de Méneval : « L'esprit de l'Impératrice, écrit Méneval, est tellement travaillé qu'elle n'envisage son retour qu'avec terreur. Tous les moyens ont été employés depuis six mois — dois-je dire depuis trois ans — pour l'éloigner de l'Empereur. »

C'est une indication grave, mais le secrétaire pouvait avoir exagéré ; on n'ignore pas, dans la Maison, sa lutte contre Mme de Montebello ; l'allusion qu'il fait à la dame d'honneur est cinglante et affirme ses mauvaises dispositions. L'Empereur ne renonce pas encore : il attend Ballouhey qui lui est annoncé. Le 28, arrive Ballouhey ; si impatiemment attendu que son passage à Belfort devait être signalé par le télégraphe. En venant de Vienne, il a passé par Munich où le prince Eugène s'est retiré et il l'a vu. Ballouhey est un homme de confiance : depuis 1805, il a rempli, près de Joséphine d'abord, puis près de Marie-Louise, la place de secrétaire des dépenses. D'intelligence médiocre, de vues courtes, de vanité désordonnée, il est à la fois trop honnête pour mentir, trop bête pour inventer, trop important pour n'être point enivré. D'ailleurs point d'opinion ; comptable. A son arrivée, il trouve un planton qui l'attend et qui le conduit aussitôt à l'Élysée. L'Empereur le retient près de deux heures. « Il avait, dit Marchand, beaucoup à apprendre de lui sur ce qui se passait à Vienne, et ce que lui faisait dire le prince Eugène l'intéressait au plus haut point. » Certes, cela surtout, car Ballouhey là est un commissionnaire. Sur les nouvelles qui ont couru, sur les faits publics, Ballouhey peut fournir des indications, mais, de l'Impératrice, il ne sait que ce que lui a dit Méneval, ce qu'il a appris des gens de service et l'Empereur, même pressé par la nécessité, n'est point homme à interroger, sur ce qui lui tient le plus au cœur, un homme qui n'est pas de sa familiarité. Il pousse à un point extrême la pudeur de sa vie intime et, sur une telle question, il ne tolérerait point les propos. Au surplus, l'arrivée de Ballouhey est du 28 : le 30, il espère encore, ce qui prouve qu'il n'a pas poussé loin le secrétaire des dépenses. Le 30, il réexpédie pour Vienne Montrond arrivé moins de quinze jours avant avec la lettre de Méneval, et Mme du Cayla, qui renseigne exactement M. de la Rochefoucauld et ses amis de Gand sur tout ce qui se passe à Paris et à la Cour, ajoute, en lui annonçant cette nouvelle, « qu'on fait sans cesse des propositions différentes avec ou sans Bonaparte ». C'est en effet le 5 mai que le baron de Stassart, parti de Paris au milieu d'avril, arrive à Vienne porteur de dépêches pour l'Impératrice et pour M. de Metternich, et si elles sont ouvertes par les ministres du Congrès qui décident de ne les point remettre et de n'y point répondre, exactement à la même date, Metternich ouvre avec Fouché, peut-être de bonne foi, une négociation relative à la régence, dont l'Empereur s'empare, qu'il confie à un sot et que par là même il fait avorter.

Toutefois suffisait-il qu'il y ait eu un commencement de conversation pour qu'on fût assuré que les Alliés ne prenaient pas complètement au sérieux cette déclaration surannée par laquelle M. de Talleyrand, se souvenant qu'il avait été évêque, avait cru les enchaîner. A coup sûr, en faisant mettre Napoléon au ban de l'Europe, avait-il, pour un mois ou deux, rendu les communications difficiles, mais les interdits modernes ne sont pas de durée et il suffisait que, dans le nombre des étrangers qui fort tranquillement résidaient à Paris, il s'en trouvât quelqu'un qui se chargeât des communications vis-à-vis des souverains et des cabinets étrangers pour qu'une négociation pût s'engager.

Mais la première condition, la condition essentielle, c'était que Marie-Louise revînt en France et, malgré qu'on eût bien des raisons de s'inquiéter, il suffisait d'un retour d'affection, d'ambition, de sens du devoir pour que tout fût changé. Tout dépendait d'elle, mais on n'avait d'elle aucune nouvelle ; de tous ces messagers rentrés en France nul n'avait apporté d'elle une lettre, un billet, un mot. Qu'était-ce donc à dire ? Cette union qui devait assurer, avec l'avenir de sa postérité, son entrée dans la famille des rois, serait-elle pour lui si pleine de déboires qu'il dût être abandonné par sa femme, dès que le malheur l'aurait frappé, alors que la seule présence de cette femme pouvait lui assurer une admirable reprise de la fortune ?

Lorsqu'il avait quitté l'île d'Elbe, il avait dû penser qu'il avait au moins deux alliés ; sa femme et son beau-frère, que l'une accourrait se joindre à lui et lui acquerrait l'Europe, que l'autre, se conformant aux intérêts communs, accepterait ses directions. Marie-Louise, bien que, à la mi-mai, elle n'eût pas manifesté encore ses résolutions, semblait déterminée à ne point revenir en France, et qu'était-ce de Murat?

*
* *

On ne saurait contester qu'il y eût eu entre les deux beaux-frères une entente conclue à la fin du séjour à l'île d'Elbe, lorsque l'Empereur eut reconnu l'impossibilité de rester à la merci de ses ennemis, et que Murat eut enfin compris que ses avances étaient rejetées par toutes les puissances et que la crise qu'il avait employé toutes ses ressources à retarder allait s'ouvrir. Alors, les deux parias avaient uni leur fortune : mais, si l'un était de bonne foi et savait raisonner ses chances, l'autre était incapable de suivre un avis, de se tenir à une résolution, de réaliser les périls qu'il affronterait Il vivait d'illusions, mais il en changeait. Il ne faisait des promesses que pour y manquer et, hormis les petites intrigues immédiates où il croyait exceller, il était incapable de préparer et de remplir un dessein. L'Empereur le connaissait mieux qu'homme au monde, mais il n'avait point à choisir. Autant et plus que lui-même, Murat était menacé et le péril commun devait le disposer à accepter les avis qui seuls pouvaient le sauver.

Quelle qu'ait été entre l'Empereur et Murat la marche de la négociation, l'échange des vues ne remontait pas très haut: Napoléon avait senti si vivement l'offense de cette ingratitude vis-à-vis de lui, de cette trahison vis-à-vis de l'armée et de la France, qu'il avait fallu la nécessité où il se trouvait pour qu'il consentît à une apparente réconciliation. Et, s'il entrait en conversation au sujet d'une possibilité d'alliance, il n'entendait point renouer des rapports d'intimité. Ainsi Murat écrit à Pauline, à la fin de décembre, dans une lettre qu'intercepte la police pontificale : « Je n'écris pas d'affaires à l'Empereur; car, nonobstant les affaires que nous avons, je le sais toujours irrité contre moi. »

Sans doute l'entente se trouva établie à la fin de janvier. Napoléon, dans les divers récits qu'il a laissés à ce sujet, ne semble point admettre que, préalablement à son départ de l'île d'Elbe, il ait communiqué avec Murat. « Quoique, a-t-il écrit, l'Empereur, dans son exil, n'ayant plus aucun ménagements à garder, se soit refusé à tout rapprochement avec le roi et la reine de Naples, il dut changer de conduite du moment qu'il était décidé à remonter sur le trône. Il fit donc partir le chevalier Colonna pour qu'il fît connaître au roi Joachim qu'il était résolu à se rendre à Paris et à chasser les Bourbons : « Colonna serait parti, selon Napoléon, tout à la fin de février, en sorte qu'il serait arrivé à Naples le 1er mars, le jour même du débarquement en Provence [1]. Il est à présumer pourtant que les deux beaux-frères s'étaient mis d'accord lors d'un précédent voyage de Colonna : Le 11 février, l'Empereur donne l'ordre qu'on solde les dépenses qu'il a faites « durant sa dernière mission », montant à 2 784 francs. L'Empereur a allégué qu'il avait refusé « les deux vaisseaux de 74 Napolitains qui croisaient dans les mers ». « Je ne veux rien d'étranger, aurait-il dit, je veux partir sur ma marine, débarquer en France avec mon armée, n'avoir d'autres couleurs que les couleurs de la nation. » Toutefois, lorsque, le 29 mars, il écrit à Murat : « Je n'ai pas été maître d'attendre les bâtiments que vous m'aviez envoyés, le moment ne le comportait pas, je ne vous en sais pas moins gré de leur expédition [2] », on ne peut garder aucun doute sur l'entente établie. Et, lorsqu'une goélette de guerre napolitaine, partie de Naples le 3 mars, vient mouiller à Toulon le 19, et que l'Empereur répond à Decrès qui lui en donne avis le 30 : « La goélette napolitaine qui arrive à Toulon vient pour avoir des nouvelles ; c'est une opération concertée », il faut bien admettre que cette opération

[1] Dans la « *Campagne de 1815* » l'Empereur dit le 4 mars. Mon raisonnement se trouverait d'autant fortifié.

[2] Phrase biffée sur la minute.

a été concertée avant le 1er, où Colonna est arrivé à Naples. Rien par exemple n'empêche de penser que Colonna est venu porter la nouvelle du départ en même temps que les dernières recommandations.

Que l'on se soit mis d'accord au début ou à la fin de février, aucun traité n'a été signé. Murat a dit qu'il voulait s'en rapporter uniquement à l'Empereur : « Il déclara que cette seule démarche de l'Empereur lui suffisait, que l'Empereur aurait par sa conduite la preuve qu'il avait été plus malheureux que coupable, plus trompé que criminel et que l'Empereur apprendrait ce dont il est capable pour témoigner sa reconnaissance à son bienfaiteur, au chef de sa maison ; que, lorsqu'il s'était détaché de lui, il n'avait jamais présumé que les Bourbons puissent être remis sur le trône de France. »

Colonna, qui avait été autorisé par l'Empereur à signer un traité de garantie et même un traité d'alliance offensive et défensive « pourvu qu'il ne fût mis à exécution qu'autant que la paix ne pourrait être maintenue avec les puissances étrangères », avait mission expresse de demander à Murat que, sur la nouvelle du débarquement, il expédiât un agent de confiance à Vienne et qu'il parlât lui-même au ministre d'Autriche pour faire connaître les dispositions pacifiques de l'Empereur. En même temps, Colonna devait inviter le roi à se tenir sur ses frontières avec son armée, sans dépasser Ancône, « parce que, dans le cas où l'Autriche voudrait faire entrer ses troupes en France, la position du roi de Naples avec ses 60.000 hommes, l'obligerait à une diversion importante ». Ces recommandations, l'Empereur devait les renouveler et les faire renouveler en toute occasion : il comptait que Murat avait trop besoin de lui pour vouloir le tromper et que, dans cette crise où ils se trouvaient l'un et l'autre, ils ne pouvaient espérer le salut que d'une solidarité complète. Mais quel fonds faire sur Murat et, de si loin qu'il parût revenir, comment penser qu'avec l'étonnante mobilité de son esprit et l'espèce de délire ambitieux dont il était atteint, il se contraindrait à présent à exécuter une politique qu'il n'eût point imaginée et où il fût placé au second plan ?

Les aventures qu'il avait courues depuis un an eussent pourtant été pour l'instruire. Lors de son retour à Naples en mai 1814, il se trouvait dans la plus étrange des situations ; bien que, pour conserver son royaume, il eût trahi son bienfaiteur, et qu'il eût fait tirer sur le drapeau français, il n'avait point été reçu pleinement en grâce par les coalisés. Les renégats ont de ces surprises : on exige que, pour prouver leur sincérité, ils commettent des crimes dont l'horreur même est tournée contre eux. On le traitait comme ces forçats qui s'offrent pour servir de bourreaux, et qui reçoivent le droit de vivre en échange de ce nouveau crime. On consentait à le tolérer, mais qui, et pour combien de temps ?

De toutes les puissances alliées, une seule, celle qui l'avait débauché et avec qui il avait lié partie, semblait le considérer à peu près comme le souverain d'une nation amie, mais, avec les autres, il demeurait dans une situation sans exemple dans le droit international, ni paix ni guerre, un état intermédiaire où l'on eût bénévolement suspendu les foudres qui grondaient sur sa tête et qui tomberaient au premier signe. Malgré ses déconvenues il s'efforçait, par des flatteries vraiment inutiles, de conserver la bonne volonté de l'Autriche; obligé par elle d'évacuer la Toscane et d'y rétablir l'archiduc Ferdinand, il annonçait à l'empereur François que c'était avec une vive satisfaction qu'il avait signé la convention mettant fin à sa propre autorité. Après la Toscane, c'étaient les Duchés et les Légations qu'il restituait, non sans s'être garni les mains en levant des contributions et sans avoir provoqué des pétitions réclamant l'annexion au royaume de Naples. Le pape, auquel Murat avait annoncé comme une faveur, le 13 avril, qu'il s'engageait à lui restituer les départements de Rome et du Trasimène, puis, le 27, les Marches jusqu'à Pesaro, avait gardé, à l'égard de ces propositions comme de celui qui les faisait et qu'il n'avait jamais reconnu, un dédaigneux silence. Pie VII exigeait la restitution intégrale de ses États et refusait toute négociation directe avec Murat. S'il consentait à lui accorder une audience, c'était sous la pression énergique de l'envoyé autrichien ; et il pouvait alors faire bonne mine à mauvais jeu, mais, si on le laissait encore dans l'ignorance officielle du traité par lequel l'Autriche et l'Europe l'avaient dépouillé, en faveur de Murat, de 400.000 de ses sujets, il en connaissait la teneur par des confidences de Gallo et dès lors ne se trouvait-il pas en présence d'une obligation de conscience imposée au pontife-roi par la constitution même de l'Eglise? Tant que Murat détiendrait un village du territoire pontifical, il serait vis-à-vis du pape dans la même position que Napoléon occupant les Etats pontificaux tout entiers, et Murat paraissait bien déterminé à ne point évacuer les Marches. Trahir son maître, soit; mais non pas jeter les trente deniers dans le champ du potier!

Le voisin le plus proche de Murat était donc un ennemi irréconciliable, point dangereux sans doute par les armes, mais singulièrement redoutable par la puissance morale; son autre voisin, qu'on appelait à présent le vicaire général du roi de Sicile, ne se souciait pas plus que le pape d'être dépouillé au profit de l'intrus et de lui prêter ses sujets, parce qu'il plaisait ainsi à l'Autriche. Il entendait être restauré à Naples tout comme ses cousins l'avaient été à Paris et à Madrid, et si, pour le moment, il devait se contenter des espérances que sa légitimité lui faisait concevoir, si l'Angleterre, sa tutrice, ne le secondait pas dans une action offensive, si même le rappel de Bentinck qui l'eût appuyé de toutes les forces de sa haine, lui enlevait un précieux allié, au moins interrompait-il à chaque instant la prescription par des protestations émouvantes où il réclamait l'intégralité de ses États de Terre ferme.

L'Angleterre avait donné à Murat cette satisfaction de rappeler Bentinck et de ne point appuyer ouvertement les revendications du roi de Sicile et de son vicaire général, mais elle ne se compromettait point davantage, ne publiait point son accession au traité, ne recevait point, en qualité d'agent diplomatique, Tocco, que Murat avait expédié à Londres, envoyait seulement à Naples un consul qui, à la vérité, sous la pression de Murat, s'émancipa jusqu'à se donner des airs de ministre, mais que l'Angleterre ne laissa pas faire et qu'elle employa seulement à des besognes appropriées à un agent sans caractère.

L'empereur de Russie avait détaché le général Balacheff pour s'assurer de visu que Murat jouait franc jeu, et qu'en se déclarant contre Napoléon, il ne ménageait pas les Français. Quoiqu'il eût assisté aux derniers combats sur le Taro, le général russe n'avait point trouvé la conduite de Murat assez nette pour qu'il signât le traité. Il avait prétexté les nouvelles de Paris et s'était esquivé. Murat réclamait alors les bons offices de l'Autriche pour obtenir, de la part de la Russie, une adhésion que l'empereur Alexandre refusa constamment.

Il ne serait besoin de parler ni de la France ni

de l'Espagne. Les Bourbons ne pouvaient manquer d'entretenir contre Murat une haine qu'on peut vraiment dire justifiée. Les événements de l'Escurial, au temps où il était lieutenant de l'Empereur et où il aspirait à la couronne d'Espagne, ne l'empêchèrent point d'adresser, le 10 juin, à Ferdinand VII une lettre où il lui disait : « Les nouvelles que nous avons reçues du retour de Votre Majesté Catholique au milieu de ses peuples nous engagent à lui témoigner les sentiments de satisfaction que nous avons éprouvés en apprenant cet heureux événement qui comble les vœux d'une nation dont elle va former le bonheur. » Toutefois, s'il était question de nouvelles relations, de liens d'amitié et de bonne intelligence, il n'était point fait d'allusion à une ouverture de relations diplomatiques.

Tout autre fut son attitude vis-à-vis de la France et l'ombre du duc d'Enghien ne l'arrêta point dans le dessein d'entrer en intimité avec la cour des Tuileries ; il y envoya ce Schinina qu'il avait fait marquis de Saint-Elia pour le récompenser de ses succès dans les négociations précédentes. Schinina devait préparer les voies, moyennant des largesses dont Fouché devait se faire le dispensateur. Napoléon était bien instruit quand, à Sainte-Hélène, il disait que Fouché avait fait donner 3.000 francs par mois à Montrond : que les pensions distribuées sur l'argent de Murat passaient 300.000 francs par an. Outre Fouché, qui allait bientôt lui dépêcher d'étranges émissaires, Murat avait à Paris des amis sur qui il comptait, comme le duc de Reggio et Belliard, son camarade de tous les temps. Seulement, il s'était laissé devancer vis-à-vis de Talleyrand : sans doute lui avait-il fait offrir 5 millions de francs de sa principauté de Bénévent, mais payables après le Congrès; Ferdinand avait proposé comptant 1 million de ducats, ce qui n'était pas assurément son dernier mot[1]. Il eût fallu, de la part de Murat, une bien forte surenchère et pour gagner quoi ? Talleyrand n'était point homme, même pour tout l'or du monde, à entreprendre l'impossible. Or il savait que, si Louis XVIII croyait à quelque chose, c'était à sa famille et que les questions familiales menaient toute sa politique : Saxe, Espagne, Naples, tout est là et il y sacrifie tout : alors pourquoi s'obstiner ? Talleyrand aimait vendre ce que ses maîtres étaient déterminés à donner et, à ce jeu, il ne se trompait pas comme à la Bourse. De fait Murat n'eût rien gagné à lui donner bien de l'argent et ce fut là une louable économie. Mais si, en cela, il montra qu'il était avisé, comment ne s'épargna-t-il point d'écrire comme il fit à Louis XVIII :

[1] Barras assure que Talleyrand a reçu du roi Ferdinand a son tiers un peu écorné de 500.000 £ promises à lui, à Metternich et à Castlereagh. Celui-ci ne voulut supporter aucune perte de change. Les deux autres partagèrent le reste. Talleyrand eut pour sa part 3.700.000 francs. — Le duché de Dino de 30.000 ducats de rente (à 4 fr. 20 le ducat) sur le Grand Livre de Naples vendus à 70 p. 100 : 2.520.000 francs. Reste Bénévent. Barras dit que, de Murat, Talleyrand a reçu 200.000 ducats (840.000 francs) : C'est douteux.

« Je prie Votre Majesté d'agréer mes félicitations. La Providence vous a rappelé sur le trône de saint Louis et d'Henri IV. Né Français, j'ai dans le cœur des sentiments de vénération et d'amour pour le sang d'Henri IV et de saint Louis. Votre Majesté, qui prodigue si noblement sa faveur aux braves compagnons d'armes avec qui j'ai partagé l'honneur de soutenir, sur les champs de bataille, l'ancienne gloire de la France, daignera, j'ose m'en flatter, accueillir avec bienveillance les vœux d'un militaire français que ses succès dans la carrière des armes ont élevé sur un trône. Ces vœux appellent, sur Votre Majesté et sur son auguste maison, une longue suite de prospérités, inséparables des prospérités de la France. » Et, après avoir parlé de l'extrême désir qu'il a de voir régner la plus constante union entre les deux couronnes, il annonce que « ce serait pour lui un véritable bonheur de pouvoir offrir à Sa Majesté et à la France des preuves de son affection comme de son dévouement ». « J'espère, ajoute-t-il, que Votre Majesté voudra bien recevoir avec bonté M... que j'envoie comme mon ambassadeur extraordinaire auprès d'Elle. » Mais cette humilité, si peu protocolaire, ne lui réussit même pas. Non plus lorsque le marquis de Saint-Élie, étant parvenu à obtenir audience de Jaucourt, qui le connaissait d'ancienne date, offrit à la France l'alliance de son maître et, en son nom, proposa au ministre de battre les Autrichiens et de mettre leurs drapeaux aux pieds du roi. « Cela ne ferait pas un vilain spectacle », disait Jaucourt qui avait été à bonne école. S'efforçant à convaincre l'ancien chambellan de Joseph, qui malheureusement se connaissait en Napolitains, le marquis de Saint-Élie revenait à la charge et s'employait à démontrer que, si le royaume de Naples n'était pas lié à ses projets, l'Autriche ne pouvait agir activement contre la Russie, servir les projets de la France et affranchir la Saxe. Il allait plus loin : « Je puis vous assurer encore une fois, disait-il à Jaucourt, que le dévouement du roi de Naples au roi de France, dévouement qui est à la disposition du roi, peut seule garantir l'exécution des vœux du prince de Talleyrand. » Cette offre ne fut point agréée et la saisie des papiers de lord Oxford, parmi lesquels on trouva quantité de lettres écrites à Murat, permit de pousser dehors Schinina, même habillé en marquis.

Le gouvernement de Louis XVIII avait ouvert les hostilités contre Murat et il les menait avec activité. Faut-il croire que sa police était étrangère aux conspirations qu'avaient formées, contre la domination autrichienne, plusieurs officiers de l'ancienne armée royale et ne peut-on penser qu'elle avait ainsi pris pour objet de mettre le gouvernement autrichien en conflit avec le roi de Naples ? A coup sûr, on n'avait point eu beaucoup à faire : la patrie italienne était née dans l'armée sous les drapeaux tricolores que l'Empereur-Roi lui avait donnés; livrée par son chef à l'ennemi qu'elle avait constamment vaincu depuis que la *Milice* cisalpine avait reçu en 1800 son organisation, elle se trouvait désarmée et misérable et elle rêvait de revanche. Les conjurés étaient-ils en correspondance avec Murat? Assurément non; mais l'Autriche ne pouvait manquer de penser qu'ils subissaient son instigation, et peut-être avait-elle, d'accord avec le gouvernement français, cherché un piège à lui tendre. M. de Bombelles, dont on a vu le rôle à Paris, avait accueilli avec empressement les ouvertures d'un personnage plus que suspect, un nommé Desquirou, se faisant appeler Desquirou de Saint-Agnan, ou le chevalier Desquirou de Saint-Agnan; cet individu, après de brillantes études de droit, avait été nommé, en 1807, substitut du procureur impérial à Mayenne; sa conduite privée, ses exactions, ses escroqueries le firent destituer; il rentra à Paris et se jeta dans les conspirations. Il a prétendu avoir participé à l'affaire Malet, avoir proposé à Lainé divers projets pour rétablir la royauté : il fut assurément du complot des Vivres-Viande, où on le trouve en compagnie de Semallé, du prétendu marquis de La Grange, de son complice Morin, de Michaud et de Forcade.

Après le coup de main de La Grange, Morin devint, pour près d'un mois, le chef de la police à Paris[1]. Sous son inspiration, et probablement avec

[1] Voir mon livre *L'affaire Maubreuil*, p. 68 et suiv.

l'argent qu'il fournissait, Desquirou publia, du 1er au 25 avril, un journal, *l'Ami du Roi*, dont les déclamations étaient si exagérées et si violentes qu'elles compromettaient la cause qu'il prétendait servir et que le lieutenant général jugea prudent de le supprimer; Morin, déchu de ses grandeurs, organisa, pour le comte d'Artois, une police particulière dans laquelle il embaucha naturellement Desquirou. A l'arrivée du roi, cette police passa à M. de Montciel et l'on s'explique à merveille comment, dans ces conditions, Desquirou se trouva accrédité près de M. de Bombelles et, lorsqu'il partit pour l'Italie, l'on a le droit de penser qu'on n'ignorait rien au Château de la mission qu'il allait remplir. Elle consista à pénétrer, vraisemblablement grâce à la Franc-maçonnerie, chez un Français nommé Marchal, qui habitait Milan depuis de longues années et qui était en rapport avec les patriotes militaires et civils. Desquirou, dans une réunion chez le médecin Rasori, promit aux conjurés le concours de la France pour un mouvement révolutionnaire qui soustrairait l'Italie à la domination de l'Autriche. Mais il demanda que, pour qu'il pût s'assurer de la réalité de l'entreprise, on le mît au courant de tous les ressorts. Lors d'une nouvelle réunion à laquelle il assistait, les documents relatifs à la conjuration furent donc apportés : liste des patriotes, proclamation aux Italiens par le chef du corps français d'invasion, plan de soulèvement, projet de constitution, etc.

C'était le 26 novembre. La police cerna la maison et, au milieu d'une émotion compréhensible, Desquirou s'empara des papiers comme pour les sauver et disparut. Huit jours après, commençaient les arrestations : quatorze des inculpés furent, à la fin de janvier 1815, transférés du château de Milan à la citadelle de Mantoue où on les oublia durant une année pour le moins. Quant à Desquirou il rentra en France où, après le 20 mars, il s'empressa de faire ses offres de service à la police de Napoléon.

Sans que les chefs de la conspiration eussent décidé de s'adresser à Murat, — certains en étaient même fort éloignés, — un subalterne entré récemment au service de Naples avait espéré se faire bien venir en révélant l'imminence d'un mouvement national. Murat, soit qu'il crût avoir intérêt à prouver à l'Autriche sa bonne foi par des confidences opportunes, soit qu'il prétendît se défaire des patriotes qu'il jugeait ses adversaires, fit prévenir le 26 novembre, le jour même où avait lieu, chez Rasori, la réunion où les papiers furent volés par Desquirou, le comte Mier, ministre d'Autriche à Naples, « que des Italiens mal intentionnés avaient fabriqué et cherchaient à répandre dans le royaume et le reste de l'Italie des proclamations à l'indépendance de l'Italie dans lesquelles on désignait le roi de Naples comme le seul capable de diriger et de faire réussir un pareil projet » ; et il ajouta qu'il n'en avait pas eu connaissance, qu'il en avait montré le plus vif déplaisir, qu'il avait été jusqu'à dire que ces proclamations avaient été écrites par ordre ou sous l'influence de Bellegarde dans le but de brouiller les deux gouvernements.

Murat, averti effectivement que les patriotes comptaient abuser de son nom, se réduisit-il à une telle démarche ? Etait-il exact que les Indépendants dussent recourir contre l'Autriche au prestige de celui qui, six mois auparavant, étant l'allié des Autrichiens, avait traîtreusement attaqué l'armée franco-italienne ? Qu'avait-on trouvé dans les papiers livrés par Desquiron qui justifiât cette allégation ? Autant de questions qu'il ne semble point facile de résoudre au profit de Murat. Tout au plus serait-il possible d'admettre que, se croyant mis en péril, il se tira de presse par une dénonciation d'ordre général qui ne révélât aux Autrichiens que ce qu'ils devaient savoir.

Mais se borna-t-il là ? Faut-il croire, comme le bruit en courait à Vienne, « que c'était Murat lui-même qui avait trahi ses enfants et qui avait dénoncé tout le complot » ? Faut-il admettre ce qu'écrit Talleyrand : « On ne sait par qui l'Autriche a été informée : quelques-uns croient que c'est par Murat qui a livré des hommes avec lesquels il était d'intelligence pour s'en faire un mérite auprès de cette cour-ci ? »

Ce qui pouvait induire les Carbonari à donner croyance à un tel bruit, c'était la sauvage répression d'une émeute carbonariste qui avait éclaté, le 27 mars 1814, à Citta San Angelo dans les Abruzzes.

Le 7 juin, les troupes napolitaines aux ordres d'un général français saccagent une maison dans laquelle on croit que s'est caché le chef de l'insurrection, un chirurgien nommé Constantini ; deux jours plus tard, elles perquisitionnent la nuit dans sa propre maison et tuent sa jeune sœur d'un coup de fusil. Dans tous les pays des Abruzzes, dans la Pouille, dans le royaume de Naples, à Naples même, la chasse est ouverte contre les carbonari et de très nombreuses arrestations sont opérées. Le 17 juillet, à Penne, sur arrêt de la cour martiale de Teramo, un chanoine, un médecin, un capitaine, chefs présumés de l'insurrection, sont fusillés. Ensuite, leurs têtes coupées sont exposées dans les diverses villes sur lesquelles a flotté pendant quelques jours leur drapeau, rouge, noir et bleu clair.

Malgré la rivalité des loges et des ventes, une sorte de solidarité unissait les francs-maçons aux bons-compagnons, et les exécutions, de même que les dénonciations contre les conspirateurs unitaires, n'étaient pas pour attirer à Murat des partisans dans la haute Italie. Pourtant, il n'avait nullement renoncé aux projets qu'il avait formés et dont il ajournait seulement l'exécution à des temps plus favorables, mais il avait fait à l'Autriche ces sanglants holocaustes et, si la police française était pour quelque chose dans la conspiration militaire, il l'avait jouée : le cabinet des Tuileries se trouvait sans armes contre lui. De même la saisie des papiers de Lord Oxford et de M. Andral n'en avait fourni aucune. Sa prudence qu'il poussait à ce moment à l'extrême semblait pouvoir lui profiter.

Il espérait que, dans son efficace amitié pour la reine, M. de Metternich lui servirait de répondant près du Congrès et s'emploierait pour lui procurer la ratification par toutes les puissances du traité du 11 janvier. Allié de l'Autriche, ne se trouvait-il pas par là même l'allié de tous ses alliés? Cette politique eût été soutenable à deux conditions : que Murat, après avoir trahi Napoléon, eût, comme avait fait Bernadotte, rendu aux Alliés des services essentiels, qu'il eût contribué à quelque grand succès et qu'il se fût montré un auxiliaire vraiment utile; ensuite, que nulle des grandes puissances ne fût si intéressée à le renverser pour rétablir quelque autre à sa place qu'elle y employât tout l'effort de sa politique. Or c'était justement le contraire de sa position présente.

Devant l'Autriche à laquelle il s'était lié par le traité du 11 janvier, devant l'Angleterre qui moins que plus, avait accédé au traité, combien davantage devant les autres puissances qui avaient refusé leur signature, Murat était en posture d'accusé. Déjà les juges étaient aux opinions et ils avaient prononcé. C'était Alexandre disant à Londres au duc d'Orléans qui l'entretenait de la restauration de son beau-père : « Quant à moi, je suis tout prêt, mais c'est d'ici que tout dépend. »

Et le prince régent disait : « Je ne sais comment ils ont été faire tous ces arrangements avec Murat, c'est détestable. » Mais, en Angleterre comme en Autriche, le même scrupule : Lord Liverpool ne voulait point qu'on pût lui reprocher d'avoir manqué à aucun engagement ; l'empereur François Ier disait : « J'espère qu'il se fera lui-même l'instrument de sa perte. » Il disait encore : « qu'il n'avait pas le courage de rompre le traité qu'il avait fait avec Murat et de manquer de parole, mais qu'il ne ferait rien pour le soutenir sur le trône usurpé, que les ministres de son beau-père devaient faire en sorte d'engager la France, l'Espagne et la Russie, et surtout l'Angleterre à le culbuter ». Et Metternich : « Je donnerais le monde entier pour recevoir la nouvelle que le roi Ferdinand est rétabli sur son trône : malheureusement nous ne pouvons y employer nos armes. »

A force de prudence et d'humilité, Murat eût pu conjurer la mauvaise volonté des puissances qui paraissaient décidées, au début du Congrès, à ne point prendre l'initiative de l'attaque, mais il y avait la France formellement hostile, et M. de Talleyrand enragé, portant à détrôner cet homme, son ancien complice, une sorte de frénésie personnelle. Dans les instructions qu'il s'était fait donner par Louis XVIII et que La Besnardière avait rédigées, il n'avait eu qu'à suivre la direction dynastique qui, sous prétexte de légitimité, devait dominer durant quinze ans la politique des Bourbons restaurés et qui se conformait ainsi à la politique inaugurée par Louis XIV, suivie par Louis XV, et abandonnée par Louis XVI.

Ne se fiant point à Talleyrand qu'il se croyait obligé d'employer, soit à cause de sa réputation, soit pour les talents qu'il lui supposait, soit pour l'influence qu'il lui attribuait dans les conseils de l'Europe, Louis XVIII, dès qu'il en avait eu les moyens, avait naturellement préféré aux « séides de l'Usurpateur » un homme qu'il connaissait d'enfance, et dont toute la parenté était dans la familiarité de sa maison. M. de Bombelles était fils du menin du duc de Bourgogne, qui fut ambassadeur à Venise, et qui sera tout à l'heure évêque d'Amiens et aumônier de la duchesse de Berry ; il était le fils de Mlle de Mackau, la dame de Madame Élisabeth, le neveu de la sous-gouvernante des enfants de France. Rien de plus pur et nul qui, comme lui, pût s'entendre avec M. de Blacas, tant ils communiaient dans la haine de la Révolution, tant ils étaient convaincus, l'un et l'autre, de la nécessité d'extirper ce dernier représentant de l'usurpation napoléonienne. Une politique telle que celle entreprise par Louis XVIII ne pouvait être confiée qu'à des mains entièrement loyales et il convenait assurément que M. de Talleyrand et son acolyte. Jaucourt fussent surveillés, car ils s'émancipaient par moments, sinon jusqu'à des déclarations libérales, au moins à des velléités de résistance constitutionnelle.

Sans qu'il sût combien il était menacé et bien que, des périls qu'il courait, il ne connût que le moindre, Murat crut qu'il gagnerait à prendre les devants et à prévenir par une apologie l'attaque dont sa conduite, au début de l'année 1814, ne manquerait point d'être l'objet. Il prétendait établir la sincérité et l'efficacité de sa trahison, prouver combien il avait été nuisible à Napoléon et comme il avait bien servi les coalisés : moyennant quoi il estimait que l'Autriche ne pourrait lui refuser son appui près de ses Alliés, et que l'Angleterre ne s'obstinerait plus à retarder sa signature.

Le duc de Campo-Chiaro, plénipotentiaire de Murat près le congrès de Vienne, remit donc à Metternich et à Castlereagh un « Mémoire historique sur la conduite politique et militaire de S. M. le roi de Naples depuis la bataille de Leipsick jusqu'à la paix de Paris du 30 mai 1814 ». Ce mémoire était accompagné d'observations sur le même sujet « par un officier d'un haut rang employé dans les armées françaises en Italie ». Tout de suite, ce mémoire fut livré par les Autrichiens à la critique du général comte Nugent qui n'en laissa point subsister une seule allégation et il le fut par les ministres anglais aux observations de Lord Bentinck que sa haine contre Murat éclairait sur tous les points graves. Murat s'était présenté comme ayant immobilisé une armée française dont l'intervention eût été décisive ; comme ayant loyalement exécuté tous ses engagements, si fort qu'il lui en coûtât ; comme ayant mené avec son ordinaire bravoure et sa remarquable habileté militaire des opérations d'un intérêt majeur : on lui contesta tout cela, sauf cette vaillance qui semblait une condition même de son existence.

A force d'instances les membres de « la légation napolitaine avaient obtenu que Talleyrand les reçût ; le duc de Campo-Chiaro sollicita alors, en faveur du roi son maître, la protection de la France, alléguant que « c'étaient eux, les Napolitains, qui, plus que tous autres, avaient contribué à remettre les Bourbons sur le trône » ; reprenant à son compte toutes les allégations du mémoire, il termina en déclarant que les Napolitains et leur roi avaient beaucoup mérité des Bourbons : « Sans doute, vous avez mérité, lui répondit Talleyrand, mais pas assez. Vous dites avoir rétabli les Bourbons sur le trône, mais vous ne les avez pas rétablis tous. Achevez votre ouvrage et votre mérite sera parfait. » Cela suffisait à constater de quelle façon Talleyrand s'apprêtait à ridiculiser la fable de Murat.

Celui-ci d'ailleurs trouvait, s'il parlait d'histoire, des adversaires contre lesquels il eût vainement tenté de se défendre. Lorsque Eugène était venu à Paris, Murat l'avait attaqué avec violence dans une lettre adressée à Fouché ; et dans cette même lettre il avait écrit : « Vous serait-il possible de retirer des mains du vice-roi votre lettre ?

Pourriez-vous l'engager à la générosité ? » Le 3 novembre, à Vienne, causant avec la princesse Bagration, Eugène, parlant de Murat, dit « qu'il avait de quoi prouver à la cour d'Autriche que ce coquin la trompe, qu'il a des lettres de lui sur cela, mais qu'il ne veut pas les montrer parce qu'il ne lui sied point de pousser sa vengeance à ce point ». N'est-ce point assez qu'il eût ainsi parlé ? Ne savait-il pas que la princesse Bagration suppléait les oreilles de l'empereur Alexandre ?

D'ailleurs, Murat parlait lui-même. Il faisait courir des lettres par tous les courriers. A chaque fois, il annonçait sa résolution inébranlable de garder son trône et il faisait blanc de son épée. Il écrivait à Belliard : « Sois sûr que je justifierai à tes yeux et à ceux de l'Europe l'opinion dont j'ai joui jusqu'à présent. Ton ami, ton ancien camarade pourra bien faire pour lui ce qu'il a fait tant de fois pour les autres. J'ai une belle armée, plus belle que tu ne peux te l'imaginer. Je puis me présenter avec 80.000 hommes et cent pièces de canon. Je suis décidé à tout. Je veux régner avec gloire ou cesser de vivre. Si on me force à tirer l'épée, combien je te regretterai ; tes conseils me seraient utiles. Tu savais si bien retenir à propos ma fougue et maîtriser mon courage ! » Et il lui écrit le 5 octobre : « J'attends sans crainte les événements ; je suis préparé à tout ; j'ai 80.000 hommes de disponibles et tous bien décidés ; la nation est animée du meilleur esprit et toute l'Italie redemande son indépendance. Je saurai prouver, j'espère, comment un brave homme sait et doit défendre son trône et l'indépendance de ses peuples. » Et toujours que, si on lui fait la guerre, il se défendra à outrance, et qu'il a 80.000 hommes. « 80.000? dit Talleyrand à Campo-Chiaro qui lui tenait un tel propos : 80.000? Ce n'est pas assez. » Et il le congédie.

Dans l'affolement où il vit, tantôt emporté par les rêves de grandeur qui lui font voir dans ses 80.000 hommes un instrument de conquête tel que Bonaparte l'avait trouvé en 96 dans l'Armée d'Italie, tantôt retombant aux réalités et s'adressant successivement à tous les souverains pour mendier une protection efficace, essayant de faire peur en même temps que pitié, il est vraiment une guenille lamentable qu'agite le vent qui souffle. « Je sais, écrit-il à l'empereur d'Autriche, que mes ennemis ont recours à tous les moyens pour me perdre Ils font l'impossible pour me brouiller avec l'Autriche et tâchent d'inspirer de la méfiance contre mes vues et mes démarches... Cela aurait-il le sens commun contre la seule puissance qui me protège si généreusement? Et si jamais je l'avais... à quoi me servirait toute mon armée si l'Autriche était contre moi? Je pourrais sûrement me défendre quelque temps et faire du mal, mais, à la fin, il faudrait bien que je succombe sous la force. » Et, quelque temps après, il faisait remettre par ses ministres à Castlereagh une note suppliante pour demander une union intime avec l'Angleterre. Lui-même écrira quinze jours plus tard au prince régent une lettre singulièrement curieuse : il lui dit que, s'il s'écarte par une communication de cette nature des formes usitées dont tous les souverains doivent aimer le maintien et la dignité, c'est pour rendre « un hommage à la noblesse et à la loyauté de son caractère » en même temps que pour lui prouver « l'intérêt qu'il attache à établir des relations directes et personnelles avec Son Altesse Royale, lors même qu'elles ne pourraient pas avoir toute la solennité qu'elles devraient observer ». Et, lui offrant pour la dixième fois son alliance, il ajoute : « Je suis, par mes inclinations, par mes principes, par mes intérêts les plus évidents, l'ami de l'Angleterre, et, dans tous les temps, même au milieu de la plus terrible guerre, chaque Anglais que j'ai eu occasion de connaître a pu voir en moi son ami. Mon royaume ne peut trouver dans l'alliance de la Grande-Bretagne que les avantages les plus positifs, les plus immédiats, les plus complètement exempts d'inquiétudes et il est manifeste que mon alliance peut être utile de même au peuple Anglais. » Il entre alors dans le vif, et l'essentiel de son raisonnement paraît irréfutable. « J'ai, dit-il, un traité d'alliance avec l'Autriche : ce traité, qui avait été d'abord rédigé et signé sans la participation du ministre britannique, fut modifié par le ministre de Votre Altesse Royale et j'adoptai les modifications proposées parce qu'il me fut assuré que telles étaient les vues du gouvernement anglais. Une déclaration officielle faite par Lord Bentinck et des déclarations réitérées faites par Lord Castlereagh, dont j'ai eu tant d'occasions d'apprécier l'inaltérable loyauté, m'ont garanti que mes stipulations avec l'Autriche auraient le consentement du gouvernement anglais et que l'Angleterre y accédait. Quel obstacle pourrait empêcher aujourd'hui un traité entre les deux États conforme à cette déclaration? Un tel traité pourrait être commandé à l'Angleterre par le premier de tous les intérêts : l'honneur. »

Murat écrit cela : il y croit peut-être. Mais, quelle que soit l'opinion qu'il a de l'honneur, il a raison, lorsqu'il dit : on a pris des engagements avec moi, en raison d'engagements que j'avais pris : j'ai rempli les miens, à vous de remplir les vôtres.

« J'ai rempli les miens », toute la question est là, il le sait bien ; c'est pour le prouver qu'il a fait remettre ce mémoire que Bentinck réfute après Nugent et dont chaque passage est épluché, avec une hostilité méticuleuse. Les Anglais ne demandent certes pas mieux que d'abandonner Murat, d'aider même à le détruire ; mais leur probité commerciale est intéressée à ce qu'on ne puisse pas prétendre qu'ils lui ont fait banqueroute. Qu'on leur prouve qu'il n'a pas livré sa marchandise, ils se tiendront dégagés. Mais ils ne se contentent point d'à peu près ; ils ne se laissent pas prendre à des mots qui paraîtraient équivoques ; ils regardent aux textes comme aux signatures et leur inspection a le caractère d'un contrôle de banque. C'est pourquoi, attendu que, par deux fois, l'Angleterre a refusé le papier que lui présentait M. de Blacas, celui-ci cherche un endosseur, dût-il faire simuler l'endos de Napoléon par l'abbé Fleurel.

Comme, au fait, M. de Bombelles et M. de Blacas étaient d'accord et que l'on n'avait d'hésitation que sur le moment à choisir, que l'on espérait à chaque instant que Murat fournirait l'occasion espérée, la question de ce côté eût paru résolue si l'impatience de Louis XVIII ne l'eût porté à cette combinaison d'une coalition bourbonienne, dont les troupes, transportées par une flotte anglaise, rétabliraient le souverain légitime sur le trône de Naples. Il fallait, pour qu'un tel projet prît tournure, qu'il fût négocié avec gravité et que l'on eût résolu tout d'abord certaines questions faites pour embarrasser. N'eût-il point été dangereux de lancer une armée française à travers l'Italie toute chaude encore de la gloire napoléonienne et, pour renouveler ainsi les aventures de Charles VIII, le moment ne serait-il singulièrement choisi ? Il est des contacts qu'il faut se garder d'établir si l'on ne veut pas allumer l'incendie. Ainsi, la voie de mer était la seule ouverte ; mais n'y a-t-il pas dans le traité du 11 janvier un article gênant pour l'Autriche ? Sans doute, dit Talleyrand à Castlereagh, « l'Autriche a pu prendre des engagements avec lui, mais pour le garantir d'attaques par terre ; il suffira donc de l'attaquer par mer. Quant à l'Angleterre, elle n'a jamais reconnu le titre que prend celui qui gouverne à Naples, ni les droits que ce titre lui suppose », elle a constamment reconnu et affirmé les droits de Ferdinand IV ; elle se doit et elle doit à sa politique de coopérer au renversement de Murat : comme elle est la maîtresse des mers, on ne saurait rien tenter sans son assentiment, pour quoi M. de Talleyrand demande au ministre de Sa Majesté Britannique s'il s'accorderait avec lui pour proposer au Congrès une résolution ainsi conçue : « L'Europe réunie en congrès reconnaît S. M. Ferdinand IV comme roi de Naples. Toutes les puissances s'engagent à ne favoriser, et à n'appuyer ni directement, ni indirectement, aucune prétention opposée aux droits qui lui appartiennent à ce titre, mais les troupes que les puissances étrangères à l'Italie et alliées à Sadite Majesté feraient marcher pour cette cause ne pourraient traverser l'Italie. » Quelques jours plus tard, il insiste par une note de principe : « Le grand et dernier but auquel l'Europe doit tendre et le seul que la France se propose, est, dit M. de Talleyrand, de finir la Révolution... Les dynasties révolutionnaires ont disparu sauf une... Que le principe de la légitimité triomphe sans restriction... Sans cela, la Révolution subsisterait ».

Le Cabinet anglais résistait encore, ne trouvant point suffisants les arguments de M. de Talleyrand et de M. de Blacas, et Murat, qui, en ce moment, était l'hôte de la princesse de Galles et dans quel enthousiasme, au milieu de quelles fêtes ! ne doute point que le prince régent ne soit sensible à ces attentions ; et lorsque, dévêtue en Renommée à l'antique, la princesse le couronne de lauriers, en présence d'une foule d'Anglais, étonnés mais respectueux, ne doit-il pas imaginer, dans l'ignorance où il est de la constitution et de la politique anglaises, que, tout de même, ce suffrage vaut quelque chose et pèsera dans la balance ?

Ainsi jouait-il sur ces deux cartes, Autriche et Angleterre, tantôt exalté au point de croire que son royaume était destiné au premier rang, et lui-même aux premiers rôles, tantôt démoralisé jusqu'à perdre toute dignité et à risquer des démarches dont le moindre résultat était de lui enlever la plus vulgaire considération. Car ces déclarations d'amour qu'il adressait à tel ou tel et où, par une politique enfantine, il mêlait les attaques contre quelque autre, étaient aussitôt communiquées à celui-ci, en sorte que, si l'on avait été tenté de le prendre au sérieux, l'on était aussitôt désabusé. Comme il frappait successivement — parfois simultanément — aux portes les plus différentes, ce jeu amusait les diplomates du Congrès qui, en attendant qu'ils étranglassent la souris, la ballottaient de coin en coin.

Murat pourtant commençait à s'apercevoir que les souverains étaient mal disposés en sa faveur, mais il se flattait qu'il aurait les peuples et que, moyennant qu'il se réconciliât avec les Carbonari et les Francs-Maçons, moyennant qu'il rentrât en rapport avec les Unitaires de la Haute-Italie, lesquels ne pouvaient manquer de lui offrir leur concours, il mettrait le feu aux Légations, à la Toscane, à la Lombardie et même au Piémont.

Jusqu'à quel point ces rêveries se trouvaient-elles justifiées, il n'est point aisé de le découvrir; toutefois, sur la quantité de projets qui furent soumis à Napoléon par des Italiens, sur le nombre des voyageurs qui vinrent à l'île d'Elbe exposer leurs plans d'Empire romain, on peut juger si Murat trouvait des rêveurs pour lui parler et lui écrire. Rien ne développe davantage le goût des spéculations politiques que l'atmosphère des sociétés secrètes, et les Italiens passent pour avoir toujours excellé à les organiser et à les entretenir.

De plus, Murat se trouva être poussé dans cette voie par le personnage qui avait déjà contribué à lui faire jouer un si triste rôle : Fouché. Fouché est, par toutes les occasions sûres, en correspondance avec Murat; mais, au mois de décembre 1814, il juge à propos de lui envoyer son commensal, son confident, l'homme qui, depuis deux longs mois, ne l'a point quitté dans l'espèce de solitude où il vit à Ferrières : ce M. de Jullian, dont Thibaudeau a indiqué la fonction, dont le rédacteur des *Mémoires de Fouché* a signalé le voyage et dont une publication où lui-même en rend un ample compte semble avoir passé inaperçue. Jullian, comme inspecteur des Droits réunis en Piémont, chargé, dit-on, d'une partie de police secrète dans la haute Italie au temps de l'Empire, semble bien y avoir joué double jeu. Passant par Turin, Milan, Florence et Rome, il recueille à chaque fois des impressions qu'il apporte à Murat. Celui-ci paraît l'avoir mis au courant de ses projets et de ses espérances et l'avoir initié à ses secrets. « Il se passait peu de jours, écrit Jullian, qu'il n'arrivât à Naples des courriers et des émissaires de Rome, de Bologne, de Milan et d'un grand nombre d'autres villes d'Italie. Chacune d'elles, en adhérant au vœu général pour l'indépendance, l'union, et l'établissement d'un gouvernement constitutionnel et représentatif, avait ses prétentions particulières et réclamait, avec une administration municipale, la conservation de quelques-uns de ses droits et de ses privilèges. » Aussi, après un examen où tout projet de soulèvement partiel avait été écarté et où, de même, on avait rejeté toute idée de révolution sociale, on s'arrêta à « un plan d'occupation militaire et successive de toutes les communes qui, à l'approche de l'armée de l'Indépendance, déclareraient hautement leur adhésion à ses principes, enverraient des commissaires auprès de son chef et justifieraient de la volonté de la grande majorité de leurs populations ». Un Sénat, siégeant à Rome, serait composé de députés de toute l'Italie. Des gouvernements généraux seraient établis à Turin, Milan, Florence et Naples, où l'on formerait divers grands établissements. « Déjà les plus importants renseignements étaient transmis par les habitants les plus éclairés des points de l'Italie. » Mais tous insistaient unanimement sur deux points où Murat résistait : une constitution libérale, embrassant l'Italie entière, et le drapeau de l'Indépendance substitué au drapeau napolitain. Murat se sentait blessé par ces exigences, surtout la seconde : car il ne doutait point que la gloire dont il avait couvert son drapeau ne dût lui valoir d'être préféré à l'étendard tricolore que Dante a peut-être annoncé à l'Italie, mais qu'assurément Bonaparte lui a donné.

Et puis, s'il suivait, avec une complaisance plus apparente peut-être que réelle, le développement de ces intrigues, comme il eût préféré se rapprocher des souverains « ses frères », être accueilli, toléré même par eux, participer si peu que ce fût au banquet des Légitimes! « Un mot de ses ministres à Vienne, une lettre de l'empereur d'Autriche changeaient toutes ses dispositions. » N'était-il pas d'ailleurs tiré vers cette politique toute autrichienne par la reine?

Caroline qui, comme a dit son grand frère, « portait la tête d'un homme d'État sur les épaules d'une jolie femme », avait ces deux qualités essentielles de prendre ses résolutions, et de s'y tenir. Elle avait hésité avant de déserter la France et de se jeter à l'Autriche, mais une fois qu'elle se fut convaincue que la chute de l'Empire était au moins probable, et que l'on ne pouvait demeurer fidèle sans être enveloppé dans le désastre, elle n'eut garde de sacrifier son trône à des sentiments dont elle appréciait la noblesse, mais dont elle connaissait le danger : elle accepta de franc jeu la situation nouvelle; elle désira que Murat en tirât toutes les conséquences; elle condamna ouvertement ses hésitations et ses finasseries et comme, en femme experte, elle avait toujours mis ses inclinations d'accord avec ses intérêts, elle ne manqua point de faire répéter ses louanges à son ancien ami, M. de Metternich, par le nouveau, M. de Mier, ministre d'Autriche. Ces louanges, d'ailleurs, elle les méritait. Elle s'opposait, autant qu'il était en son pouvoir, à ces sautes d'humeur qui rendaient Murat accessible à toutes les influences, disposé à toutes les combinaisons, ouvert à toutes les intrigues : elle n'avait aucune illusion sur une entente avec les Bourbons; elle croyait peu aux Anglais, mais elle se tenait fermement attachée à l'Autriche et, de même qu'elle eût tout fait pour que, en se prononçant plus tôt et en agissant plus vigoureusement, Murat se fût compromis irrémédiablement pour l'Autriche et eût conquis ainsi sa gratitude, de même, à présent, elle employait toute son intelligence à lui prouver quel tort ne pouvaient manquer de lui faire les relations qu'il entretenait avec les Unitaires, les variations d'une politique dont tout le monde perçait la fausseté, les déclarations d'amour qui, adressées successivement à chacun, ne trompaient personne. Mais l'influence qu'elle avait exercée au temps où régnait l'Empereur et où il lui avait attribué une part éventuelle dans le gouvernement, avait disparu dès que Murat s'était cru libéré de Napoléon et il eût cru se diminuer en suivant les avis de sa femme.

Caroline avait adopté vis-à-vis des siens une attitude qui eût pu choquer de la dernière née, mais qu'elle tenait pour convenable à la seule qui régnât. Ainsi remplaçait-elle l'Empereur et en prenait-elle le ton. Elle distribuait ses bienfaits aux parents pauvres — offrant de bonne grâce une rente de 30.000 francs à son oncle Fesch, et tenant des fonds à la disposition de Pauline; à défaut du royaume, elle régentait la famille. Ainsi écrit-elle au Cardinal : « Je vous prie, mon cher oncle, de faire tout votre possible pour être bien avec maman. Dans ce moment, toute l'Europe a les yeux fixés sur nous. On imprime des horreurs, des détails de famille, d'intérieur, que l'on dénature, qu'on arrange, mais qui ont leur source dans les rapports des gens qui nous entourent. Faites donc comprendre cela à maman et tenez-vous en garde réciproquement, car la méchanceté veille. Je vous fais ces observations, car votre gloire n'est pas moins intéressée que la nôtre à ce qu'on ne puisse rien lui retirer — la famille (la vraie au moins !). »

Cela va bien et voilà, outre les Beauharnais, Madame et Fesch mis à leur place; et voici Lucien : elle le réprimande sur ce que son poème de

Charlemagne renferme des allusions offensantes pour l'Empereur, et elle le prie de les retrancher en lui disant qu'elle lui saura un gré infini du sacrifice. On sait comme elle réussit, mais elle imagina quelque chose de plus difficile, ce fut, lorsque Pauline fut arrivée à Naples, de gouverner sa santé; là, elle fut repoussée avec tant de vivacité et de persistance qu'elle dut avouer sa défaite.

Il n'est point à penser toutefois qu'elle étendit ses ambitions jusqu'à régenter son voisin de l'île d'Elbe. Napoléon, à bon droit, paraissait moins éloigné de Murat que de Caroline. Celle-ci étant de son sang, sa trahison avait dû lui paraître double, frapper ses affections en même temps que son orgueil et son intérêt. Sa sœur! Cette sœur qu'il avait élevée si haut, dont il tenait l'intelligence en une telle estime et dont, à toute occasion, il se plaisait à faire l'éloge. Sans doute, mieux que tout autre, il savait les complaisances de son caractère et les capitulations qu'elle imposait à sa conscience. Mais, s'il ne s'en était point étonné lorsqu'elles lui étaient serviables et utiles, il n'avait pu manquer d'en être surpris lorsqu'elles s'étaient tournées contre lui. C'était pourtant la même femme et professant la même morale.

Les relations que Caroline entretenait avec la Famille devaient, le jour venu, faciliter l'envoi de lettres adressées, sinon directement à Napoléon, au moins à Pauline et à Madame : celle-ci plus rebelle peut-être que son propre fils à une réconciliation et peu portée vers cette fille dont elle connaissait trop la nature morale. Aussi bien, la réconciliation apparente, l'alliance au moins momentanée était inévitable. Dès que Murat admettait qu'il n'avait plus rien à espérer de l'Europe, dès qu'il acceptait cette hypothèse parmi celles qu'il envisageait successivement, et souvent simultanément, il devait tout faire, et il fit tout en effet, pour rentrer en relations avec le souverain de l'île d'Elbe.

Assurément, même lorsqu'il se livrait aux protestations de dévouement, d'obéissance et d'abnégation les plus exagérées, Murat n'était point de bonne foi; la nécessité le poussait à des démarches que son inconscience lui rendait moins pénibles qu'elles n'eussent été à tout autre, mais qui affectaient sa vanité, si elles ne coûtaient rien à son orgueil. Il ne pouvait se passer de Napoléon, mais il ne voulait point être sa dupe; il comptait bien qu'il ferait sa part de l'Italie durant que Napoléon — s'il pouvait — prendrait la France, mais il n'entendait ni se soumettre à l'ancienne vassalité, ni renoncer aux avantages qu'il croyait s'être acquis par ses intrigues. Si surprenante que la chose puisse paraître, il se tenait pour l'égal de l'Empereur, son égal par le génie militaire, son supérieur par le génie politique.

Quant à Napoléon, rien n'égalait le mépris qu'il avait pour Murat, aussi bien pour sa personne, que pour ses talents. Dans le cas d'extrême nécessité où il se trouvait, il ne pouvait se refuser à accepter une entente qui seule lui procurait l'espoir d'une diversion immobilisant en Italie une armée autrichienne. Mais il fallait que Murat, tout en continuant ses armements et en renforçant ses troupes du mieux possible, ne sortît d'une attitude expectante que sur l'avis de l'Empereur, et, dans le cas où la paix pourrait être maintenue, ne tentât rien pour la compromettre.

Or, dès lors, la paix n'était-elle point en péril et par quoi était-on séparé d'une déclaration de guerre? Le 23 février, peut-être sur des indices qui avaient pu lui venir des négociations entre la France, l'Angleterre et l'Autriche, Murat, par une note rédigée un mois auparavant, tenue dès lors en réserve et remise seulement à cette date par Campo-Chiaro et Cariati, a réclamé de Metternich que, en vertu du traité du 11 janvier 1814, le roi de Naples, allié de l'Autriche, fût reconnu par le roi de France. Au cas que les troupes françaises entrent en Italie pour l'attaquer, il a demandé l'autorisation de traverser, pour les combattre, les territoires occupés par les Autrichiens. Pour que le cabinet de Vienne accédât à une telle proposition, il eût fallu que sa naïveté fût bien grande et sa police bien mal faite : ce n'était point le cas. Avec une extrême habileté, Metternich se tourna vers Talleyrand dont il avait en main la déclaration que les Bourbons n'attaqueraient Naples que par mer, et il lui déclara, avec une hauteur concertée, que l'entrée des Français en Italie formerait un *casus belli*. Cela étant acquis le 26, il se retourna vers Campo-Chiaro, « lui déclarant que cette garantie devait lui suffire, que les armements du roi Joachim n'avaient aucune raison d'être, agitaient inutilement l'Italie et que tout mouvement de l'armée napolitaine hors des frontières serait regardé comme une rupture de l'alliance et une attaque contre l'Autriche ».

Le 26 février, cette réponse menaçante était, à Vienne, remise aux envoyés du roi de Naples. Ce même jour, 26 février, l'Empereur quittait l'île d'Elbe ; mais il est impossible d'établir la moindre relation entre la remise de la note par Campo-Chiaro, le 23, et le départ de Napoléon, puisque la note était rédigée depuis le 25 janvier et qu'elle était de toutes les façons en contradiction avec les intentions et la politique de l'Empereur. Celui-ci, lorsqu'il prenait ses engagements avec Murat, avait cru trouver des difficultés sans doute, mais une politique d'attente, ne comportant ni une action immédiate ni des sanctions directes. Tout au contraire, Murat, après les déclarations de ses ministres, paraissait ne chercher que l'occasion d'entrer en guerre, d'utiliser pour sa gloire et sa grandeur les forces de l'Italie par laquelle il se croyait appelé et où il comptait remplacer Napoléon.

L'on voit bien ce que l'Empereur perdait à attacher Murat à sa fortune ; on ne voit pas ce qu'il y gagnait : l'espoir qu'assagi par les événements, et acceptant une direction, sinon des ordres, le roi se conformerait aux nécessités de la politique commune et se comporterait de façon à ne pas la compromettre? Ce fut tout le contraire qui arriva et cet appoint que Napoléon avait cru trouver devint un des facteurs qui accélérèrent sa chute.

XXXVII

LA FAMILLE A PARIS

Mars-Juin 1815.

Hortense aux Tuileries le 20 mars avec Julie. — Paroles sévères de Napoléon. — Lettre inconsidérée à Eugène. — Eugène compromis. — Il est question de l'arrêter. — Explication avec l'empereur Alexandre. — Remords d'Hortense. — Nouvelle lettre. — Les Beauharnais contre les Bonaparte. — Hortense inconsidérée. — Ce qu'a été son salon. — Son effort pour y réunir des éléments irréconciliables. — Les officiers bonapartistes. — Les femmes. — Justifications devant Alexandre. — Hortense et Thibaudeau. — Opinion de celui-ci. — Flahaut en rapports avec l'Empereur. — L'annonce du retour de l'Empereur. — On accuse la reine de l'avoir fêté. — Les enfants mis en sûreté. — On inspire à Hortense une étrange démarche près d'Alexandre. — Elle provoque l'immixtion de l'étranger. — Les Bourbons tentent un coup de force. — Les visites. — Les avis. — Avertie de se mettre en sûreté. — Demande asile à de faux amis, — à la négresse qui fut la bonne d'Eugène. — Calomnies contre elle. — Elle offre ses services à l'Empereur, au roi, à Mme Récamier, aux d'Orléans, etc. — Visite aux Tuileries avec ses fils. — Ce que dit l'Empereur du procès. — Louis refuse de rentrer en France. — Il reste à Florence. — Réconciliation de l'Empereur avec Hortense. — Il fait écrire par elle à l'empereur Alexandre. — Sa lettre. — Réponse d'Alexandre. — Elle donne ouverture à la régence. — Napoléon à Malmaison avec Hortense. — Souvenirs de Joséphine. — Hortense tient la Cour. — Ses lettres à M. Sosthène de La Rochefoucauld et à Mme du Cayla. — Inconscience sentimentale.

Joseph. — Il arrive le 23 aux Tuileries. — Son voyage. — Comment il a été proscrit en Suisse. — Le comte et le prince de Talleyrand contre lui. — Obstacles mis par le ministre d'Autriche. — Négociation de Paroisse. — Assurances qu'il donne au comte de Talleyrand. — Etrange démarche de Joseph, sans doute commandée par Napoléon. — Mesures prises contre lui. — Son arrestation commandée. — Conspirait-il avec Napoléon ? — Habitations, chevaux, voitures, apanage offerts par l'Empereur. — Maison militaire. — Conduite de Joseph. — L'Empereur lui destine la dignité de grand électeur. — Constitution de son apanage. — Il réconcilie l'Empereur avec Lucien.

Lucien. — Lucien ne peut rester à Rome si le pape en sort. — Il tente de l'y faire rester. — Il quitte Rome avec le Père Maurice. — Mme Lucien reste à Frascati. — A Florence, Lucien demande les ordres du pape. — Il va à Milan, — traverse la Suisse. — Arrive à Genève. — S'arrête à Beine. — Pique sur Paris. — Station à Charenton. — Versions différentes. — Le Père Maurice aux Tuileries. — Il voit l'Empereur, qui ne parle pas de Lucien. — Etrange imbroglio. — Lucien repart, — s'arrête à La Grange-la-Prévôté, — arrive à Prangins, — est averti qu'il va être arrêté, — repasse en France. — Séjour à Versoix. — Lettre au nonce. — M. Auguste de Talleyrand et le corps diplomatique. — Le nonce en suspicion. — Lucien loue une campagne sur les bords du Léman. — Lettre reçue de Joseph. — Rappel de Lucien. — Gravité de cette mesure au point de vue dynastique. — Louis et Jérôme. — Lucien revient à Paris. — Lettre à l'Empereur. — Il demande à entrer dans la dynastie. — Palinodies. — Grand Cordon. — Note de l'Empereur sur la maison de Lucien. — Situation respective des héritiers. — Ce que dit Lucien impossible. — Lucien prince. — Son palais. — Sa maison. — Ses audiences. — Son ton. — L'Institut. — La réception de M. Parseval Grandmaison. — Discours d'Aignan. — Contraste avec la séance de la deuxième classe du 21 avril. — *L'Ode contre les détracteurs d'Homère* déclamée en séance par le prince Lucien. — Accueil qu'il reçoit. — Rapports qu'il dit avoir eus avec l'Empereur. — Consolidation de sa situation. — Le Palais-Royal apanage de branche. — Ce que Lucien réclamait en 1831. — Les armoiries du prince. — Lucien Bonaparte et non pas Lucien Napoléon. — Distinction essentielle. — Le prince républicain.

JÉRÔME. — Catherine doit aller aux eaux. — Nouvelle du départ de l'île d'Elbe. — Jérôme s'échappe. — Navigation dans l'Adriatique. — Premier, second débarquement sur les côtes d'Italie. — Rencontre du roi Joachim. — Conversation. — Les projets de Murat. — Ce qu'il propose à Jérôme. — Faux bruit de l'arrivée de Catherine à Ancône. — Jérôme à Bologne. — Son entrée à Florence au milieu des Autrichiens. — Il échappe, — rétrograde sur Ancône, arrive à Portici où il retrouve sa mère et son oncle.

MADAME. — Elle eût voulu quitter Porto-Ferrajo. — Écrit à Lucien à ce sujet. — Arrivée du colonel Campbell. — Scène avec Pauline.

PAULINE, qui a pris peur, s'embarque avec les dames Lebel sur un petit bâtiment, — arrive à Viareggio, — débarque, — se fait transporter à Campignano, château de la princesse Elisa. — Le château cerné la nuit par les Autrichiens. — Un des serviteurs de Pauline s'échappe, elle est prisonnière.

MADAME pensait à la rejoindre. — Attend désormais qu'on la vienne chercher. — Transportée à Naples sur un vaisseau napolitain.

FESCH. — Ses espérances de tranquillité. — Les caisses de tableaux qu'il attendait, séquestrées par les Bourbons. — Inventaire de sa galerie. — Il n'a pas reçu les instructions de l'Empereur l'accréditant près du Pape. — Arrivée de Jérôme. — Triste réunion de famille.

MADAME, JÉRÔME ET FESCH. — Premier embarquement sur le *Joachim*, obligé de rentrer en rade. — Arrivée de la *Biche*. — Blocus de la rade. — Arrivée de la *Melpomène*. — Le guet-apens des Anglais. — La *Melpomène* attaquée en pleine paix et prise. — Cruelle incertitude. — Arrivée de la *Dryade* à Gaëte. — Sauf-conduit anglais. — Départ pour la France. — Relâche à Bastia. — Le général Simon. — Jérôme et ses prétentions. — Le bal manqué. — Arrivée au golfe Juan. — Voyage à travers la France. — Enthousiasme des Lyonnais. — Jérôme arrive à Paris le 27 mai. — L'Empereur lui demande quel commandement il veut prendre. — Question dynastique posée. — Droits incontestables de Jérôme. — Opinion d'Hortense. — Le Champ de Mai. — Fesch désigné pour y officier arrive quand tout est terminé.

Règlement de la situation financière. — Rentes et apanages. — Ce que l'Empereur donne à chacun des siens.

Le 20 mars, les deux reines étaient aux Tuileries attendant l'Empereur. Mme D'Arjuzon accompagnait celle qui n'allait plus être que la *Princesse Hortense*. Elles faillirent être étouffées lorsque, à 8 heures du soir, l'Empereur arriva et que Julie, en deuil de sa mère, Hortense, qui pour la circonstance avait repris le deuil de la sienne, s'avancèrent au-devant de lui pour le recevoir. Elles se retirèrent dans un salon où l'on vint les chercher. « Il les embrassa assez froidement. Il demanda à la reine Hortense où étaient ses enfants : « Vous avez placé mes neveux dans une mauvaise position, au milieu de mes ennemis » : voilà ce qu'elle eut d'abord. Il les quitta alors ; elles attendirent indéfiniment qu'il revînt et, à minuit, prirent le parti de se retirer. En rentrant à son hôtel, Hortense trouva Soulange-Bodin, l'homme de confiance du prince Eugène, qui lui demanda d'écrire à son frère. Hortense, assure-t-on, était tout endormie lorsqu'elle écrivit cette lettre de si grande conséquence : « Mon cher Eugène, un enthousiasme dont tu n'as aucune idée ramène l'Empereur en France. Je viens de le voir. Il m'a reçue très froidement. Je pense qu'il désapprouve mon séjour ici. Il m'a dit qu'il comptait sur toi et qu'il t'avait écrit de Lyon. Mon Dieu ! pourvu que nous n'ayons pas la guerre ! Elle ne viendra pas, j'espère, de l'empereur de Russie. Il la désapprouvait tellement ! Ah ! parle-lui pour la paix ! Use de ton influence près de lui. C'est un besoin pour l'humanité. J'espère que je vais bientôt te revoir. J'ai été obligée de me cacher pendant douze jours parce qu'on avait fait courir mille bruits sur moi. Adieu, je suis morte de fatigue [1]. »

[1] J'ai pris ce texte dans l'ouvrage de Blanchard Jerrold dont le premier volume renferme quantité de pièces authentiques et inédites, mais je crains bien que ce texte qui, ci-devant, avait été fourni par Mlle Cochelet, ne soit fortement édulcoré et qu'on n'en ait enlevé des parties essentielles. Dans une lettre qu'elle écrit par la suite à l'empereur Alexandre, Hortense s'exprime ainsi : « Voici le moment de mes inconséquences et je me le suis bien reproché puisque cela a pu nuire à mon frère, tandis que je ne m'occupais qu'à le servir. Il m'avait toujours dit qu'il ne servirait jamais l'empereur Napoléon. Depuis qu'il était malheureux, il ne s'en était jamais plaint, mais encore à Bade, il me répétait que si le sort le ramenait jamais en France, comme Mme de Krudner, qui est un peu illuminée, le soutenait, il ne le servirait plus. L'Empereur arriva au milieu d'un enthousiasme universel. Je croyais que toutes les puissances consentiraient à son rétablissement en connaissant la vérité de ce qui se passait en France ; je pensais que le sort de mon frère allait dépendre uniquement de l'empereur Napoléon. Je croyais bien qu'il lui en voulait ; je m'occupai de détourner les impressions fâcheuses qu'il pouvait avoir sur lui en parlant de son dévouement ; j'ajoutai même qu'après le Congrès, il devait venir s'occuper de ses intérêts en France ; j'étais bien sûre que mon frère l'avait servi auprès du roi de France, mais j'avançai cela sans le savoir et *je le répétai à mon frère*. La peur qu'en arrivant à Paris et voyant l'Empereur avant moi, il n'y eût quelque malentendu, car je croyais simplement que mon frère allait revenir ici et à lui aussi je cherchais à calmer son ressentiment et à lui répéter que l'Empereur était bien pour lui ; je lui disais de vous parler pour la paix ; je croyais que c'était une chose faite et j'aurais été bien aise que la France lui eût cette obligation plutôt qu'à d'autres. L'Empereur eût été mieux pour lui puisqu'il paraissait la désirer. Enfin je ne devinais pas vos sentiments et mes désirs étaient conformes à ceux de tous les Français. C'était pour la paix et de vous le devoir. Dans les lettres à mon frère, il ne peut y avoir rien qui puisse prouver que j'ai fait revenir l'Empereur, car cela est faux. S'il m'a dit qu'il avait écrit à Eugène, de Lyon, pour vous parler ; s'il m'a dit qu'il comptait toujours sur son bras, je lui ai mandé tout cela comme on me le disait. J'ai aussi écrit une fois à l'Im-

En vérité, cette lettre, si elle est telle, n'était guère criminelle et pourtant elle amena de terribles orages. Eugène ne se trouvait point à la fête donnée dans les appartements de l'impératrice Maria-Ludovica où l'on apprit le débarquement de Napoléon. Son absence parut un signe d'intelligence ; son hôtel fut cerné par les agents de police et l'on pensa à l'arrêter. Le Congrès se réunit la même nuit et l'on prit des mesures. De là allait sortir cette déclaration rédigée, dit-on, par Talleyrand, où le grand chambellan de France prononçait contre l'Empereur l'excommunication majeure et la mise au ban de l'Europe. Alexandre, ce soir-là, justifia Eugène et parvint à le sauver.

Mais voici qu'un piqueur français de la princesse Auguste, venu en congé à Paris et retournant à Munich, est arrêté à Stuttgard. Il est interrogé, fouillé, trouvé porteur de lettres de France à l'adresse du prince Eugène. Cas de lèse-majesté : correspondre avec Paris ! On conduit le piqueur de Stuttgard à Vienne. Le Congrès assemblé ouvre les lettres : il y en a une — celle-ci, d'Hortense — il y en a de l'intendant, de Darnay, de Soulange Bodin, de Lavallette. On y parle des événements, et même de l'Empereur, et de l'enthousiasme qu'a soulevé sa rentrée, point que le prince y ait parti-

pératrice Marie-Louise, c'était l'Empereur qui m'avait fait prier de le faire pour lui dire, je crois, qu'il désirait la voir. Enfin si j'ai vu eu beau un instant, c'est que je vous croyais pour nous. Y a-t-il tant de mal à s'être trompé ?... »

cipé en quoi que ce soit, et il en eût été fort empêché. Probablement, et quoi qu'on n'en ait point parlé, se trouve-t-il une lettre d'Hortense à sa belle-sœur l'impératrice Marie-Louise, écrite par ordre de Napoléon et où la reine lui propose que le prince Eugène la ramène à Paris. C'est vraisemblablement cette lettre qui déchaîne la tempête.

« Quelques ministres s'écrièrent que le prince Eugène était le complice du retour de l'usurpateur. Bientôt ces premières voix trouvèrent des échos au point que l'empereur Alexandre fut pour ainsi dire critiqué en pleine séance, de ses intimités avec un prince qui le trompait, dit-on », qui entretenait ainsi des correspondances clandestines avec les amis et les partisans de l'homme mis au ban de l'Europe. Le lendemain, Alexandre envoya à Eugène son aide de camp Czernitcheff, qui lui remit toutes les lettres décachetées dont le Congrès avait gardé des copies et qui lui annonça que, « après ce qui s'était passé dans le sein du Congrès, l'empereur se trouvait obligé, par égard et même par devoir envers ses alliés, de cesser ses communications avec lui ». Le bruit courut à Vienne que le prince « et toute sa maison » allaient être envoyés dans une forteresse de Hongrie ou de Transylvanie.

Mais en ce qui concerne Eugène, cette alerte, si vive qu'elle eût été, ne porta point de conséquence. Il eut une explication assez vive avec Alexandre, lui démontra l'innocence des lettres qui lui avaient été adressées et le convainquit. Embrassade et promesses ; avec Metternich pareillement : mieux même, car il obtint, avant que le Congrès se séparât, une offre d'établissement, qu'il dédaigna à la vérité comme trop mesquine, mais qui n'en était pas moins la preuve certaine qu'on ne lui tenait point rigueur.

Quant à Hortense, qui avait écrit cette lettre au sortir du brasier des Tuileries et qui par là se trouvait bien véritablement en droit de parler d'enthousiasme, n'avait-elle rien dit de plus ?

Quelques semaines après avoir expédié sa lettre, il lui vint des remords, elle se demanda si sa lettre n'avait pas été arrêtée : « Dans les temps de trouble, dit-elle, les diplomates ne s'en font pas faute et moi qui ne le suis guère, je n'écris pas en conséquence. » Vite, elle adressa à son frère une nouvelle lettre où, croyant justifier les termes de la première, elle les aggravait singulièrement. « Je me rappelle t'avoir mandé, lui écrit-elle, que j'avais dit à l'Empereur que tu devais bientôt venir à Paris pour lui être utile et comme cela on pourrait y voir des choses qui ne sont pas puisque c'était simplement pour prier le roi de France de lui payer ses 3 millions. Ainsi tu pourras t'expliquer. Ensuite, quand je te parle de l'enthousiasme, je ne saurais trop en dire. Si on voulait nous faire la guerre, cela deviendrait tellement national que cela serait comme l'Espagne ; car jamais les Bourbons ne pourront revenir ; ils ont trop mal pris la

France ; ils n'ont que les salons pour eux, mais tout cela ne se bat pas. Au reste, voilà l'Empereur qui nous donne la liberté de la presse. Viendra ensuite une Constitution et on assure qu'il veut la paix avec tout le monde ; il n'y a que le retour de sa famille qui fait un mauvais effet ; mais, pourvu qu'il ne leur donne pas grande confiance, c'est assez simple qu'ayant partagé son malheur, ils partagent son bonheur. » Ainsi, pour expliquer et justifier ce qu'elle a ci-devant écrit, en aggrave-t-elle sans y penser tous les termes ; ainsi marque-t-elle une fois de plus la haine des Beauharnais contre les Bonaparte et cette jalousie irréconciliable qui les fait se disputer sur le bord de l'abîme. « On fait courir ici le bruit que tu es contre nous, dit-elle en terminant, je ne puis le croire ; ton intérêt est avec nous et, si tu pouvais avoir Parme et Plaisance, ce serait bien beau. Nous n'avons plus ici de grands dignitaires, mais si, malgré ta principauté, on te faisait connétable, ce serait là mon désir pour toi et ce serait la perfection. » N'est-ce pas là vraiment le dernier mot : « Nous n'avons plus de dignitaires, il faut te faire connétable ! »

Et c'était cette lettre encore qu'elle risquait par la poste ou par quelque voie aussi ingénue, et qu'elle n'imaginait point devoir arriver tout droit au cabinet noir autrichien. A coup sûr, la lettre n'était pas bien grave en elle-même, ni ne révélait de bien dangereux desseins, mais quelle incompréhension des faits, des hommes, des choses, des événements !

quel enfantillage! quelle niaiserie! Certes, on devait bien en conclure que ce n'était pas une telle femme qui eût mené une conspiration, ni qui eût été de la moindre utilité à des conspirateurs. Bonne pour mêler le roi, l'Empereur, la régence, la Russie, l'Autriche et le reste, elle n'eût point manqué de se rendre à quelque moment, et malgré qu'elle en eût, suspecte à tout le monde. Ne serait-ce pas qu'Alexandre, en prêtant une importance exagérée à des manifestations enfantines, se donnait un prétexte pour rompre une relation qui lui semblait importune, qu'il avait souhaitée par curiosité et dont l'avaient lassé les confidences sans intérêt, les incursions dans sa vie et dans sa politique, les duplicités niaises, certaines façons de se jeter à sa tête et surtout des manques de tact et d'à-propos?

Au milieu des agitations qui avaient marqué pour Hortense les journées écoulées depuis l'annonce du débarquement de l'Empereur, elle avait fait une démarche qui devait assurément lui donner aux yeux d'Alexandre l'attitude la plus compromettante.

Quoi qu'elle eût dit et fait pour prouver à quel point elle était détachée des Bonaparte, et combien peu elle entendait se mêler de politique; si bien qu'elle eût accueilli les royalistes qui s'étaient le mieux signalés par leur haine contre l'Empereur, elle n'était parvenue ni à se faire agréer par les gens du faubourg Saint-Germain, ni à décourager les Bonapartistes, même les militants. Lorsque, à certains jours et à certains contacts, ils frémissaient et menaçaient de sortir, elle les ramenait d'un mot, d'un geste, d'un sourire et puis n'était-elle pas la fille de l'Empereur et ne fallait-il pas lui tenir compte qu'elle était femme ? Enfin, n'était-ce point chez elle qu'on rencontrait, presque chaque soir, les créatures délicieuses, femmes de maréchaux, de généraux et de ministres, duchesses ou comtesses de la Cour impériale, jolies, rares, élégantes, spirituelles et moqueuses, qui, maltraitées par les nouveaux venus, se vengeaient sur la duchesse d'Angoulême et les douairières qui l'entouraient, « leur laideur, leur air empesé, leur mise gothique, leur mauvaise tournure ». Les jeunes gens qui papillonnaient autour d'elles savaient bien qu'elles ne leur feraient point mauvaise mine si, comme Jacqueminot, de Brack et Lawœstine, ils se costumaient en voltigeurs de Louis XIV, l'épée toute courte battant les bas de coton mal tirés, l'énorme perruque à ailes de pigeons et à longue queue, blanchissant un uniforme râpé acheté à la rotonde du Temple, et s'ils allaient ainsi se promener aux Tuileries, faisant des mines et des façons à leurs Sosies. Même ne redoutaient-elles point qu'on leur contât à l'oreille que tel ou tel de ces jeunes hommes avait, la veille ou le matin même, couché par terre le long du mur d'enceinte, un ou deux, jusqu'à trois de ces bellâtres de la Maison du roi : mousquetaire, chevau-léger ou garde du corps. Il semblait que ces grades prodigués à des gamins à peine sortis du collège, quand de vieux officiers étaient renvoyés avec une ridicule demi-solde, outrageaient quiconque tenait à l'ancienne armée. — Et ces dames en étaient. Les combats singuliers prenaient un air chevaleresque qui plaisait et un beau coup d'épée se payait parfois d'un peu mieux qu'un sourire. C'était là le monde auquel Hortense ne pouvait en vérité fermer son salon dès qu'elle en entr'ouvrait la porte ; mais elle n'était point sans connaître les inconvénients qu'elle y devait trouver et il n'est pas mal de l'en entendre raisonner. Elle écrira plus tard à l'empereur Alexandre : « Je voyais peu de monde, des amis d'enfance dont la position ressemblait à la mienne ; on nous fit passer pour une réunion de mécontents : pour éviter cela, j'ouvris davantage ma maison ; je reçus quelques étrangers, comptant sur leur impartialité ; je désirais beaucoup voir des personnes attachées à la Cour ; je leur fis des avances ; ils ne voulurent pas y répondre ; deux jeunes gens de ma société éprouvèrent de la peine de ce que la croix venait d'être donnée à des gens qu'ils jugeaient méprisables ; cela les fit remarquer ; je leur représentai que cela me faisait du tort, ils la reprirent ; mais il n'y a sorte de propos qu'on ne tint contre eux ; la société par son exaltation a fait perdre bien des serviteurs au roi ; la haine était venue à un si grand point que tout le monde se disait : « Cela ne peut pas durer » et chacun faisait son avenir à sa façon : on venait souvent me prier d'écrire à mon frère ; je répondais : Il ne se mêle de rien, ni moi non plus ; mais je lui mandais les diverses choses : L'un voulait la régence, l'autre le duc d'Orléans et l'autre la République. Je riais quelquefois de voir tant de passions en jeu et je me croyais hors de tout propos parce que ma tranquillité seule me convenait et que tout m'était égal. Je parvenais toujours à calmer ceux qui m'entouraient et je les faisais convenir qu'un roi est bien à plaindre quand il a à contenter tant de gens qui ne savent ce qu'ils veulent. »

Assurément ne s'attend-on pas à rencontrer les mêmes idées, et presque exprimées par les mêmes mots, sous la plume d'une jeune femme et sous celle d'un vétéran de révolutions tel que Thibaudeau : pourtant l'un et l'autre apprécient exactement de même cet état d'exaspération où les émigrés avaient mis la nation. Ils classent les mécontents de la même manière et ils disent également que la partie était ainsi engagée qu'il ne s'agissait point de savoir si les Bourbons tomberaient, mais qui profiterait de leur succession.

Toutefois Thibaudeau comme la plupart de ses contemporains ne veut point admettre que la reine n'ait point été au courant de ce qui se disait chez elle. Elle-même l'avoue : « Placée, malheureusement, dit-elle, au milieu de toutes les passions, habituée par ma position à connaître les intérêts de beaucoup de monde, je devais m'apercevoir des projets et des espérances de chacun. Fallait-il les dénoncer quand des malheureux venaient se plaindre à moi et quand ils ne me parlaient jamais que de leur espoir? J'ai vu des gens au désespoir, de ce qu'ils appelaient leur honneur humilié sous un gouvernement qui ne voulait apprécier les hommes que par leurs ancêtres. Je puis assurer que je cherchais toujours à les calmer, je leur disais : on est en paix, il faut au moins jouir de ce qu'on a. Et, pour la première fois de ma vie, je me donnais comme exemple de bonheur parce que c'était vrai et que le genre de vie que je menais était celui que j'avais toujours envié. »

Sans doute, mais la reine pouvait-elle faire que les amis les plus chers, Flahaut à la tête, ne se signalassent pas par leur haine contre les Bourbons, arrivée au paroxysme après la mise en jugement et l'acquittement d'Exelmans. Ils ne la mettaient de rien, mais, hors de son salon, tout le monde était persuadé qu'elle était de tout et il faut croire que, s'il n'y eut point à proprement parler de complot, il y eut, avec l'île d'Elbe, un échange de renseignements. Ainsi l'Empereur disait à Sainte-Hélène : « Flahaut m'avait prévenu que La Bédoyère, chez la reine Hortense, avait déclaré qu'il se tournerait vers moi. Aussi je demandais partout où était le 7e de ligne. »

Flahaut était donc en rapports avec l'Empereur et comment eût-on pensé que la reine l'ignorât? Elle passait aux yeux d'hommes tels que Thibaudeau pour être à la tête de la conspiration des femmes « si leurs petites manœuvres méritaient ce nom ». Et Thibaudeau ajoute : « Sur ce bruit qu'on faisait de ses salons que fréquentaient des militaires et des étrangers de distinction, j'y allai une ou deux fois. Il y avait, avec le ton de la bonne compagnie, de la réserve et de la discrétion, un petit air factieux, une certaine odeur de sédition. Sans être bien dangereux, cela n'était pas sans avoir quelque influence et donnait de vives inquiétudes à la Cour : les femmes y crevaient de jalousie. »

Tout tournait, même les choses les plus simples, à incriminer de bonapartisme celle qui, en vérité, ne se souciait que d'être une grande mondaine, ayant le salon le plus recherché de Paris : ainsi, le 6 mars, revenant du bois de Boulogne avec Mlle Cochelet et allant rue de Lille porter ses consolations à Mme de Nansouty qui venait de perdre son mari, elle rencontra sur le Pont-Royal, lord Kinaird, qui l'arrêta et lui annonça que l'Empereur était débarqué de l'île d'Elbe. Elle en fut frappée de terreur; mais elle résolut de faire bon visage : elle ne décommanda point une soirée à laquelle étaient invitées quantité de personnes comme Mme de Laval, lady Tancarville, Mme de Turpin, Mme de Lagrange; Garat et Mlle Delihu chantèrent et tout se passa le plus correctement du monde : ce qui n'empêcha que, plus tard, on accusa la reine d'avoir fêté le débarquement et fait chanter des couplets de circonstance.

Durant la soirée, on avait fait sortir les enfants par le jardin et la reine les avait confiés à Mme Riouffe, mère d'une de ses anciennes compagnes de la pension Campan.

Ce fût le lendemain, ou le surlendemain au plus tard, qu'elle se détermina à une démarche dont le sens échappe et dont on en cherche l'inspirateur. On n'a sur cette démarche qu'un témoignage, mais c'est celui de la reine, adressé à l'homme même qui en fut l'objet. On ne saurait donc garder le moindre doute. « L'empereur Napoléon débarqua, écrit-elle à l'empereur Alexandre. Ce fut un coup de foudre pour tout le monde, mais les fautes des Bourbons le ramenaient comme ses fautes à lui avaient amené ces derniers. On espérait qu'il était soutenu par l'Autriche, et tous les partis se réunirent à lui. Il profita donc de mille conspirations qui n'étaient pas pour lui. Des personnes sages et que vous connaissez bien[1], craignant encore son caractère, vinrent me trouver et me prier de vous écrire pour que vous puissiez l'empêcher de revenir et de reprendre la couronne sans conditions, car, connaissant bien les dispositions de la France, on jugeait bien qu'il réussirait, mais on ne croyait pas que cela serait si prompt; je répondis que je ne vous écrirais pas; on me pria d'en parler à M. Boutiaguine, je le fis.

[1] Fouché? Caulaincourt? Les deux peut-être.

Il me dit que je devais vous écrire moi-même, puisque j'en étais chargée ; je le fis, voilà tout mon tort. Je n'en savais pas davantage et, depuis, j'appris que c'étaient les troupes du comte d'Erlon qui voulaient venir sur Paris. On dit peut-être à l'empereur Napoléon que c'était pour le servir, je l'ignore, car on ne m'avait donné aucun détail et je ne désirais même rien savoir ; comme un enfant, j'écrivais à mon frère ce que je présumais et comme on me le disait. Je ne doutais pas de l'arrivée de l'empereur Napoléon, en connaissant le mécontentement général ; je ne suis nullement politique, je n'ai pas l'idée qu'on puisse ouvrir une lettre ; la guerre avec vous me semblait un malheur affreux, mais si, répétant tout à mon frère, il a pu penser que je m'occupais de politique, je pardonne à tout le monde de l'avoir cru puisque mon frère a pu le penser. »

De cet extraordinaire bavardage féminin, plus habile qu'il ne semble en sa loquacité d'improvisation, résultent tout de même deux faits : l'un que Hortense écrivait à son frère des lettres spontanées, l'autre qu'elle a écrit à Alexandre sous la pression de « personnes sages et qu'il connaissait bien » une lettre ayant pour objet que l'empereur Alexandre « empêchât l'Empereur d'arriver et de reprendre la couronne sans conditions ». L'inconscience avec laquelle Hortense envisage cette immixtion de l'Étranger dans les affaires de France, l'inconscience avec laquelle « des personnes sages » la disposent à cette démarche, montrent assez comme était médiocre et peu assuré, même chez des enfants de la Révolution, le sentiment national. Mais il n'en est pas moins certain que Hortense se prêta à la faire, et contre l'Empereur son bienfaiteur et son père adoptif. C'est là une de ces intrigues à la douzaine où, juste à ce moment, partisans de la régence, de la République et de l'Empire se débattent sourdement, les partisans de la régence attendant tout de l'Étranger et poursuivant le rêve d'une entente avec l'Autriche et peut-être, grâce à Hortense, avec la Russie.

Cependant, trahis sur tous les points par leur police, les Bourbons — ou ce qui les entourait — tentaient sur le tard de se défendre et Hortense n'avait point eu si tort de prendre ses précautions, et de mettre à l'abri les neveux de l'Empereur, car, le 8, — une dépêche du chargé d'affaires de Russie le prouve, — la Cour avait résolu un coup de force. On avait dressé une liste de suspects à arrêter sur-le-champ : Flahaut figurait à la tête avec Savary, Fouché, Maret, Sébastiani, Davout, Lavallette, Exelmans, quantité d'autres. On ne disait pas encore la reine. Par surcroît, ce jour-là même, le jugement lui enlevant son fils était rendu et elle avait encore à subir les prophéties épistolaires de Mme de Krudner : « La terrible crise s'avance ; la France va être châtiée. Si le jugement a été retardé, c'est à l'ange qu'on le doit... Que Dieu seul soit *tout*, *tout*, *tout*. La grande séparation va se faire de la lumière et des ténèbres... » Et dans l'état de dépression où elle se trouvait, ces jérémiades redondantes n'étaient pas sans ébranler ses nerfs. Et puis c'étaient des visites : on croyait peu au succès de l'Empereur et on s'empressait à venir lui prédire des catastrophes : « Quelle folie a pu passer par la tête de l'Empereur, disait la maréchale Ney. Il en sera bien vite la victime. Qui est-ce qui se réunira à lui? Personne. » Ney du moins n'était point du complot.

Mais La Bédoyère en était ou paraissait en être. « M. de la Bédoyère, écrit Hortense, passa un des premiers à l'Empereur; je n'en fus pas étonnée d'après son opinion que je connaissais et que j'avais combattue bien souvent; mais cela retomba sur moi et on fut tellement acharné contre moi que je fus obligée de me cacher. »

Le 10, en effet, le chargé d'affaires de Russie l'avertit qu'il est temps qu'elle se mette en sûreté. Déjà, le voisin Fouché a pris ses précautions : il a préparé ses échelles pour passer de son jardin dans celui de la reine et il a reçu une clef ouvrant la petite porte sur la rue Taitbout. La reine se décide à quitter son hôtel et elle demande asile à une personne qui lui doit tout, mariage et fortune. On la reçoit de mauvaise grâce et on ne la garde qu'une nuit. Au matin, elle doit rentrer rue Cerutti. Elle se détermine alors à demander asile à la vieille mulâtresse, esclave, parente, peut-être fille de M. de Tascher qui avait accompagné celui-ci lorsque Joséphine était venue en France pour épouser Alexandre de Beauharnais, et qui, lorsque le ménage Beauharnais s'était séparé, avait été la bonne d'Eugène. Elle était restée depuis ce temps dans une familiarité créole avec Joséphine; on lui confiait les enfants qu'elle gâtait, elle faisait les courses délicates et elle avait part à tous les secrets. Cette négresse qu'on appelait Mimi, avait épousé un nommé Lefebvre qui avait une petite place dans un bureau. Elle occupait un appartement fort exigu, mais que la reine trouva tout à ses ordres et rempli des souvenirs de l'enfance d'Eugène et de la sienne. Seulement, ce soir-là, elle dut se réfugier dans une mansarde du cinquième, car Lefebvre avait à dîner quelques camarades.

Ensuite, elle se trouva parfaitement tranquille; mais la calomnie s'évertuait contre elle : « On me faisait courir, donner de l'argent, a-t-elle écrit; il y avait des conciliabules chez moi. Croyez-vous qu'une mère s'amuse à jouer la seule fortune de ses enfants et tant d'extravagance me ressemble-t-il? » Certes non, et pourtant sa tête travaillait; elle s'ingéniait à se rendre utile et agréable à tout le monde à la fois et n'est-ce pas là ce qu'on appelle l'intrigue? Par son frère de lait, Vincent Rousseau, elle expédiait à l'Empereur, à Briare, une lettre du duc d'Otrante l'avisant que des chouans habillés en chasseurs de la Garde étaient apostés pour l'assassiner; par M. de Lascours, qui était dans les gardes du corps, elle écrivait au roi que, malgré les avantages qui pouvaient résulter pour ses enfants des événements qui se passaient, elle y était restée étrangère. Par sa femme de chambre, Mme Charles, elle faisait dire au duc et à la duchesse d'Orléans que, s'ils avaient quelque crainte pour leurs enfants, ils n'avaient qu'à les envoyer chez elle ; elle offrait sa protection à Mme Récamier, elle l'offrira à la duchesse douairière d'Orléans, à la duchesse de Bourbon, à tout le monde, car elle était obligeante et elle aimait à le montrer.

Le 21, la princesse Hortense conduisit ses fils aux Tuileries pour voir leur oncle. Il les caressa beaucoup, les garda longtemps et, bien qu'en droit il donnât raison à Louis et qu'il approuvât le jugement tel qu'il avait été rendu, en fait, il en arrêta l'exécution. Il disait plus tard : « Louis a bien fait de reprendre son fils. De quel droit sa mère avait-elle accepté qu'il fût duc de Saint-Leu? Qui sait ce qui peut arriver, si un jour les Hollandais ne rappelleront pas mon frère? En devenant Français, il se déclare par là même le vassal du roi de France; on a jugé avec équité en rendant cet enfant à son père... Qui est-ce qui pourrait dire qu'en restant avec sa mère il ne lui arriverait pas mal, qu'on ne le prendrait pas comme otage, tandis qu'avec son père, il est où il doit être. S'il lui arrive malheur, on n'aura rien à lui reprocher. » Telle était bien sa pensée, mais Louis était absent, il se tenait obstinément à l'écart, se terrant aux environs de Florence aussitôt que Murat avait envahi les États pontificaux et attendant avec impatience le retour du pape. L'Empereur lui avait rendu le rang et les honneurs de prince français, mais il n'en voulait pas; l'Empereur lui avait fait écrire à plusieurs reprises : il ne doutait point qu'il n'arrivât et, décidé à le contenter en tout, il ne voulait rien régler des affaires d'Hortense qu'il ne fût là. Aussi, à la fin d'avril, Hortense n'avait pu encore parler de ses affaires à son beau-frère ; elle lui avait écrit; il lui avait répondu qu'il attendait son mari; jolie perspective! De guerre lasse l'Empereur s'occupa des affaires de son apanage; et ce fut à la princesse Hortense qu'on versa, en même temps qu'une centaine de mille francs en espèces, les arrérages échus « en billets émis pour l'acquisition des forêts nationales ».

En l'absence du Prince impérial, le fils aîné de Louis était l'héritier du trône. Il ne pouvait sortir du territoire français. Il était tenu de résider près du souverain. Le jugement du tribunal de la Seine se trouvait suspendu par une force majeure, et Hortense gagnait au retour de l'Empereur un sursis inespéré. « Je pleurais, a-t-elle dit, à l'idée de me séparer de mon fils, je ne pouvais présumer les malheurs que ce retour amènerait, je fus enchantée d'une chose qui me le ferait conserver. »

A cette seconde entrevue, l'Empereur s'était adouci : la mort de Joséphine qu'évoquait ce deuil habilement repris par la reine, la présence des enfants qu'il aimait, la longue habitude qu'il avait d'Hortense, le dédain avec lequel il envisageait les femmes et jugeait leurs actes, le besoin qu'il éprouvait à ce moment de se confier et d'utiliser tous les moyens, lui avaient fait accueillir sa belle-fille avec une tendresse qui devait être presque l'unique consolation de ces jours douloureux. « Après une explication où il lui dit qu'il s'était promis de ne plus la revoir, il l'a assurée qu'il oubliait tout et qu'il ne fallait plus en parler. » Puis il pensa qu'elle pouvait être utile. Les diplomates étrangers avaient tous demandé leurs passeports ; le chargé d'affaires de Russie n'était point encore parti et sans doute viendrait-il prendre congé d'Hortense et recevoir ses ordres pour son souverain. Boutiaguine n'y manqua pas, et, dans l'hôtel de la rue Cérutti, l'on organisa, chez Mlle Cochelet, une rencontre entre lui et le duc de Vicence qui avait pris le portefeuille des Affaires Étrangères. Si M. de Jaucourt avait, en s'en allant, brûlé beaucoup de papiers — entre autres les lettres que Mariotti écrivait de Livourne — il avait laissé la pièce qu'on pouvait penser la plus propre à tourner en haine décidée la juste antipathie d'Alexandre à l'égard des Bourbons. C'était le traité que Talleyrand, au nom de la France, avait négocié avec l'Autriche et l'Angleterre contre la Russie — contre l'empereur de Russie — traité qui était la conclusion secrète de cette campagne menée avec tant d'audace et d'impudeur, tant de forfanterie et de maladresse. Jamais tel empressement dans l'ingratitude, telle hâte au déshonneur. Il fallait qu'en vérité l'on fût arrivé à abêtir de mysticisme l'esprit d'Alexandre au point qu'il se fût convaincu d'être envoyé par Dieu, d'avoir reçu une mission divine, de représenter sur terre la Sainte Trinité, d'avoir l'obligation de maintenir, rétablir, restaurer les souverains qui passaient pour légitimes, pour que, de lui-même et sans même qu'on s'excusât vis-à-vis de lui, il reprît en charge les Bourbons. On pouvait douter qu'il poussât la longanimité jusqu'à ce point, et Napoléon avait invité Hortense à profiter du départ de Boutiaguine pour exposer quels étaient ses projets, ses intentions et ses vues. « Vous devez savoir, écrit Hortense le 25 mars, tous les changements qui sont arrivés en France. Depuis longtemps, je voyais bien que cela ne pouvait durer comme cela était et vous-même aviez bien jugé que les Bourbons prenaient la France tout au contraire de ce qu'il fallait la prendre ; aussi le seul parti qu'ils ont ici ne consistait-il qu'en la noblesse ancienne, ce qui fait une grande partie de nos salons de Paris. La nation est donc tout entière à l'Empereur, mais elle veut la paix et il aura assez d'esprit pour suivre en cela l'opinion dominante, car il a déjà éprouvé — et les Bourbons en sont un exemple — qu'on ne peut rester souverain qu'en ne séparant pas sa cause de celle de la Nation. Voici ma politique et je vois bien que c'est celle qu'on suivra ici, mais on attend avec impatience les intentions de l'empereur Alexandre. On dit que son intérêt est d'être en paix avec la France, qu'il ne doit jamais craindre qu'on veuille jamais l'inquiéter sur la Pologne, qu'on a la preuve qu'il est impossible de retourner chez lui; qu'il a désiré le bonheur de la France, qu'il ne viendra donc pas nous apporter la guerre pour défendre une famille qui n'était guère reconnaissante envers lui et pour aller en contradiction avec une nation qui s'est bien déclarée, car un homme qui arrive tout seul à reprendre son trône prouve bien qu'il y est appelé par le vœu de la Nation. Il promet une constitution libérale, la liberté de la presse, enfin il veut contenter tout le monde et, s'il ne le faisait pas, il ne pourrait pas y rester. Serait-ce donc celui que nous aimons, dont les Français se rappellent encore avec sensibilité tous les procédés qui viendrait nous apporter ici des nouveaux malheurs? Je soutiens toujours que c'est impossible et comme ce que je viens de vous dire fait le principal sujet de toutes nos conversations, j'aime à vous en parler et croire que vous ne pouvez jamais être que notre ami. Vous seriez toujours à même d'être notre ennemi si l'on n'était pas vrai et loyal envers vous. »

Ayant ainsi développé, non sans habileté, le thème qui lui a été fourni, Hortense passe à ce qui la touche personnellement et s'étudie à entremêler sa reconnaissance envers Alexandre au dédain des honneurs que lui restitue Napoléon. C'est ainsi qu'elle écrit : « Vous savez que l'empereur Napoléon m'en voulait beaucoup d'avoir accepté un sort en France pour mes enfants. Je ne doute pas que sa famille n'ait fait tout au monde pour l'aigrir contre moi, mais il a pu juger par lui-même de la considération que, par ma conduite mesurée, j'ai pu conserver ici. » Et puis toutes sortes de protestations et de déclarations.

La réponse, ce fut, plus d'un mois après, une enveloppe, timbrée de Paris, adressée à Mlle Cochelet et renfermant trois lettres de l'écriture de Boutiaguine, pour la reine, pour Mlle Cochelet et pour le duc de Vicence ; et ces lettres ne contenaient que ces mots qu'on supposa dictés par Alexandre : « Ni paix, ni trêve ; plus de réconciliation avec cet homme, toute l'Europe professe les mêmes sentiments : Hors cet homme tout ce que l'on veut ; aucune prédilection pour personne ; dès qu'il sera de côté, point de guerre. »

Cette formule qui semblait donner ouverture à la régence pouvait encore mieux passer pour une indication en faveur d'Eugène, mais, hormis sa sœur, Eugène n'avait point de partisans. D'ailleurs Hortense paraissait toute à Napoléon ; elle le recevait en petit comité à Malmaison, où il lui demandait à déjeuner avec quelques-uns de ses familiers, de ceux qui avaient connu Joséphine et qui, avant l'Expédition d'Égypte, fréquentaient rue Chantereine. Repris par les souvenirs, agité par les regrets, peut-être les remords, il se sentait là plus qu'ailleurs imprégné d'elle. Moins de cinq ans s'étaient écoulés depuis le divorce et, depuis lors, tout avait tourné contre lui. Comment penser que quelque chose de la chance qui avait constamment soutenu son génie n'avait point déserté avec cette femme? Comment ne pas remémorer cette ascension dans la gloire où, depuis la rentrée d'Égypte, chaque incident se rattachait, en ces beaux lieux, à quelque monument, quelque fabrique, quelque achat de terre ou de château? A chaque tournant d'allée ne s'attendait-il pas à la rencontrer, celle qu'il avait aimée de toute la fougue de sa jeunesse, de toute l'impétuosité de ses sens dont elle lui avait révélé l'étendue, la profondeur et l'acuité? Et celle-là qui l'accompagnait, n'était-ce pas cette enfant à laquelle il s'était d'autant plus attaché qu'il avait été l'artisan involontaire de son malheur conjugal, qu'il se reprochait cette vie manquée, et qu'il voulait racheter par plus d'égards et plus de tendresse? Hortense était donc de tout et au premier rang; Julie qui l'eût primée ne paraissait que contrainte et forcée; en l'absence de l'Impératrice, Hortense régnait, tenait la cour, eût presque semblé être Joséphine. De plus, mère des héritiers présomptifs, n'admettant point qu'on les rejette au second rang, que qui que ce soit hormis le Prince impérial pût leur être préféré.

Mais tout comme, durant la Restauration, elle manœuvrait pour conserver son salon ouvert à

BIBLIOTHÈQUE NATIONALE RF IMPRIMÉS

tout le monde, et y réunir Wellington et Pozzo à Maret et à Lavallette ; tout comme, elle se posait alors en indépendante, qui n'était d'aucun parti et faisait bonne mine à chacun, elle s'efforçait à rester en contact, sinon en intimité, avec les personnages royalistes qu'elle connaissait et sur qui elle comptait : en particulier Mme du Cayla et M. Sosthène de La Rochefoucauld. Celui-ci, ayant accompagné à Bordeaux le duc et la duchesse d'Angoulême, était revenu vers Lyon porteur de leurs dépêches pour Monsieur ; ayant appris en route l'entrée de l'Empereur à Lyon, il avait vainement tenté de provoquer la guerre civile : et il avait rejoint les princes à Gand. Il était au nombre des quelques individus exceptés de l'amnistie qu'avait prononcée le décret du 12 mars, « qui devaient être traduits devant les tribunaux pour y être jugés conformément aux lois et subir en cas de condamnation les peines portées au Code pénal. » Or c'était de M. de La Rochefoucauld que la reine mendiait l'absolution. Elle accablait de ses missives et de ses billets Mme du Cayla, qui, à la fin, lui faisait l'aumône de ses visites, recevait d'elle, avec ses plaintes et ses doléances, des confidences qu'elle s'empressait de transmettre à Gand. « Elle dit que sa plus grande peine est notre doute sur elle, écrit Mme du Cayla ; elle espérait que nous la connaissions, elle dit que nos doutes détruisent la confiance que nous devrions avoir en elle ; que rien ne l'étonne et ne l'afflige davantage. » Et la voici elle-même qui, en réponse à une lettre brutale de La Rochefoucauld, lui écrit, et elle sait qu'il est à Gand. « Je veux répondre à votre lettre, quoiqu'elle m'ait convaincue de votre opinion, et, malgré tout ce qu'on m'avait dit, j'aimais encore à en douter. Je ne devrais plus rien faire pour tâcher de la changer, cette opinion qui n'est pas juste, mais c'est un reste de faiblesse dont je m'excuse à mes propres yeux en me rappelant l'amitié que je vous ai vouée. » Et voici l'étrange plaidoyer que la belle-fille et belle-sœur de Napoléon adresse à l'homme qui, après avoir participé à l'attentat du 31 mars 1814, sert à présent avec les émigrés assemblés à Alost : « Il est vrai que j'avais des amis qui n'étaient pas les vôtres, mais fallait-il les dénoncer ? Dans un autre temps où j'entendais vos mêmes plaintes qu'auriez-vous dit si j'en avais fait part à d'autres ? Et cependant, c'était ma cause que j'aurais servie ; mais mon premier sentiment a toujours été d'être loyale amie. Quant aux miens, je pourrais assurer qu'ils ont beaucoup désiré sans agir, mais il ne s'agit pas de cela ; vous ne me croiriez pas. . » Et elle entre de là dans le détail de ses actes et de ses sentiments au 20 mars. « Je ne sais, lui dit-elle en finissant, si les circonstances nous rapprocheront, mais, si vous souffrez jamais, rappelez-vous de moi, car c'est alors que je sens que je ne pourrais vous oublier. Il me reste à vous remercier des vœux que vous faites pour mon repos personnel ; étant satisfaite de soi, il est difficile de ne pas l'avoir et, grâce au ciel, j'espère le conserver toujours. Mes vœux à moi sont le repos pour tout le monde et le bonheur pour vous. En faisant votre devoir, soyez plus juste et plus indulgent pour les autres. »

Ainsi pourrait-on dire qu'elle vit dans l'inconscience sentimentale et que devant *le sentiment* tout s'efface et disparaît. Elle ne sait plus qu'il y a une patrie, qu'il y a l'Empereur, que ses fils sont des Bonaparte, que, bon gré mal gré, elle appartient à cette famille, qu'elle en est solidaire et qu'elle est condamnée à en partager la mauvaise fortune comme elle en accepte la bonne.

*
* *

Le 23 mars, à deux heures après midi, le prince Joseph arriva aux Tuileries où il descendit. De là, après avoir conversé avec l'Empereur, qui l'avait appelé de Lyon à venir le joindre le plus tôt possible, il alla momentanément loger à l'Elysée. Ses filles l'avaient accompagné ; sa femme, qui était à Paris à cause de la maladie et de la mort de Mme Clary, le rejoignit et s'installa près de lui, jusqu'au moment où, l'Empereur s'établissant à l'Elysée, ils émigrèrent à l'ancien hôtel Langeron, faubourg Saint-Honoré.

Joseph était parti avec ses filles de Prangins le 19 à dix heures du soir, après avoir fait enfouir dans le parc du château des objets précieux et des papiers. En peu d'heures, il avait atteint la frontière française au fort de l'Écluse; il avait été reconnu et acclamé à Dijon durant qu'il changeait de chevaux et il avait fait la route aussi rapidement que lui avait permis le manque de relais.

Il était temps qu'il prît le large. Le lendemain de son départ, le 20 au matin, un commissaire fédéral, escorté d'un peloton de cavalerie, était arrivé à Prangins pour s'emparer de sa personne et l'emmener à Berne. Il s'y attendait : depuis le débarquement de l'Empereur, le comte de Talleyrand multipliait à Zurich les démarches pour le faire enlever : le 23 février, il avait obtenu que le conseil d'Etat du canton lui fît notifier « qu'il était absolument nécessaire qu'il voulût s'absenter au plus tôt et pour ses propres intérêts et pour ceux du canton ». De Vienne, le 4 mars, le prince de Talleyrand écrivait « qu'il avait demandé à MM. de Metternich et Nesselrode qu'ils fissent en Suisse des démarches pour que Joseph Buonaparte fût obligé de quitter le pays de Vaud et de s'éloigner des frontières de France; ils s'étaient empressés de faire ces réquisitions et déjà des officiers autrichiens et russes avaient été envoyés en Suisse à cet effet; ils étaient chargés de conduire Joseph Buonaparte à Gratz, lorsque le canton de Vaud aurait obtempéré à la demande qui lui aurait été faite ». A la vérité, ces démarches se trouvaient entravées par les résistances du ministre d'Autriche, M. de Schrant; par les témoignages du baron de

Vincy « dont le dévouement au roi et à la famille des Bourbons ne pouvait être suspect » et qui, « voisin de la terre qu'habitait Joseph, le surveillait » et était en rapport avec les gens envoyés par la police de Paris. « Je puis vous garantir, avait-il dit à Talleyrand, qu'il se conduit très bien, qu'il ne voit personne et qu'il ne se mêle de rien »; enfin le chirurgien Paroisse, qui était en relations personnelles avec Auguste de Talleyrand, était venu, de la part de Joseph, « le justifier de toutes les calomnies qu'on avait répandues sur son compte. Le roi, avait dit Paroisse, vient de lui rendre tous ses biens, la reconnaissance lui fait un devoir de lui être dévoué; il m'a chargé de vous dire qu'il ne demandait qu'à être sous la protection de Sa Majesté et sous la surveillance de son ministre. Il désire rester dans la terre qu'il a achetée, mais que Sa Majesté lui fixe un autre asile, il obéira aussitôt et se rendra au lieu que le roi lui désignera ». Là-dessus, le comte de Talleyrand déclara qu'il retirait ses instances, mais le conseil d'Etat du canton de Vaud n'en chargea pas moins, le 9 mars, le lieutenant du gouvernement de réitérer ses démarches près du comte de Survilliers pour que, « se conformant sans le moindre délai aux intentions du gouvernement qui lui avaient déjà été manifestées, il partît très incessamment ». Enfin, le 16 mars, M. de Talleyrand écrivait de Zurich au comte de Bourmont, commandant à Besançon : « M. le comte de Survilliers doit avoir quitté le canton de Vaud. »

Le 17, des faits nouveaux se produisirent qui changèrent entièrement la face des choses : par une étonnante présomption ou une extraordinaire inconscience, Joseph envoya au ministre d'Autriche à Zurich, par un courrier spécial, la proclamation de Bonaparte, l'adresse de la ville de Grenoble, celle du 4e régiment d'artillerie et du 11e régiment d'infanterie qui avaient passé du côté des révoltés, avec une lettre que M. de Schrand s'empressa de montrer à M. de Talleyrand et où il disait à peu près : « L'armée, la nation, Paris rappellent l'Empereur. Le règne des Bourbons n'a été qu'un rêve malheureux pour la France. Bientôt Napoléon sera remonté sur son trône. Il ne veut que la paix, qu'assurer le repos et le bonheur du monde. N'étant sûr ni de Berne, ni de Lucerne, j'engage votre Excellence à avoir avec moi une entrevue, soit à Prangins, soit à Morat, qui pourra peut-être contribuer à amener cet heureux résultat. »

« Ce qui rend cette lettre plus remarquable encore, remarquait Talleyrand, c'est que l'on sait positivement que Joseph aurait reçu un courrier de Murat. »

Après que le ministre de France eut pris lecture de ces pièces : « Que ferons-nous, lui dit le ministre d'Autriche, de Joseph Buonaparte ? — Il me semble, lui répondit Talleyrand, que le seul parti à prendre, serait de le faire enlever et mettre à la citadelle de Besançon ». Ce moyen paraissant un peu violent à l'Autrichien : « Au moins faut-il, lui dit M. de Talleyrand, l'éloigner et l'envoyer soit à Lucerne, soit à Schaffouse. » M. de Schrant batailla, disant que le mieux serait de le laisser à Prangins, de l'y faire garder et de rendre les Vaudois responsables de sa personne. Mais M. de Talleyrand ne l'entendit pas ainsi. Se mettant d'accord avec M. de Krudner, chargé d'affaires de Russie, il fit passer au président de la Diète une note où, alléguant « la présence de Joseph Buonaparte, sur la frontière de France, dans un temps où son frère y allumait la guerre civile, la certitude qu'il entretenait dans le royaume des correspondances suspectes », il réclamait « qu'on s'assurât de sa personne, qu'il fût arrêté, qu'on saisit ses papiers et qu'on le conduisit à Schaffouse où il serait gardé à vue sans pouvoir recevoir ni expédier aucun courrier ni aucune lettre qui ne soient lues avant de lui être remises ».

Il faut croire que Joseph avait des intelligences à Lausanne et qu'on le prévint : en tout cas, lorsque arriva à Prangins le commissaire fédéral, la cage était vide.

Dans quelle mesure pourtant Joseph avait-il été mis au courant des desseins de son frère ? Avait-il pris une part quelconque à la préparation de son expédition ? Il peut bien sembler que jusqu'au 11, où l'Empereur put lui donner avis de son arrivée à Lyon, il ne fut mêlé à rien. Qu'eût-il pu faire ? Envoyer des nouvelles à Méneval ? Cela, ce semble, ne fut que plus tard et vraisemblablement après le 16. A ce moment, il entra en activité, et l'on doit croire qu'il avait reçu de l'Empereur des instructions formelles pour faire parvenir à l'Autriche des assurances pacifiques : car, outre la lettre à M. de Schrandt, il y eut une lettre adressée le 16 à Murat.

Ce fut cette lettre que dut emporter le courrier de Murat signalé par Talleyrand ; elle ne put influer d'aucune façon sur les événements, car elle n'arriva à destination qu'après que Murat eut ouvert les hostilités.

Dès son arrivée à Paris, Joseph fut entouré des soins et des attentions de son frère. L'Empereur ordonna au grand écuyer de mettre à sa disposition quarante chevaux d'attelage et, s'il était possible, quelques voitures. Il lui demanda pourtant d'établir sa maison sur un pied modeste. « Vu la situation des finances, je ne pense pas, lui écrivait-il le 25 mars, pouvoir vous accorder plus d'un million pour le reste de l'année ; bien entendu, pour l'année prochaine, l'apanage reviendra à deux millions. » Il lui concéda l'Elysée « pendant quelques mois » ; « mais il en aurait besoin à l'été, où le séjour des Tuileries est insupportable ». Il proposa donc à son frère, soit la maison que le Domaine avait achetée du Prince de Talleyrand, momentanément occupée par la duchesse de Bourbon, soit l'hôtel de Lassay qu'occupait le prince de

Condé, soit encore le Palais-Royal; mais il signifia : « En résumé, je désire que vous ne fassiez pas de dépense en chevaux, en meubles, ni en bâtiments pour cette année. »

L'Empereur paraissait renoncer à constituer une maison d'honneur à Joseph; il lui attribua seulement une maison militaire, mais combien nombreuse et brillante : un lieutenant général, Stroltz, quatre maréchaux de camp : Jean Expert, Henri Tascher, Despres, Donna, un écuyer, le maréchal de camp Rastignac, tous ces généraux venus du service d'Espagne, confirmés en France dans leurs grades espagnols, comme le chef d'escadron Unzaga, le capitaine Ripert et le sous-lieutenant Gondouin, officiers d'ordonnance. Au surplus l'Empereur comptait trouver quelque secours en ces Espagnols réfugiés sur qui il imaginait que Joseph avait conservé de l'autorité. Il voulait former une junte composée de cinq membres des plus actifs et des plus mordants, lesquels résideraient à Paris, auraient sur les principaux points des Pyrénées des commissaires dont ils recevraient les rapports, rédigeraient une gazette en espagnol qu'on ferait passer en Espagne par tous les moyens. « Le but de ce journal serait d'éclairer les Espagnols, de leur faire connaître nos dispositions constitutionnelles et de les porter à l'insurrection et à la désertion. » La junte devrait encore organiser des expéditions, des guerillas, et les introduire en Espagne. Pour quoi, l'Empereur mettait à sa disposition les 120.000 francs par mois destinés aux Espagnols réfugiés.

Il ne paraît point que Joseph ait donné la moindre suite à cette organisation : il causa beaucoup, durant les Cent-Jours, mais ses interlocuteurs habituels lui manquaient, en particulier M. de Jaucourt qui était à Gand, M. de Girardin qui était à Versailles et M. Rœderer en mission dans le Midi, tous les deux trop occupés pour venir faire la conversation. A partir de l'arrivée de Lucien, il se laissa absorber par lui et ne marqua nul désir de paraître ; c'est parce qu'elles allaient chez le nouveau prince, que les députations des grands corps de l'Etat défilèrent d'abord chez lui. Pourtant l'Empereur pensait à le rétablir dans ses honneurs et dignités et il lui constitua aussi un apanage de branche. Le 21 mai, il fit préparer un décret pour le réintégrer dans les fonctions de grand électeur, et la minute si souvent remaniée de ces lettres patentes, les corrections et les surcharges dont elle est couverte montrent assez que Napoléon hésitait au moins aux formes sinon au fond d'un acte qui rejetait l'Empire d'aujourd'hui dans les traditions de l'Empire d'hier. En dernière analyse, Napoléon disait : « Prenant en grande considération les services signalés que notre bien-aimé frère le prince Joseph-Napoléon a rendus à l'État, ayant une entière confiance dans son expérience, ses lumières, son dévouement aux intérêts de l'Empire et dans son attachement, sa fidélité à notre personne ; voulant lui donner un témoignage éclatant de notre estime et de notre amitié, nous avons fait choix de notre dit bien-aimé frère le prince Joseph-Napoléon pour la place de grand électeur de l'Empire. »

Cette place, dont les fonctions n'étaient point définies, devait, d'après les considérants d'institution, être des plus importantes et, en l'absence de l'Empereur, comporter la présidence pour le moins du Conseil des ministres.

Comme apanage, l'Empereur offrit, le 23 mai, à Joseph l'hôtel de Valentinois qu'il avait ci-devant racheté au Prince de Bénévent au temps où le vice-grand électeur était menacé de la banqueroute et qui, depuis la Restauration, était occupé par la duchesse de Bourbon ; l'Empereur le concédait au prince et à ses héritiers à titre d'apanage de branche, tel qu'il était et se comportait au 23 mai, mais avec effet du 1er janvier, et en y comprenant tout le mobilier le garnissant, quelle qu'en fût la provenance.

Joseph au surplus n'alla point habiter l'hôtel de Valentinois. Il fit preuve, en toute occasion, d'un dévouement absolu, d'une grande réserve et d'un bon sens trop rare, en même temps que d'une appréciation fort saine de la situation.

Mais il fut le principal instigateur et, sans doute, l'auteur de la réconciliation entre l'Empereur et Lucien.

*
* *

Dans l'état de ses relations avec Murat, Lucien ne pouvait, à moins de devenir suspect au pape et à ses conseillers, rester à Rome si l'armée napolitaine y entrait. Ayant pris aussi vivement parti pour Pie VII, s'étant présenté en négociateur et en arbitre, ayant vu son intervention repoussée avec dédain par Caroline, il en avait conçu d'autant plus de rancune que sa sœur, tout en déclinant ses conseils au sujet de l'évacuation des Marches, ne lui avait point ménagé ses observations au sujet de la publication de *Charlemagne* et lui avait fort nettement exprimé sa désapprobation. Cette critique pouvait étonner de la part de la reine, mais sans doute l'invective lui semblait-elle inutile.

Il y avait donc une mésintelligence accusée, mais qui n'empêchait point que, jusqu'au dernier moment, Lucien avait espéré paraître comme médiateur entre le pape et le roi de Naples et qu'il avait tenté les derniers efforts pour que Pie VII restât à Rome.

Ainsi, après avoir demandé au secrétaire d'État des passeports pontificaux et des passeports autrichiens — qu'on lui avait aussitôt procurés — et l'avoir supplié de dire à Sa Sainteté qu'il partirait si le pape partait, que tant que *son souverain* (*il mio sovrano*) resterait à Rome, il y demeurerait dans l'espoir qu'il pourrait être appelé à le servir, il ajoutait en post-scriptum : « Des assurances qui semblent positives me sont données ce matin que les troupes napolitaines passeraient promptement et paisiblement dans Rome. Si Rome est respectée, pourquoi l'abandonner ? et dans quels jours ? »

Le pape n'en partit pas moins le 22 mars et, fidèle à ses promesses, Lucien partit deux jours plus tard en compagnie du Père Maurice, depuis dix années attaché à sa fortune.

Le Père Maurice était porteur d'un autre passeport à destination de Londres pour lui-même et un secrétaire. Comme au départ de Londres, Lucien devait représenter le secrétaire. Le but apparent du voyage était Londres, où la fille aînée de Lucien était restée sous la direction de Mme Boyer à qui Madame payait sa pension. Le but réel était Paris ; quoi qu'eût fait et dit Mme Lucien durant que l'Empereur était à l'île d'Elbe et quelques propos qu'eût tenus Lucien lui-même, il estimait sans doute que l'espèce de réconciliation ménagée par sa mère lui vaudrait bon accueil si Napoléon recouvrait son pouvoir ; sinon, il resterait en pays neutre, signalé par son dévouement au Saint-Père et son respect pour les Puissances protectrices.

Il ne s'était point soucié à cette fois d'emmener sa femme dont la présence eût été embarrassante ; d'ailleurs, Mme Lucien était de nouveau enceinte (elle devait accoucher sept mois plus tard, le 14 octobre, d'un fils qui fut nommé Pierre-Napoléon et qui fut le septième enfant qu'elle eut de son second mari). Elle resta à la Rufinella, près de Frascati. Elle y fut l'objet des plus aimables attentions de la part du cardinal della Somaglia que le pape avait établi, pour la durée de son absence, régent de la junte gouvernementale. Comme il s'était organisé dans les campagnes, sous prétexte de défendre les droits de l'Église, des compagnies de Jésus et Marie qui se proposaient le pillage des châteaux et même l'assassinat des propriétaires, le régent vint *in fiocchi* faire visite à la princesse de Canino, l'assurer de la paternelle bienveillance de Sa Sainteté et lui en donner ainsi des marques probantes.

Arrivé à Florence, le prince de Canino apprit que le pape, qui s'y était arrêté, allait continuer sur Gênes; il fit porter par le Père Maurice une lettre au cardinal Pacca, secrétaire d'État de Sa Sainteté, et il partit lui-même le lendemain pour Milan. De là, par Arona et Domodossola, en traversant le Simplon où, à entendre le Père Maurice, il risqua ses jours, il atteignit Brieg où il se reposa. Après la messe que célébra le Père Maurice, car c'était le dimanche de Quasimodo (2 avril), il continua son voyage par le Valais « où, et surtout à Saint-Maurice, les messieurs, attirés, dit le moine, par le bruit de notre équipage, se mettaient aux fenêtres, vêtus de leurs habits de fête, et, allongeant le col, semblaient enorgueillis de nous montrer leur beau goitre qui était une merveille à ne pas croire. » Ils traversèrent le pays de Vaud, le long de la rive du lac, et arrivèrent ainsi aux portes de Genève[1]. Là, le prince, après avoir lu les journaux, annonça à son compagnon qu'il allait se diriger droit sur Paris, et qu'il irait peut-être jusqu'à Londres, sans s'arrêter davantage en Suisse. Il n'eût pas été prudent que le Père Maurice conservât ses habits religieux : Lucien lui donna, de sa propre garde-robe, les habits qui lui étaient nécessaires. Ils prirent aussitôt, dit le moine, la route de Paris et la suivirent jusqu'à Charenton, sans que personne leur demandât d'où ils venaient et sans qu'ils eussent même à montrer leurs passeports.

Ce récit, qui a un caractère de véracité et que relève la naïveté des détails, est contredit par Lucien qui, dans les sommaires destinés à servir de trame à ses mémoires, donne une version fort différente. Il dit qu'à son arrivée en Suisse, il se trouva d'abord fort incertain. Il pensa à se rendre en Angleterre, mais il éprouva des difficultés qu'il n'explique point. La Suisse lui plaisait ; il se détermina enfin à écrire à Joseph qui lui donna à Charenton « un mystérieux rendez-vous » qu'il accepta. Alors seulement, il partit avec le Père Maurice et il traversa la France sans encombre.

[1] Il y a deux relations du Père Maurice, l'une écrite en français publiée par Iung (LUCIEN, III, 232) ; l'autre plus détaillée, en italien, publiée par C. ALBASINI. *Fior di Patria e di Religione.* — Verona, 1900. In-18.

Il est aisé de voir quel est l'objet de ce récit : Lucien prétend montrer que l'initiative de son voyage vient de Joseph et de l'Empereur alors que, selon le Père Maurice, elle vient de lui-même. Il arrive en solliciteur, alors qu'il voudrait accréditer qu'il fut supplié. Ainsi, de Charenton, où il arrive vers le 4 et où il prend un appartement à l'auberge de la Poste, il envoie, selon le Père Maurice, son courrier Giovanni Roselli trouver le prince Joseph. Selon lui, le prince Joseph survient spontanément deux heures après qu'il est arrivé ; c'est Joseph qui lui parle de la part de l'Empereur, qui l'engage à venir trouver l'Empereur à Paris [1]. Lucien prétend avoir alors répondu négativement et donne des raisons que son frère, dit-il, a trouvées bonnes. Il s'engage entre eux une grande controverse, où Joseph lui fait part de ses craintes et de ses espérances, où il expose lui-même ses prévisions. Ils sont interrompus par le Dr Paroisse qui, en toute hâte, apporte une lettre de Girardin pour Joseph. L'Empereur veut voir le Père Maurice, qu'il connaît de réputation. Le Père Maurice répugne à se rendre à ce qu'il appelle un caprice impérial. Joseph « engage

[1] Fleury de Chaboulon a écrit : « Aussitôt que le prince Lucien apprit l'entrée de Napoléon à Paris, il lui écrivit une lettre de félicitations : « Votre retour, disait-il, met le comble à votre gloire militaire, mais il est une autre gloire plus grande encore et surtout plus désirable, c'est la gloire civile. » En marge l'Empereur a mis *Faux*, mais cette dénégation s'applique-t-elle au texte, ou au fait même de la lettre ? Il peut paraître que non, et qu'il faut retenir cette première démarche.

Lucien à joindre ses instances aux siennes pour déterminer le Père Maurice. Ils lui font envisager l'espoir d'être utile au pape. Bref, Paroisse emmène le Père Maurice que Joseph précède pour le présenter à l'Empereur.

Ces résistances ne semblent s'être produites que dans l'esprit de Lucien. Le Père Maurice, lorsque Lucien lui eut dit que l'Empereur désirait le voir, ne fit aucune objection : « Ebbene, eccomi », fit-il. « Eh bien! me voici! » Il y a mieux. D'après le Père Maurice, Joseph n'est point venu à Charenton où, par contre, on a vu Rossi, l'ancien secrétaire de Madame Mère, Chatillon et Isoard et d'où, durant deux jours, de très nombreuses dépêches furent échangées entre Joseph et Lucien. A la fin, sans qu'ils se fussent vus, le Père Maurice est envoyé par Lucien à l'Élysée où réside Joseph, qui devra le faire conduire à l'Empereur. Quelles instructions reçoit-il? Que doit-il dire à l'Empereur de la part de Lucien ? « Rien, dit celui-ci, parce que ce n'est pas moi qui vous envoie, c'est lui qui vous réclame. Pourtant, ajoute-t-il, j'ai un avis à vous donner. Si, dans votre conversation, il vous arrive de parler de moi, ne m'appelez pas le prince de Canino, ce qui pourrait lui déplaire, mais appelez-moi seulement le prince Lucien. Là-dessus, partez et faites bien attention à tout ce que l'Empereur vous dira pour m'en rendre un compte exact. »

Le Père Maurice part, arrive à l'Élysée au moment du lever. Il y a là une vingtaine de personnes :

lorsque Joseph les a congédiées, il vient au Père Maurice. « Comment se porte mon frère ? » lui dit-il. (Donc, jusque-là il n'a point vu Lucien. Donc, ce que Lucien a raconté est inexact. D'ailleurs, dans l'espèce de canevas qu'il a préparé, Lucien dévoile ses procédés historiques ; ainsi écrit-il : « Je reste seul à l'auberge de Charenton. Je me promène dans le pays avec mon hôte. Conversation avec lui à garder pour égayer un peu mon récit. »)

Après quelques paroles échangées, Joseph dit au Père Maurice : Azara, mon aide de camp, vous conduira aux Tuileries et je vous présenterai moi-même.

M. Azara l'introduit donc aux Tuileries par la petite porte des officiers et se place avec lui « dans l'embrasure d'une fenêtre » pour causer. Ils voient ainsi passer quantité de gens, entre autres Benjamin Constant et Fouché. Des valets viennent demander ce qu'il fait là au « domestique de garde » et à chaque fois celui-ci répond : « C'est l'ordre du prince Joseph. » Puis, des courtisans en longue file, aux habits brodés, entrent par une porte ouverte à deux battants et, sur un signal, s'en vont en courant par la même porte. A la fin, la porte se rouvre. On introduit le Père Maurice dans un salon où est l'Empereur avec le roi Joseph. Conversation qui roule toute sur le pape, sur la nécessité d'une reprise des rapports avec lui. « A présent que j'ai ouvert les yeux, je ferai tout pour le pape. Je reconnais tous ses droits. Je lui garantis ses États... Dès que je pourrai me mettre en relations avec lui, je lui ferai ma déclaration franche et je tiendrai ma parole... Oui ! je tiendrai ma parole. »

Pas un mot de Lucien. L'Empereur ordonne qu'on montre ses grands appartements au Père Maurice qui, n'ayant point d'autres instructions, sort du palais et s'en vient à Charenton retrouver son maître. « Le jour suivant, dit le Père Maurice, le prince Joseph, étant venu faire une visite à son frère et me voyant, dit : « Ah ! vous voilà ! Mais hier, qu'avez-vous fait? Je ne vous ai plus vu ! Vous deviez venir dîner chez moi, puis au théâtre. Je devais vous conduire à la loge de l'Empereur. » Le prince Lucien, venant à la rencontre de son frère, interrompit ce discours auquel le Père Maurice ne comprenait rien, mais qu'il s'expliqua, dit-il, « lorsqu'il vit dans le *Moniteur* un article dans lequel on disait que le prince Lucien était arrivé incognito tel jour (et c'était son jour à lui); qu'il était entré chez l'Empereur par « la porte des offices » ; que le soir il était venu au théâtre dans la loge de l'Empereur et toujours incognito ». Il comprit alors parfaitement quel avait été le but de son entrevue avec l'Empereur[1].

Le Père Maurice avait sans doute été seul à comprendre : car de quel intérêt pouvait-il être que

[1] La recherche la plus attentive dans le *Moniteur* n'a point permis de retrouver cet article auquel je crois peu.

l'Empereur eût ou non reçu le prince de Canino? Seulement on ne s'était point soucié de dire devant le Père franciscain quelle négociation avait été suivie entre Joseph, Lucien et l'Empereur : négociation que Lucien ne tenait pas encore pour rompue, car, de Charenton, il s'en vint, durant quelques jours encore, attendre le bon plaisir de l'Empereur dans le château de La Grange, entre Cesson et Savigny, qui avait appartenu à Bernadotte et que le prince royal de Suède avait, à son départ, passé à son beau-frère Clary. Le Père Maurice (à moins que ce ne fût Lucien, car ici encore ils se contredisent) y reçut, semble-t-il, des dépêches de l'Empereur à l'adresse du cardinal Fesch à Rome.

Rome était donc la destination de Lucien ou tout au moins du Père Maurice : mais Lucien passa par la Suisse : à Prangins où il comptait s'arrêter, il fut prévenu, pendant qu'il dînait, qu'il pourrait être arrêté dans la nuit. Il remonta donc en voiture, repassa la frontière, et l'on signale son retour à Versoix vers le 11 avril. Il se logea tant bien que mal chez un M. Brunet propriétaire, mais il lui fallait un château. Il fit demander à M. de Bude de lui louer la terre de Ferney. « Je l'ai vu, écrit le baron de Monthoux à l'abbé de Montesquiou, pour lui marquer le regret de ne pouvoir l'y recevoir. Il a dit assez ouvertement qu'il attendait avec impatience des passeports de la Diète pour se rendre auprès du pape, l'inviter de la part de Bonaparte de se rendre à Rome, lui assurer de sa part que, voulant lui témoigner combien il s'intéressait à son sort et lui donner une preuve de la plus grande déférence, il renonçait à ce que son fils portât le titre de roi de Rome. »

Il faut croire que Lucien avait lu avant de les brûler les dépêches qui lui avaient été remises cachetées à La Grange, sous la date du 8 avril (*Instructions pour le cardinal Fesch, nommé ministre de France à Rome, lettre à Sa Sainteté, instructions pour Mgr d'Isoard nommé chargé d'affaires en l'absence de Fesch appelé à Paris pour procéder comme grand aumônier au couronnement du Prince impérial*), puisqu'il en faisait part ainsi libéralement à un personnage qu'il voyait pour la première fois et qui se trouvait être, par hasard, un agent du ministre de l'Intérieur de Louis XVIII.

A Prangins, Lucien avait déclaré aux autorités suisses qu'il avait des communications urgentes à faire au nonce de Sa Sainteté. De Versoix, il s'empressa d'envoyer un courrier à Mgr Testaferrata en lui adressant les lettres de recommandation qu'il tenait du cardinal della Somaglia, chef du gouvernement provisoire de Rome. Il demandait au nonce de le prendre sous sa protection et de lui obtenir l'autorisation de résider en Suisse, auprès de sa personne et sous sa sauvegarde, ne voulant en aucune façon s'occuper de politique.

Mais Lucien avait compté sans le zèle royaliste du persécuteur des Bonaparte : le comte Auguste de Talleyrand. De Zurich, où il résidait, l'ambassadeur de Louis XVIII s'empressa de passer à Mgr Fabrice, archevêque, une note comminatoire, où, « tant en son nom qu'en celui des ministres de toutes les puissances alliées », il déclarait que, sur leur demande unanime, la Diète avait décidé de ne laisser séjourner ni passer sur son territoire aucun envoyé ni agent du gouvernement actuel de Paris ; que la Diète refusait donc au prince de Canino la permission de se rendre à Lucerne, mais, « tant en son nom qu'en celui de ses collègues, il demandait au nonce s'il désirait avoir connaissance des ouvertures que Lucien pourrait avoir à lui faire parvenir ». En ce cas, on enverrait à Versoix un officier suisse prendre les dépêches dont il rapporterait les réponses. Et il ajoutait qu'il priait Son Excellence, « si elle prenait ce parti, de daigner lui communiquer (à lui Auguste de Talleyrand) le contenu de ces dépêches afin qu'il pût en faire part aux deux souverains (France et Espagne) qu'il représentait et aux ministres d'Autriche, d'Angleterre, de Prusse, de Portugal et de Russie ». Le 15, M. Auguste de Talleyrand faisait près de la Diète une nouvelle démarche pour interdire à Lucien le territoire suisse. Le 16, le nonce écrivait qu'il n'avait eu aucun rapport avec M. Lucien Bonaparte et que, n'ayant reçu de sa cour à son sujet aucune instruction, il déférait au refus que lui notifiait l'ambassadeur de France, et qu'il rédigeait dans ce sens sa réponse à Lucien. Le 17 avril enfin, le colonel de Gady, commandant la 1re division de l'armée suisse, faisait savoir à Lucien, au nom de la Diète, qu'on lui refusait les passeports qu'il avait demandés. Toutefois « il pouvait faire passer au nonce, par la voie militaire, tous les papiers qu'il voudrait « en toute sûreté. »

Chassé de Prangins, repoussé de Ferney, Lucien loua à un M. Rosemberg une petite campagne appelée Bellevue dans le territoire de Versoix, sur les bords du lac. Ce fut alors (et non pas à son premier séjour comme il l'a dit dans ses notes), que, « dans cette chaumière agréable », il s'entoura de quelques personnes, fit des visites à Coppet, vit beaucoup Mme de Staël et « sa charmante fille Albertine ».

Cette vie dura environ quinze jours : le 4 mai, Lucien reçut de son frère Joseph l'invitation de venir à Paris. Quelles raisons avaient pu la provoquer ? N'est-ce pas que, déterminé à présent à prendre exemple sur les Bourbons et à renoncer à l'autorité efficace dont la nation l'avait investi, Napoléon a cru nécessaire de s'assurer, comme en l'an VIII et en l'an X, la collaboration intime de celui qu'il tient pour l'orateur le plus éminent, le conducteur le plus avisé des assemblées parlementaires? Il se remémore le 18 Brumaire et surtout ces journées qui précédèrent le sénatus-consulte sur le Consulat à vie, où Lucien manœuvra avec une dextérité magistrale et parvint, sans scandale ni déploiement de force, à opérer un coup d'État bien autrement compliqué que celui de Saint-Cloud.

Assurément, appeler Lucien était grave, surtout au point de vue dynastique : Lucien ne pouvait et ne voulait revenir en France que s'il était réintégré dans la dynastie et pouvait-il y être réintégré, lui et sa postérité, au mépris des droits acquis par ses cadets, Louis depuis l'an XII, Jérôme depuis 1806? Louis, Lucien ne pouvait songer à contester ses droits et ceux de ses fils : Louis, compris nominativement dans le sénatus-consulte du 28 floréal an XII, avait été expressément désigné par la nation, lors du plébiscite du 15 vendémiaire an XIII et il se trouvait là dans les mêmes conditions que Joseph. Mais, pour Jérôme, la situation était différente. Outre qu'il n'avait à Paris personne pour plaider sa cause, ce qu'Hortense n'eût point manqué de faire pour ses enfants, il n'avait nul titre efficace dont il pût se prévaloir. Le 24 septembre 1806, un projet de sénatus-consulte avait été rédigé, par lequel le peuple eût été appelé à prononcer sur son accession à l'hérédité, mais ce projet n'avait point eu de suite et, bien que porté à l'Almanach impérial dans son rang dynastique, bien que revêtu dès lors de toutes les dignités et de tous les costumes qui annonçaient en lui un des héritiers du trône, Jérôme n'avait reçu encore aucune désignation impériale, sénatoriale, ni plébiscitaire. Sauf la lettre de Catherine et celle à l'occasion de ses couches, nul rapport établi de

Trieste à Porto-Ferrajo, aucun zèle manifesté ; l'Empereur croyait à l'efficace utilité de Lucien et l'on peut penser qu'il ne voyait point à se servir de Jérôme — et puis les absents ont tort.

Arrivé le 8 mai à Paris, Lucien descendit au palais du cardinal Fesch, rue du Mont-Blanc. Il n'était accompagné que du seul Chatillon, ayant laissé à Bellevue le Père Maurice qui devait tenter de gagner Rome. L'entrevue qu'il allait avoir avec l'Empereur fut précédée sans doute par une négociation avec Joseph qui transmit à son frère les exigences de Napoléon. Elles étaient médiocres, mais du moins établissent-elles d'où venait l'initiative de la réconciliation, quels avaient dû être les points qui, lors du premier voyage de Lucien, avaient empêché les négociations d'aboutir et quels motifs il peut paraître permis d'assigner à son retour en Suisse : « Sire, écrit-il le 9 mai, je me suis empressé de faire ce que Votre Majesté a désiré pour l'établissement de ma belle-fille en Italie.

« Quoique ma femme et mes enfants doivent être partis pour me rejoindre, je prie Votre Majesté de recevoir l'engagement que je prends pour qu'ils ne s'approchent de Paris que lorsqu'ils en auront obtenu votre agrément. Mon désir est de vous servir et de vous prouver mon dévouement. Je prie Votre Majesté de nous rappeler dans la dynastie impériale et de croire que personne ne vous est plus dévoué que

« Votre fidèle et [ ][1] frère et sujet,

LUCIEN.

Ainsi ce voyage que Lucien, à l'entendre, n'avait entrepris que par dévouement fraternel[2] avait pour but unique l'entrée de sa famille dans la dynastie impériale. A coup sûr, cela contraste quelque peu avec l'apologie à laquelle il se livrera du Consulat, « ce gouvernement, le seul qui appartienne au 18 brumaire (car la monarchie dictatoriale qui suivit Brumaire ne doit pas plus lui être imputée que l'anarchie qui l'avait précédé), le Consulat dont l'abandon fut peut-être la plus fatale erreur de la Révolution française » ! mais avec Lucien il ne faut point compter les palinodies.

Lors de l'entretien qui suit l'envoi de cette lettre, l'Empereur, selon Lucien, « lui passe au col le grand cordon de la Légion d'honneur avec lequel il a fait le voyage de l'île d'Elbe » : « C'est trop honteux pour moi que vous ne l'ayez pas », ajoute-t-il, et Lucien commente : « Je pense qu'il disait vrai. » Sauf qu'il n'avait point reçu l'insigne, Lucien, membre élu par le Tribunat du Grand

[1] Illisible.

[2] « Loin de sacrifier le moindre mouvement de mon âme à ces offres qui me paraissaient si peu désirables, si je m'étais rapproché de l'Empereur, ce n'eût été que par dévouement fraternel. Tel fut l'unique sentiment qui m'anima dans les Cent-Jours.) » LUCIEN BONAPARTE (*La vérité sur les Cent-Jours*, p. 68.).

Conseil, avait droit aux plus hautes dignités de l'Ordre : mais la forme dans laquelle le grand aigle lui fut conféré par décret en date du 9 mai, mérite d'être relevée, car c'est là le premier acte officiel où Brutus Bonaparte soit qualifié « le prince Lucien ». Le décret ne semble point avoir été contresigné par un ministre, ni par un secrétaire d'État; il porte : « Notre grand chancelier de la Légion d'honneur est chargé de l'exécution du présent décret. »

Lucien dit encore : « Il veut que j'aille habiter le Palais-Royal. J'y consens avec peine. « Pour vous y attacher un peu plus, je vous donne le palais en toute propriété. »

Lucien ne paraît nullement avoir résisté : le même jour où il a reçu son frère, l'Empereur dicte cette note pour le grand maréchal :

« Le grand maréchal se rendra ce soir à la maison du cardinal Fesch pour voir le prince Lucien.

« Le grand maréchal visitera cette après-midi le Palais-Royal avec M. Fontaine pour y préparer le logement du prince.

« Le grand maréchal se concertera avec le grand maître des cérémonies pour régler les honneurs à rendre au prince Lucien comme prince français.

« On préviendra les ministres, le Conseil d'État, la commune de Paris, du jour et de l'heure où le prince les recevra ; si on n'a pas fait de visite au prince Joseph et à la princesse Hortense, ces corps pourront, avant, leur rendre leurs devoirs.

« La garde impériale fera une visite dimanche.

« Le prince Lucien passe après le prince Louis et avant le prince Jérôme.

« Demain, à 9 heures, le prince irait s'établir au Palais-Royal ; la garde impériale lui fournirait le service de prince français.

« Le grand maréchal fournira au prince Lucien et fera établir, dès ce soir, au Palais-Royal, un service de bouche, ce prince devant être défrayé par l'Empereur jusqu'à ce que sa maison soit organisée.

« Le grand maréchal, le grand chambellan, le grand écuyer lui fourniront aussi un service d'honneur.

« L'écurie lui fournira des chevaux jusqu'à ce qu'il ait les siens. »

On voit par cette note [1], à quels détails l'Empereur est descendu pour assurer à son frère les aises et les commodités d'une hospitalité somptueuse. Il a voulu lui prouver la joie qu'il éprouve à le revoir et la confiance qu'il lui témoigne. En échange, Lucien, à ce qu'il dit lui-même, « a promis à l'Empereur de le servir avec zèle tout le temps qu'il croira qu'il puisse lui être bon à quelque chose ».

Quant au règlement de la situation respective des héritiers, Lucien ne pouvait tenter pour le mo-

[1] Inédite.

ment de l'obtenir : Il écrit dans ces sommaires qui devaient servir de trame à ses mémoires : « Projet de sénatus-consulte à mon sujet. Je le refuse jusqu'au moment favorable pour le faire passer à la votation nationale, sans quoi je ne veux rien. » Or il n'y avait plus de Sénat — donc pas de sénatus-consulte — et jusqu'à la mise en vigueur de l'Acte additionnel, bien mieux, jusqu'au 2 juin 1815 où furent nommés les membres de la Chambre des Pairs, il ne se fût trouvé aucune autorité à laquelle on pût soumettre un tel projet. Eût-on pu même en parler à la Chambre des Pairs ?

Tout a été pourtant calculé par Lucien pour accréditer qu'il a été efficacement et politiquement introduit, ainsi que sa postérité, dans la dynastie impériale : en établissant les rangs de famille, l'Empereur a précisé que Lucien passait après le prince Louis et avant le prince Jérôme. Or Lucien attribue cette parole à l'Empereur : « Il n'y a que des aînés et des cadets dans la Famille impériale. Ainsi chacun à son rang, plaçons Joseph à ma droite, Lucien à ma gauche et Jérôme après. » C'est la façon d'exclure Louis, dont la postérité est gênante et de revenir ainsi sur la loi d'hérédité qu'il met tous ses efforts à détruire. C'est la façon d'inférioriser Jérôme qui, on le verra, reçut au contraire, dans la seule cérémonie à laquelle il assista, le rang supérieur auquel il avait droit. Mais les faits sont ce qui inquiète le moins Lucien.

Quinze ans plus tard, il écrira à un de ses confidents : « Aux Cent-Jours la première condition de ma rentrée en France fut que tous mes frères renonceraient à leurs titres et à leurs prétentions royales et qu'il n'y aurait plus, près de l'Empereur, que des princes français, à commencer par son fils qui, de roi de Rome, n'était plus que prince impérial. Cette nouvelle politique de l'Empereur pouvait seule me convenir. Elle fut appliquée au 20 mars ».

Lucien n'avait influé en rien sur cette politique : il avait atteint le but qu'il poursuivait depuis onze ans, d'imposer à son frère, et à la Famille impériale, la femme qu'il avait aimée et le fils qu'il avait légitimé.

Et il était prince, et comme il était content de l'être ! Non plus prince romain, mais prince français. Tous les journaux et le *Moniteur* à la tête avaient, dans leur numéro du 10 mai, annoncé la nouvelle en ces termes : « Le prince Lucien, qui a longtemps habité Rome, est rentré en France. Il est arrivé hier à Paris. Sa Majesté lui a désigné pour sa demeure le Palais-Royal. Il recevra demain la visite des ministres et des officiers de la maison de l'Empereur. » Le *Journal de Paris* ajoutait : « Des chasseurs de la Garde font le service dans le palais. » La maison d'honneur n'était pas encore nommée ; mais, en attendant, le comte de Las Cases, chambellan de l'Empereur, faisait le service près de lui. Bientôt M. le comte de Laborde, son ami d'ancienne date — l'ami surtout d'Alexandrine Jouberthou — fut nommé premier écuyer, ayant sous ses ordres M. Lemercier, le fils du sénateur.

Le prince se plaisait au Palais-Royal que le duc d'Orléans avait arrangé fort à son goût. Il donna à ses gens une livrée chocolat galonnée sur toutes les coutures, mais, pour lui, il portait ordinairement l'uniforme de la garde nationale. « Il avait tout à fait renoncé aux formes et aux mœurs républicaines. » Mme de Bradi vint le voir pour lui communiquer une lettre fort importante. « Le prince, écrit-elle, me laissa debout, se tint fort droit, me parla avec bonté et me confondit par son occupation de poser en altesse impériale. » Il avait dû faire visite à la reine Hortense, et, lorsque celle-ci lui rendit sa visite, elle n'oublia point d'amener ses fils, non pas tant peut-être pour leur montrer un oncle qu'ils ne connaissaient point, que pour lui montrer les héritiers du trône impérial. Déjà les prétentions du nouveau prince écartaient toute cordialité.

Il se donna toutefois, le 16 mai, la peine d'être aimable à l'égard de ses confrères de l'Institut. Il reçut une députation du bureau qu'accompagnaient un grand nombre de membres. Il déclara qu'il se ferait un plaisir d'assister aux séances, que, de tous ses anciens costumes, il n'avait conservé chez l'étranger que celui de l'Institut et qu'il l'avait souvent porté dans les divers pays qu'il avait habités, et comme, deux jours plus tard, il y avait séance publique pour la réception de M. Aignan par M. Parseval-Grandmaison, le prince Lucien promit de s'y trouver.

On entendit les deux discours où le nom de l'Empereur n'était pas même prononcé, par l'aide des cérémonies Aignan, et le poète de l'expédition d'Égypte, alors que, six mois plus tôt, à la réception de M. Campenon, on n'avait point tari sur les Bourbons.

Au moins, ceux-ci, comme a dit Napoléon, étaient-ils Français. Mais n'avait-on pas entendu, lors de la séance que la deuxième classe avait tenue, le 21 avril précédent, en présence de l'empereur de Russie et du roi de Prusse, le président, Lacretelle le jeune, adresser les plus basses flatteries aux conquérants; et un lauréat, autorisé à lire à la tribune des fragments de son discours couronné, ne les avait-il pas relevés d'une étonnante apologie où il exaltait « cette guerre sans ambition, cette ligue inviolable et désintéressée, ce royal sacrifice des sentiments les plus chers immolés au repos des nations et à une sorte de patriotisme européen ! » Et la deuxième classe, assure-t-on, avait applaudi ces paroles sacrilèges, elle les avait faites siennes ; moins de sept années plus tard, elle s'agrégea presque d'enthousiasme celui qui les avait prononcées, Villemain.

Il ne faut donc point s'étonner si la commission chargée d'entendre les discours avant la séance publique ne saisit point le ridicule et l'odieux qu'il y avait, au moment où la France eût dû se préparer pour lutter de nouveau contre l'Europe, à adresser des leçons de libéralisme à l'Empereur, à attaquer le régime qu'il venait lui-même d'abolir et à prôner l'abolition de la censure.

« Les lettres, disait Parseval-Grandmaison, ne gémiront plus des mutilations qui les ont flétries si longtemps. L'âme du monarque et celle de son peuple n'auront plus d'intermédiaire ; leur alliance deviendra intime et féconde et nous verrons s'ouvrir la seule route qui permet à la vérité de s'élever jusqu'au trône. Puissent toutes les idées libérales se précipiter sur cette route salutaire !... »

On eut ensuite un fragment d'une comédie inédite en cinq actes, de M. Duval, et pour terminer le prince Lucien lut une « Ode à l'Institut de France » intitulée : *La défense d'Homère*, parfois *Ode contre les détracteurs d'Homère*, et, à la fin, simplement *L'Odyssée* : il s'agit de ces commentateurs qui ont osé contester que l'Odyssée fût l'œuvre d'Homère ou qui l'ont trouvée inférieure à l'*Iliade* :

« Le superbe étranger riche de nos débris
De nos tombeaux foulés insulte la poussière,
Dans le Nord on dépouille, on méconnaît Homère :
Des antiques leçons tel est l'indigne prix.
Des savants enivrés d'une docte folie
Enfantent chaque jour un système nouveau,
Ma gloire leur paraît un pénible fardeau ;
Ils veulent m'arracher mon Ithaque chérie ;
A peine savent-ils comment lire mes vers :
Et démentant l'aveu de vingt peuples divers
Ils osent me juger d'un accent intrépide. »

« La lecture de cette ode a été souvent interrompue et suivie par de très vifs applaudissements », le *Moniteur* le dit.

Lucien pour sa rentrée ne pouvait choisir un meilleur terrain. On n'avait pas encore oublié à l'Institut que, dès l'an VIII, il avait consacré ses efforts à relever l'Académie française telle qu'avant 1793 et que c'était à lui que la Deuxième classe avait dû, en l'an X, sa réorganisation en un corps de tout point semblable à l'ancienne compagnie. Que Lucien ait cherché pour lui-même l'avantage immédiat d'assurer à l'auteur de la *Tribu indienne* un fauteuil qu'il n'eût guère eu de chances d'obtenir, cela se peut, mais n'était-ce point là une ambition légitime ? En tout cas, il ne manquait point d'être populaire, d'abord à ce titre, puis comme victime de la tyrannie impériale et comme soutien, apparent, des nouvelles libertés publiques.

Quels étaient pourtant ses rapports avec l'Empereur ? L'on constate, sans comprendre à quel titre il y est appelé, qu'il assiste au Conseil des ministres. Mais qu'y fait-il ? Et d'ailleurs, qu'y fait-on ?

A l'en croire, il aurait reçu des confidences très personnelles sur Marie-Louise et des regrets au sujet de Joséphine. L'Empereur lui aurait parlé de Mme Tallien, Mme Regnaud de Saint-Jean-d'Angély, Mme Récamier, Mme de Staël, du général Lejeune, le plus grand peintre entre les généraux et le plus grand général entre les peintres. J'ai eu tort (lui aurait-il dit), Mme de Staël m'a fait plus d'ennemis dans son exil qu'elle ne m'en aurait fait en France. « Je pense, remarque Lucien, qu'elle n'est pas la seule et qu'il a eu tort de se constituer l'ennemi de tant de femmes. »

Ceci regarde assurément Alexandrine, et ces allusions qu'il cherche à sa situation, de même que les mots qu'il prête à son frère et qui sont si hors de la façon de celui-ci, ne sont point pour inspirer confiance en sa véracité.

En tout cas, il ne se manifeste guère durant le mois de mai que par l'insistance qu'il met à consolider un établissement jusque-là précaire, et que ne garantit aucun acte légal. L'ancien ministre de l'Intérieur semble n'avoir qu'une idée assez peu précise de la hiérarchie administrative ; pour obtenir la levée des scellés existants encore sur plusieurs pièces du Palais-Royal et la mise à sa disposition des meubles qu'elles renferment ainsi que des vins qui se trouvent dans les caves, il s'adresse au préfet de la Seine, qui renvoie la demande au ministre de l'Intérieur, lequel la transmet au ministre des Finances, attendu que « le mobilier du Palais-Royal a été réuni au Domaine de la Couronne par décret du 13 avril dernier ». Malgré ces étranges détours, l'affaire est portée à l'Empereur qui donne l'ordre qu'on lève les scellés, sous réserve que M. le grand maréchal fera verser la moitié des vins dans les caves de l'Empereur. Mais cela n'est qu'une prise de possession et ne constitue pas un titre : le 23 mai seulement le prince Lucien obtient une reconnaissance officielle de ses nouveaux droits.

L'article premier de ce décret est ainsi conçu : « Le Palais-Royal est concédé au prince Lucien notre frère et à ses héritiers à titre d'apanage de sa branche. » Par l'article II, le prince Lucien est admis à jouir des revenus et du domaine utile du Palais-Royal depuis le 1er janvier 1815, il supportera les dépenses depuis la même époque sans qu'il puisse y avoir lieu à aucune répétition pour les sommes que le trésor de la Maison du roi ou celui du Domaine extraordinaire auraient reçues ou payées jusqu'au 23 mai. Par les articles IV et V, il est ordonné de faire un inventaire contradictoire des meubles provenant du mobilier de la Couronne et de ceux achetés par le duc d'Orléans : ceux-ci sont concédés sans exception au prince Lucien, ceux-là ne seront concédés qu'après vérification des états. On s'explique assez peu, dans ces conditions, que, en 1831, Lucien se soit adressé à l'avocat Ravioli à Paris pour faire valoir ses droits sur les 200.000 livres de rente du Palais-Royal. « Ajoutez à cela, écrit-il, qu'après Waterloo, les Bourbons s'emparèrent arbitrairement de tout ce qui était chez moi : 100.000 francs de linge, autant de vaisselle, 50.000 francs de chevaux et voitures. » Or le linge et, la vaisselle appartenaient au duc d'Orléans et, quant aux chevaux, selon une lettre qu'écrivait, le 26 mai, l'écuyer commandant des écuries de l'Empereur à M. le comte de Laborde, premier écuyer de S. A. I. le prince Lucien, vingt avaient été remis ce même jour aux écuries du prince par ordre de Sa Majesté.

Lucien ne se fût point senti en possession de sa dignité princière s'il ne se fût attribué des armoiries : elles furent assez étranges. Le cachet qu'il fit graver porte un aigle couronné empiétant un foudre, au cœur duquel se trouvent les lettres L. B. En exergue on lit : PAR BREVET DE SA MAJESTÉ IMPÉRIALE. On ne saurait douter que ce brevet ne soit le décret du 23 mai ; on ne connaît point jusqu'ici de texte supplémentaire.

Les initiales L. B. inscrites sur ce cachet étaient contradictoires à l'Altesse impériale qui, comme la qualité princière, n'était qu'appellation de courtoisie. L. B. signifiait sans conteste *Lucien Bonaparte* : or, le simple port du nom de Bonaparte excluait la prétention dynastique : les princes appelés à la succession perdaient le nom de Bonaparte pour prendre celui de Napoléon ; ainsi à l'*Almanach Impérial*, supplément de 1815, trouve-t-on Joseph-Napoléon, Louis-Napoléon, Jérôme-Napoléon, tandis que, comme sur le cachet, on lit *Lucien Bonaparte*. Ailleurs le qualifiera-t-on dans la liste officielle des membres de l'Institut *Le prince Lucien*, mais on appelle Joseph : Le prince *Joseph Napoléon*. De là doit-on conclure que si l'Empereur a accueilli son frère et lui a restitué une place dans la famille, il n'a nullement témoigné qu'il l'accueillit dans la dynastie[1]. Il laissait toutes choses en suspens et, comme il devait le dire dans son discours du Champ de Mai : « Lorsque nous aurons repoussé ces injustes agressions et que l'Europe sera convaincue de ce que l'on doit aux droits et à l'indépendance de 28 millions de Français, une loi solennelle, faite dans les formes voulues par l'acte constitutionnel, réunira les différentes dispositions aujourd'hui éparses. »

Néanmoins, on devait reconnaître que l'Empereur avait ainsi donné une indication sur ses intentions ; aussi, le 25, dès que le décret du 23 eut été publié, plusieurs ministres et un grand nombre de députés vinrent féliciter Lucien : « Il avait, dit Thibaudeau, la réputation d'un ami de la liberté, d'un républicain qui avait déserté la cour impériale et la France pour ne pas être complice de son frère. Le vulgaire était émerveillé de voir le grand citoyen qui n'avait pas voulu partager les grandeurs et les prospérités de l'Empire, venir s'associer à ce retour de fortune rempli d'incertitudes et de dangers. » Si, comme ajoute Thibaudeau, les patriotes clairvoyants n'étaient pas dupes, ils ne formaient

[1] Cette distinction essentielle s'est trouvée recevoir force de loi des *Dispositions relatives aux princes et princesses de la famille de l'Empereur* prises par l'Empereur Napoléon III et stipulant article I : « Les fils des frères et sœurs de l'Empereur Napoléon Ier qui ne font pas partie de la Famille Impériale porteront les titres de Prince et d'Altesse avec leur nom de famille. » Toutefois ces distinctions ne sont attribuées qu'aux enfants légitimes issus de mariages autorisés par l'Empereur.

qu'une minorité. Et d'ailleurs ne se trouvaient-ils pas contraints de suivre la foule? Cette réception fit une grave nouvelle dans les journaux. L'après-midi, Son Altesse Impériale, qui ne manquait aucune occasion, accompagna l'Empereur au Champ de Mars et visita avec lui la salle destinée à la réunion du Champ de Mai.

*
* *

Au mois de mars, Catherine, dont l'enfant était très malade, se trouvait elle-même fort souffrante des suites de ses couches et les médecins s'accordaient à lui conseiller, pour l'été, « l'usage des eaux », Pise ou Lucques, ils ne savaient encore. D'ailleurs le gouvernement autrichien consentirait-il? Jérôme, après en avoir demandé l'autorisation à Vienne, traitait de cette terre comtale à dix lieues de Trieste, qu'il se décidait à acquérir et où il comptait aller s'établir jusqu'à la saison des bains. Ce fut à ce moment, le 11 mars, qu'arriva par le commerce, le premier bruit, confirmé bientôt par une lettre d'Elisa, que l'Empereur avait quitté l'île d'Elbe.

Prévoyant aussitôt qu'on allait prendre des mesures contre sa liberté, et décidé à s'y soustraire, Jérôme eut recours à un Corse, consul de Naples à Trieste, dont il connaissait et appréciait le dévouement et qui désormais s'attacha à lui avec une admirable fidélité : c'était le chevalier Abbatucci, un des quatre fils du général de division ; ses trois frères étaient morts au champ d'honneur. Ses fonctions lui donnèrent la facilité de retenir à Trieste la chaloupe canonnière n° 131, de 20 hommes d'équipage, commandant Salvadore Catiero, qui était venue de Naples lui porter des dépêches. Jérôme, sous prétexte de maladie, s'enferma dans ses appartements et échappa de la sorte à la surveillance.

Le 24, dans la soirée, il s'embarqua avec ses trois aides de camp Pfuhl, Hamel et Berger vêtus en bourgeois. Dans la nuit, on leva l'ancre.

Il était temps. Le 22 mars, Metternich avait écrit au comte de Harz : « L'Empereur, mon maître, me charge de vous exprimer le désir que, vu les circonstances du moment, vous veuilliez bien échanger le séjour de Trieste contre celui de Prague. » Bien qu'entortillée dans des phrases gracieuses, cette invitation que devait remettre le comte de Woyna, chargé de demander les ordres du comte et de régler les détails de son voyage, n'était pas moins comminatoire et il suffit que Jérôme pût dire qu'elle lui avait été adressée pour qu'il se tînt relevé de l'engagement qu'il avait dû prendre de ne point s'écarter de Trieste.

Le 25, on était à la hauteur de Parenza, lorsque, à midi, un coup de vent fit violemment rétrograder jusqu'à Pirano où l'on relâcha : on n'était qu'à huit lieues de Trieste ; le roi envoya un exprès à Catherine pour lui donner de ses nouvelles et il descendit avec ses compagnons pour coucher dans une auberge où il faillit être pris par une patrouille autrichienne. Il se sauva à grand'peine jusqu'au bateau durant que ses compagnons tenaient tête aux grenadiers. On se rembarqua et, à tout risque, on leva l'ancre, se dirigeant vers la côte italienne.

Le 28, la chaloupe prit terre près de Pesaro. D'Ancône à Rimini — Pesaro est à mi-chemin — la grand'route suit la côte de l'Adriatique à une portée de fusil. Jérôme ordonna à ses deux aides de camp Pfuhl et Hamel d'aller en reconnaissance. Ils trouvèrent la route occupée par les Autrichiens et, reçus à coups de fusil, rembarquèrent en hâte. On repartit ; après quelques heures, on atterrit un peu plus bas entre Case-Brugiale et Ancône. Hamel, envoyé de nouveau à la découverte, arriva sur la grand'route pour y voir passer des troupes napolitaines. Jérôme débarqua, interroga des officiers qui lui répondirent : « Le roi vient. » En effet, voici le roi Joachim : Embrassade, compliment, point d'étonnement de se retrouver ainsi, car tout arrive. On amena une monture pour le roi de Westphalie qui se trouva ainsi, au sortir des flots, chevaucher à la tête de l'armée napolitaine. Pourtant il était curieux et il eût bien voulu savoir pourquoi marchaient Murat, les Napolitains, et lui-même.

« Je fais la guerre à l'Autriche, lui répondit Joachim, et à l'heure qu'il est, les hostilités sont commencées.

— Tu as donc un traité d'alliance avec les Anglais ?

— Non ! mais ils ne peuvent vouloir s'opposer à l'indépendance de l'Italie, tout entière prononcée en ma faveur.

— L'Empereur est donc à Paris et d'accord avec toi ? Une armée française descend sur les Alpes ?

— Je ne sais ce que fait l'Empereur ; je ne sais si une armée marche à mon secours ; mais cela doit être : d'ailleurs, l'Italie, se levant en masse, me fournira une armée de cent cinquante mille hommes avec laquelle je ne craindrai personne. »

Ce ne sont point là des propos en l'air : Jérôme les rapporte dans une lettre que, sous le coup des événements, il adressa à la reine. « Je n'essaierai pas, dit-il, de rendre l'effet que me fit ce discours. Je vis un souverain, séduit par quelques lueurs mensongères, courir à sa perte et qui avait déjà un abîme creusé sous ses pas. »

Malgré cela, il continua à suivre l'armée qui se croyait victorieuse, car elle repoussait sans combat les avant-postes autrichiens qui avaient ordre de se replier. Joachim assura son beau-frère qu'une fois Bologne où l'on allait arriver, il pourrait se rendre à Livourne où il trouverait à sa disposition le vaisseau *le Capoue*. Toutefois ce ne pourrait être avant le 4 avril, ses troupes ne devant occuper Florence et Livourne qu'à cette époque. Jérôme prit donc confiance à cette promesse et résolut de suivre l'armée napolitaine. Mais à peine était-il à Rimini que le duc de Gallo lui annonça la prochaine arrivée de la reine Catherine à Ancône. Le voilà en voiture courant jusqu'au port pour y trouver en effet tous les préparatifs d'une réception souveraine, mais « de Trinette », comme il dit, point. Elle était traitée tout au contraire d'une façon fort cavalière et on lui faisait payer cher l'escapade de son époux.

Il retourna donc aussitôt au quartier général de Joachim qu'il rejoignit le 1er avril ; le 2, il entra avec le roi à Bologne d'où sortaient les Autrichiens. L'enthousiasme était grand, mais, fidèle à son rôle critique, Jérôme ne cessait de répéter à son beau-frère : « Tant que je ne verrai pas ton armée renforcée par cinquante mille Italiens et une pareille armée française descendre des Alpes, je ne croirai à rien de bon pour toi. »

Sur quoi, il s'en alla à Bologne, à la petite campagne d'Elisa, attendre que, selon la promesse de Murat, Florence et Livourne eussent reçu garnison napolitaine. Peut-être ne s'était-il pas soucié de prendre part personnellement à la guerre ou avait-il eu quelque altercation un peu vive avec son beau-frère : ce qui peut le faire penser, c'est que, se fiant à la parole du roi de Naples et comptant fermement sur la date du 4, il ne prolongea que d'un jour son séjour à Bologne et arriva le 6 à 3 heures du matin à Florence, où il tomba au milieu de 1.500 à 1.600 Autrichiens. Des courriers, des officiers du roi de Naples victimes de la même confiance furent arrêtés sous ses yeux; grâce à un costume bourgeois, à un passeport de négociant et à bien de l'argent, il échappa aux hussards autrichiens, passa dans une auberge et se fit conduire sur la route de Bologne. Il y arriva le 7, fut le 8 à Ancône et le 11 à Portici où il retrouva, outre sa sœur Caroline, son oncle le cardinal et sa mère.

*
* *

Après le départ de l'Empereur, Madame, malgré les instructions qu'elle avait reçues, n'avait p int eu de cesse qu'elle ne quittât Porto-Ferrajo. Dès le 26 février, elle écrivait à Lucien qu'elle partirait dans trois jours, si le temps était favorable. « L'Empereur, disait-elle avec sa prudence habituelle, est parti avec toute sa troupe, mais j'ignore pour quel endroit. » Elle donnait rendez-vous à Civita-Vecchia à ses deux fils Lucien et Louis. « Cela est essentiel. Vous me direz, ajoutait-elle, s'il y a quelque inconvénient à mon arrivée à Rome. Autrement je m'acheminerais plus loin » ; mais elle avait un extrême désir de retrouver son frère et ses deux fils.

Elle ne partit pas à cette fois et attendit les nouvelles. Le 28, vers les 11 heures du matin, on signala la corvette anglaise, ramenant le colonel Campbell. Lorsqu'il débarqua et qu'il apprit le départ de l'Empereur, il resta muet et immobile d'étonnement; puis, dans une colère blanche, il monta au palais, se rendit chez Mme Bertrand, et vint ensuite chez la princesse Pauline. Il lui dit : « Votre frère a manqué de parole, car il avait promis de ne pas sortir de l'île ; mais la Méditerranée est pleine de vaisseaux; à cette heure, votre frère est prisonnier. » Il ajouta « des menaces auxquelles la princesse répondit que ce n'était pas la manière d'en agir avec une dame ».

Malgré le calme qu'elle avait affecté, Pauline avait eu très peur. Elle s'était imaginé que Campbell allait la faire enlever, enfermer, séquestrer, et elle résolut de partir, d'aller attendre le dénouement de l'aventure dans la principauté de Lucques, dans un château de sa sœur Elisa. Envoyant en France pour quantité de commissions son médecin Espiaud, elle se confia pour préparer son voyage à un adjudant du génie nommé Monier qui, lors de l'évacuation de la Toscane où il était employé, avait refusé de suivre les ordres de la grande-duchesse et s'était rendu directement de Florence à Porto-Ferrajo. L'Empereur l'avait fort bien accueilli ; ayant résolu d'établir un poste à la Pianosa, il chargea le lieutenant du génie Larabit de diriger les constructions ; lorsque celles-ci furent assez avancées, il fit suppléer Larabit par Monier, qui, lors du départ de l'Empereur, se trouvait sur son îlot et y fut oublié. Cela se trouva un bonheur pour Pauline, qui n'avait personne sur qui elle pût compter. Monier fit préparer un petit bâtiment et le 4 mars, à 2 heures du matin, après avoir fait ses adieux à sa mère, la princesse, accompagnée de Mme Le Bel, de la délicieuse comtesse de Molo, d'un courrier et de quatre domestiques, s'embarqua furtivement. Vers les 3 heures après midi, on atterrit sur la côte, dans la marenne de Volterra, près de la vieille tour de San Vincenzo. Des douaniers qui occupaient la tour cédèrent aux dames une partie de leur logement. On arrangea tant bien que mal une chambre pour la princesse et l'on dîna. Après quelques heures de repos, on rembarqua, on passa la nuit en mer et le lendemain, à midi, on arriva à Viareggio. En vérité, un véritable voyage et sur une barque, quand jadis ce n'était point assez pour la princesse de frégates et de vaisseaux à trois ponts. Mais Pauline a bien supporté la traversée et la voilà à terre. Tout de suite arrive le maire (au moins Monier l'appelle ainsi) qui demande où la princesse entend loger. Elle répond qu'elle va au château de Campignano, propriété de sa sœur, la grande-duchesse de Toscane, sur une montagne, à une lieue de Viareggio. Elle s'y fait porter en chaise et s'installe avec les dames Le Bel dans les appartements du rez-de-chaussée qui donnent sur le jardin : Monier est logé au premier étage sur l'avenue. Vers minuit, il est réveillé par le bruit d'une troupe en marche. Le commandant autrichien des États de Lucques, prévenu par le maire de Viareggio, fait cerner et investir le château. Monier va prévenir la princesse qui veut écrire au grand-duc, aller en Toscane, réclamer l'intervention de son mari. A 5 heures du matin, l'Autrichien fait savoir qu'il désire parler à la princesse : et il lui notifie qu'étant chargé de la protéger, il lui interdit de recevoir qui que ce soit; nul ne pourra sortir ni entrer. Voilà la Déesse des Caprices prisonnière d'État, sinon prisonnière de guerre. Sans amant, sans médecin, sans médicaments, dans ce château immense et désert, pauvre Paulette! Quelle ennemie de moins pour la maison d'Autriche, et comme l'on comprend que l'on ait fait à Vienne un bulletin de sa capture et une question majeure de sa captivité!

* * *

Madame, énervée de rester sans nouvelles à Porto-Ferrajo, avait pensé aller à Viareggio retrouver sa fille Pauline, dont elle ignorait le sort. Elle serait près de Lucques où elle prendrait les eaux.

Avertie des dangers qu'elle courrait sur le continent, elle attendit qu'on la vînt chercher, ainsi que son fils avait promis de le faire : mais l'ordre que Napoléon donna « qu'on envoyât à Porto-Ferrajo une frégate pour y prendre Madame » et embarquer à Viareggio la princesse Pauline si elle y était, ne put être expédié que le 10 avril. Et huit jours plus tôt, le 4, le vaisseau de 74 le *Joachim* et la frégate la *Caroline* avaient été envoyés par la reine de Naples pour c[illegible]her Madame Mère, ainsi que ses deux dames, son chevalier d'honneur et son aumônier, l'abbé Buonavita. Le 4, elle était à Portici où elle retrouvait son frère, arrivé de Rome le 1er avril.

*
* *

Lorsqu'on pense que Fesch écrivait le 14 octobre, à l'ancienne dame d'honneur de sa sœur, Mme de Fontanges : « Je commence à jouir des douceurs de la vie, la paix et la tranquillité de Dieu », l'on se prend à penser que ces douceurs n'avaient pas duré longtemps. Bien que Dieu lui suffît, il y eût joint volontiers, les 165 caisses pesant 41.313 kilos, et déclarées pour 711.860 francs, qu'il attendait de France, mais une partie au moins n'était point arrivée et il était à craindre que les Bourbons, auxquels pourtant Son Éminence, selon le protocole du Sacré Collège avait écrit pour les Bonnes Fêtes, ne transformassent en confiscation le séquestre mis sur ses tableaux. Déjà en effet M. Thierry, baron de Ville-d'Avray, intendant du garde-meuble, avait fait choix de M. Delafontaine, pensionnaire agréé de l'ancienne Académie de peinture et commissaire expert près le Musée royal, « pour coopérer sous ses ordres à l'inventaire estimatif de la collection du cardinal », et c'est en vain que Denon avait prévenu qu'il faudrait beaucoup de soin et de temps pour rendre compte de « cette collection immense de tableaux » entre lesquels il s'en trouvait d'écoles italiennes peu connues à

Paris ; M. le baron n'en avait point tenu compte : il réclamait son inventaire et tôt et vite. Il n'eut point le temps d'en être muni, mais c'est que l'Empereur y pourvut.

Quant à Fesch, il n'avait pu naturellement recevoir ni sa nomination d'ambassadeur extraordinaire à Rome, ni la lettre adressée par Napoléon au pape, ni les instructions que l'Empereur avait inspirées, puisque tous ces papiers, remis au père Maurice qui devait les porter à Rome, avaient été brûlés par Lucien à Versoix le 12 avril. Ce ne fut que bien plus tard, le 21 avril, qu'il reçut à Naples des duplicata. Il était dans l'impuissance absolue pour exécuter quoi que ce fût de ses instructions. Il ne pouvait penser à traiter avec le Saint-Siège et, en vérité, les questions sur lesquelles l'Empereur faisait des concessions n'étaient guère actuelles : assurément, on devait trouver excellent qu'il « n'eût plus aucune vue sur le temporel de Rome » et qu'il s'en tînt à la bulle de Savone, qu'il voulût s'abstenir pour le moment de s'occuper d'affaires ecclésiastiques, mais il n'en réclamait pas moins l'institution canonique pour les évêques « qu'il avait nommés avant son départ » — c'est ainsi qu'on appelait la première abdication — il n'en était pas moins fort sur les vicaires capitulaires et contre les Jésuites. D'ailleurs, Fesch accrédité, en même temps, près du pape et près du roi Joachim — jusqu'au moment où serait arrivé le ministre destiné à la cour de Naples — devait être rendu à Paris avant le 30 mai, laissant pour chargé d'affaires Mgr Isoard.

Il n'y avait point de pape à Rome. Il n'y avait pas de roi à Naples. Cela simplifiait la mission diplomatique de Son Éminence. Les nouvelles du théâtre de la guerre étaient détestables : Caroline, malade au moral comme au physique, voyait approcher le dénouement qu'elle avait tant redouté. « Elle prédit de point en point à son frère et le résultat de l'événement et la conduite que tiendrait son époux. » Jérôme d'ailleurs employa fort bien son temps du 12 au 19. Le 19, il s'embarqua, avec Madame et Fesch, sur le vaisseau le *Joachim* qui devait les conduire en France, mais un coup de vent les força de rentrer en rade. « Le 21, la goélette la *Biche* apporta les premières nouvelles de l'Empereur et de la France. » Fesch y trouva sa double nomination d'ambassadeur et de ministre, et Jérôme quantité de motifs pour se presser d'arriver. Mais une escadre anglaise vint le 23 bloquer le port. La *Melpomène*, partie, le 23, de Toulon, avait relâché le 25 à Porto-Ferrajo d'où le commandant Collet avait renvoyé à Toulon la goélette l'*Antilope* qui devait lui servir de mouche et dont la marche était trop inférieure à celle de sa frégate. « N'étant plus éclairée dans sa navigation », la *Melpomène* arriva le 30, à l'aurore, à l'entrée de la baie. Elle y fut chassée par le vaisseau anglais de 82 canons *Rivoli*, capitaine Edward Stirling Dickson. Jusque-là, les hostilités n'étaient point déclarées et les navires français passaient librement, pavillon déployé. La *Melpomène* ne fit donc aucun effort pour échapper et, à 6 heures du matin, le vaisseau anglais étant à demi-portée hissa son pavillon qu'il appuya de cinq coups de canon à boulet sur les œuvres vives de la frégate ; quelques secondes après, bordée entière. La *Melpomène*, qui portait seulement 44 canons, riposta avec énergie et maintint, durant trente-cinq minutes, un feu très vif, mais elle ne pouvait soutenir davantage le combat et le capitaine Collet dut amener son pavillon.

Il fallait donc renoncer à passer en France et, à Naples, la situation devenait de jour en jour plus tendue. Dix jours passèrent ainsi. Le 9 mai[1], écrit Jérôme, « une forte canonnade nous annonça un nouvel engagement. Je me rendis sur une montagne à deux lieues de la ville et reconnus aisément une frégate française se dirigeant vers le port de Gaëte se battant contre les Anglais. » C'était la *Dryade*, de 44 canons, capitaine Senez, qui, ayant été chassée à la hauteur de l'île d'Ischia, par un vaisseau, une frégate et un brick de la marine anglaise, avait pris son parti et, par une manœuvre hardie, s'était mise à l'abri sous les canons de Gaëte. Le commandant Senez, selon les ordres qu'il avait reçus, avait mis à terre le général Bel-

[1] Jérôme écrit le 10, mais les documents de la Marine donnent le 9.

liard, ministre de l'Empereur, avec ses aides de camp et le personnel de sa légation. C'était son mentor habituel que Napoléon adressait à Murat, mais trop tard !

Le 10, alors que Jérôme avait « envoyé par le télégraphe l'ordre au commandant Senez d'attendre son arrivée, le commodore Campbell, commandant la division, fit connaître officiellement, « que le pavillon tricolore serait seul respecté et, dit Jérôme, que je pouvais, ainsi que Madame, passer sous le pavillon qu'il nous plairait de choisir, à l'exception de celui de Naples ». Il s'agissait de gagner Gaëte : Madame et Fesch se mirent aussitôt en route avec les princes et princesses de Naples et ils arrivèrent à Gaëte, après douze heures et demie de voyage sans aucun événement. Jérôme, qui aimait ses aises, ne partit que le lendemain : il se dépouilla en faveur de sa sœur Caroline d'une somme de 500.000 francs qu'il lui prêta, il prit congé d'elle avec émotion et rejoignit, le 12, sa mère et son oncle.

Le 13, la *Dryade* mit à la voile et la navigation fut heureuse jusqu'à la hauteur de la Corse, mais alors on soupçonna qu'on pouvait être suivi par les Anglais, et le 19, comme on était devant Bastia, la *Dryade* mouilla à la nuit, tout près de terre. Le roi envoya un de ses aides de camp pour chercher des provisions fraîches et aviser de son arrivée le commandant, qui se trouva être le général baron Simon. Celui-ci se rendit aussitôt à bord.

Le roi, quoiqu'il fût couché, le reçut, lui dit qu'il allait en France joindre l'Empereur et que, sans doute, la frégate appareillerait la nuit si le vent fraîchissait un peu. Au matin, on vit la frégate qui manœuvrait pour s'approcher encore un peu plus près de la terre. Les autorités de la ville — hommes et femmes — se réunirent pour aller à bord saluer les grands personnages qui s'y trouvaient. A leur arrivée, elles trouvèrent sur le pont le roi en habit d'uniforme, avec un crachat, des décorations et un chapeau rond, occupé à répéter aux officiers du bord les manœuvres que commandait le capitaine. Les officiers ne paraissaient pas très satisfaits. Dès que le roi aperçut le général Simon, il vint à lui, salua son épouse qui l'accompagnait et l'engagea à descendre auprès de Madame. Au général qui s'étonnait de le voir encore auprès de Bastia et manœuvrer comme il faisait pour approcher de terre, « il répondit que, depuis la veille, la frégate était suivie par plusieurs vaisseaux qu'on croyait anglais ; qu'ils avaient cru pouvoir leur échapper en venant mouiller pendant la nuit, mais que, ce matin, on en découvrait encore un qui cinglait vers la frégate, que, dans l'incertitude, on se préparait au combat et qu'on s'approchait de nos batteries pour être sous la protection de leur feu ». Le général ne le détrompa point, bien qu'il n'y eût pas une pièce hors de la citadelle, trop élevée elle-même pour défendre la rade. Le roi ordonna qu'on plaçât deux canons à un point qu'il indiqua, mais il ne s'en tint pas à l'idée d'une défense où il eût risqué sa liberté; il imagina de débarquer et de se rendre à Saint-Florent d'où il passerait en France, tandis que les Anglais continueraient l'attaque contre la *Dryade* et, comme le général Simon lui dit qu'une division avait embarqué la veille le 34° d'infanterie à Saint-Florent, il enjoignit qu'on envoyât aussitôt à cette division l'ordre de l'attendre, car à tout prix il devait arriver à destination : « Les Anglais, dit-il, m'en veulent beaucoup. Ce sont déjà eux qui me tiennent séparé de mon épouse et ils craignent on ne peut plus que je ne revendique mes États d'Allemagne. Aussi, comme ils savent que j'ai quitté Naples, ils feront tout leur possible pour m'empêcher d'arriver en France. Cependant, Napoléon y est seul, la guerre va incessamment éclater et il lui faut quelqu'un pour commander ses armées, il n'aura que moi sur qui il puisse compter. »

Au moment où le général Simon se trouvait fort embarrassé pour répondre à ces confidences, parurent sur le pont Madame et le cardinal Fesch. Le roi prit aussitôt sa mère par la main et la fit descendre dans une chaloupe préparée à cet effet. On arriva au fond du port. « Tout Bastia y était réuni. Les autorités civiles et le peu de chefs militaires qui y étaient restés attendaient sur le quai en grande cérémonie. Le canon tira. » Madame, au bras du général Simon, traversa la ville entre deux haies de la garde nationale, sous les arcs de feuillage, au bruit des acclamations, et les Bastiais, les mêmes qui l'année d'avant appelaient les Anglais, firent pleuvoir des fleurs sur la mère de l'Empereur. On arriva ainsi à la maison du duc de Padoue, le cardinal Fesch marchant gravement à côté de sa sœur et le roi la précédant. « Arrivés au logement, on fit cercle et le général présenta successivement au roi toutes les autorités et tous les gens qui voulaient s'approcher. » Au bout de deux heures, l'audience finit et chacun s'en alla chez soi ; mais à peine le général Simon était-il rentré « qu'un officier d'état-major vint le prévenir que le roi de Westphalie faisait chercher *douze* chevaux pour aller visiter les fortifications et les environs de la ville ». Le général s'affola, courut chez le roi. « Un de ses officiers, rapporte-t-il, me dit avec une liberté peu respectueuse, qu'à la vérité le roi avait demandé douze chevaux, mais que c'était chez lui une habitude pour avoir l'air d'imiter son frère Napoléon et de se donner de l'importance, qu'on ne s'empressait jamais à le satisfaire et que sûrement il n'y penserait plus. Heureusement, ajoute Simon, cet aide de camp eut raison. On n'aurait pas pu trouver douze chevaux dans Bastia ! »

Quelques instants après, le commandant de la frégate fit prévenir que le vaisseau anglais ne paraissait plus et que le vent était bon pour appareiller ; aussitôt tout le monde partit à peu près dans le même ordre où on était venu et se rembarqua au grand désespoir des Bastiaises qui, pour une soirée que Madame avait indiquée, préparaient leurs plus beaux ajustements.

« Le 22 mai, par un singulier hasard, le vent, dit Jérôme, nous obligea d'aborder en France au golfe Juan, sur le même point où l'Empereur avait débarqué deux mois et demi auparavant. » Il était neuf heures du matin. Jérôme s'empressa d'expédier à franc étrier un de ses aides de camp avec ses dépêches pour l'Empereur. Puis, la caravane s'achemina par Fréjus, Brignoles, Aix, Avignon, où elle trouva une froideur qui faillit dégénérer en hostilité déclarée, Orange, Pont-Saint-Esprit ; Jérôme quitta sa mère et son oncle à Montélimar afin de les devancer à Paris. Il arriva le 24 à six heures et demie du soir à Valence où il fut reçu par les habitants avec des acclamations extraordinaires, bien qu'il voyageât incognito, mais c'est le préfet qui l'assure. Jérôme confirme que l'accueil qu'il trouva en s'élevant vers le Nord fut fort différent de celui qui lui avait été fait en Provence.

« Je n'entreprendrai pas, dit-il, de décrire l'enthousiasme que tout le peuple fit éclater à mon passage. Ce fut une véritable fête, surtout à mon arrivée à Lyon où, malgré moi, je fus obligé de m'arrêter dix heures ; comment, malgré mon désir de rejoindre ma famille, aurais-je pu me soustraire aux empressements de ces bons Lyonnais ? »

Enfin, le 27 mai, il arriva à Paris. « Je fus, écrit-il,

bien reçu par l'Empereur que je trouvai absolument le même que lorsque je l'avais quitté, nullement changé. »

Le *Moniteur* enregistra le 29 seulement l'arrivée du prince, auquel, dès le 28, l'Empereur avait demandé quel commandement il voulait prendre : « Je lui répondis, écrit Jérôme, que dans les circonstances actuelles, je n'avais aucune prétention, qu'une compagnie, un régiment ou une division me satisferait aussi bien qu'une armée ; il me dit de commencer par une division et qu'aussitôt les premières batailles données, comme il serait obligé de se porter sur un autre point, je recevrais le commandement de l'armée qu'il quitterait. »

Si c'était là ce qu'avait résolu l'Empereur, il était tel en effet vis-à-vis de Jérôme qu'en 1806, en 1809 et en 1812, et la passion familiale obscurcissait singulièrement son jugement. Toutefois, s'il attribua au prince Jérôme un rôle dans le militaire, il ne lui donna aucune part dans le civil, et l'on ne saurait douter que, si cordial qu'ait été l'accueil que lui fit Lucien, Jérôme n'en sentit pas moins profondément l'injustice qui lui serait faite si lui, qui était depuis huit ans rentré dans le giron de la Famille, moyennant un sacrifice analogue à celui que l'Empereur avait vainement exigé de Lucien, se trouvait subordonné dans la dynastie à son frère rentré en grâce. Dès son arrivée, la question fut posée. Jérôme ne pouvait se prévaloir, comme on a dit, d'un sénatus-consulte qui n'avait jamais existé qu'en projet. Mais il avait incontestablement un droit acquis : il avait été, en 1806, reconnu prince du sang impérial, il avait été marié comme tel ; il avait figuré à ce titre dans la plupart des cérémonies dynastiques; on ne pouvait nier que, dynastiquement, il n'eût le pas sur Lucien « et comme il pouvait se faire que Joseph n'eût pas de fils et que ceux de Louis ne vécussent pas; comme alors, le peuple eût été appelé à sanctionner les nouveaux droits à la succession que l'Empereur aurait reconnus à ses autres frères, Jérôme ne voulait pas céder cette chance à Lucien qui était le dernier venu et celui-ci se prévalait de son droit d'aînesse pour l'emporter sur son frère cadet ».

*
* *

Il faudrait bien, au Champ de Mai qui allait avoir lieu, que les rangs fussent réglés. Madame et Fesch n'y devaient point assister, bien que, depuis qu'il avait été touché par la dépêche du 8 avril, Fesch ne pût ignorer quelles étaient les intentions de l'Empereur, mais il ne se pressait pas : dès Valence, Jérôme, parti en même temps que lui de Montélimar, avait plus de trente heures d'avance. A Lyon, Fesch, arrivé avec sa sœur le 26 à six heures du soir, prit ses aises et se retrouva dans ses habitudes. Le 29, l'Empereur donna vainement l'ordre à Carnot, ministre de l'Intérieur, de télégraphier à son oncle qu'il désirait qu'il arrivât pour célébrer la messe au Champ de Mai. La dépêche ne put partir à cause du temps. Le 30 mai, à dix heures quarante-cinq, Chappe en donna avis pour que l'Empereur pût remplacer le cardinal. Fesch n'arriva en effet que le 2 juin lorsque tout était terminé — et l'on est en droit de se demander si ce n'était pas à dessein qu'il avait mis douze jours pour venir du Golfe Juan à Paris.

*
* *

L'Empereur n'avait point attendu l'arrivée de Jérôme pour régler la situation pécuniaire des membres de sa famille ; il s'en était occupé dès les premiers jours de sa rentrée à Paris. Le 14 avril, il écrivait au ministre du Trésor : « Pour les apanages, il n'est rien dû aux princes depuis le 1er avril 1814 jusqu'au 20 mars 1815, si ce n'est ce qui leur a été alloué par le traité de Fontainebleau. Vous devez en faire le décompte. Depuis le 20 mars jusqu'à la fin de 1815, je réglerai l'apanage des princes de ma maison. Enfin, pour l'arriéré jusqu'au 1er avril 1815, on doit payer ce qui leur est dû. » Un compte fut donc dressé à ce moment, établissant la situation de chacun des intéressés pour l'arriéré des apanages montant à 6.473.081 fr. 17. (L'impératrice Joséphine jusqu'au jour de son décès, apanage 718.333 fr. 33 ; Madame, apanage 1.040.333 fr. 67 ; le prince Louis, rentes 330.000 fr. ;

la princesse Hortense, apanage 1.440.000 francs; la princesse Julie, apanage 1.386.666 fr. 67; la princesse Borghèse, rentes 1.011.000 francs; la princesse Élisa, rentes 46.747 fr. 50.) Le 27 avril, l'Empereur écrivit à Mollien qu'on eût à payer sur-le-champ les rentes sur l'acquit des fondés de pouvoirs. « Quant aux apanages échus avant le 1er avril 1814 et pendant 1814 et 1815 conformément au traité de Fontainebleau, présentez-moi, disait-il, un projet de décret pour y affecter le surplus du crédit des rentes que les ministres du dernier gouvernement avaient fort exagéré auprès des Chambres. »

Le 3 mai, le ministre du Trésor fit donc signer un décret par lequel les sommes dues pour apanages échus au 1er avril 1814 (1.368.667 fr. 01, répartis entre feu l'impératrice Joséphine pour 501.666 fr. 67; Madame pour 40.333 fr. 67; la reine Hortense pour 440.000 francs) et les sommes dues, suivant les stipulations du traité de Fontainebleau, du 1er avril 1814 au 20 mars 1815, montant à 3.965.955 fr. 93 (réparties entre : feu l'impératrice Joséphine 166.666 fr. 67; Madame 291.666 fr. 67; le roi Joseph et la reine, 486.144 fr. 45; le roi Louis 194.444 fr. 45; la reine Hortense et ses enfants, 388.888 fr. 89; le roi Jérôme et la reine, 486.144 fr. 45; la princesse Pauline, 291.666 fr. 67; la princesse Élisa 291.666 fr. 67) devaient être payées par huitième pendant chacun des huit derniers mois de 1815.

Cela promettait de l'argent dans les huit mois, mais n'en donnait point sur-le-champ. L'Empereur régla l'apanage des princes, payable par le Trésor, à 1 million et celui de la princesse Hortense à 500.000 francs. Il ne paraît point que ce décret, rendu le 30 mai, ait eu d'application, sauf pour le mois de juin où les princes Joseph, Lucien et Jérôme furent inscrits pour toucher chacun 83.333 fr. 33 et la princesse Hortense 41.666 fr. 66.

A ce moment les princes purent être pressés d'obtenir quelque argent comptant ou quelque moyen d'en faire, et l'Empereur résolut de payer l'arriéré en délégations sur les bois à vendre en exécution de la loi du 23 septembre 1814. Le paiement allait s'effectuer le 31 mai, mais le ministre du Trésor, étant donné le décret du 3 mai réglant les paiements par huitième, présenta un nouveau projet accordant le paiement immédiat, savoir : pour les quatre cinquièmes en délégations sur les bois et, pour le dernier cinquième, en déclaration de versement numéraire à valoir sur le dernier cinquième de la valeur des bois. Cette remise fut faite, mais elle ne servit de rien à la plupart et ces valeurs demeurèrent sans être payées. Ce que les princes touchèrent en réalité se monta d'une part à 155.000 francs qui furent comptés antérieurement au 17 juin, d'autre part à 400.000 francs en numéraire répartis à raison de 100.000 francs entre Madame, Joseph, Lucien et Jérôme. Telles furent durant les Cent-Jours ses libéralités. Elles n'avaient rien d'excessif et, si quelques opposants s'en inquiétaient, il eût suffi sans doute, pour les rassurer, de mettre sous leurs yeux les chiffres exacts. Il est vrai que l'opinion était si fortement montée contre les frères de l'Empereur qu'une telle démonstration n'eût point été pour la faire revenir.

XXXVIII

LES AVORTEMENTS

LE CHAMP DE MAI. — L'ÉQUIPÉE DE MURAT

Mars-Juin 1815.

NAPOLÉON et la Révolution. — Les premières proclamations. — Les actes. — Les décrets de Lyon. — La constitution du ministère. — Les avances faites à la bourgeoisie. — La liberté de la presse. — Incertitude, incohérence, faiblesse du Gouvernement. — Restauration de la Maison. — Les fédérés. — Ce qu'il admet de la Révolution. — Sa machine. — Les préfets. -- Cinq préfets en trois mois. -- Les préfets de Louis XVIII. — Leur façon de servir l'Empereur. — L'Acte additionnel. — Détail des contradictions. — Mobiles auxquels l'Empereur a pu obéir. — Influences. — Question majeure : préparer la régence, assurer le trône à Napoléon II. — Impossibilité de fixer la date du Champ de Mai. — Ignorance où l'Empereur est resté des intentions de l'Impératrice. — Profits qui en résultent pour les Alliés — L'Empereur fixé seulement à la mi-mai. — Arrivée de Meneval. — Récit de Meneval. — Ce qu'il dit de Marie-Louise et du Roi de Rome. — Note pour le duc de Vicence. — Rapport que doit faire Meneval. — Générosité de Napoléon. — Les phrases qu'on écrit et les mots qu'il faudrait dire. — L'écroulement de la combinaison de Napoléon.

MURAT. — Il débarque à Cannes. — L'Empereur depuis l'île d'Elbe a tout fait pour retenir Murat. — Mission de Colonna à Naples. — A son arrivée (1er mars), Murat est déjà à la veille d'une rupture avec l'Autriche. — Sa note au cabinet de Vienne remise le 26 février. — L'ultimatum. — Sur la nouvelle du départ de Napoléon, protestations de fidélité à l'Alliance autrichienne. — Inquiétudes et agitations. — Fermeté de la reine. — Ses confidences au comte Mier. — Murat expédie à Londres un courrier pour protester de sa fidélité. — Reprise d'intrigues avec les Unitaires. — Il craint que Napoléon ne reprenne l'Italie. — Il veut être roi d'Italie. — Confidences à d'Ambrosio. — Lettre à Napoléon portée par Alexandre de Bauffremont. — Annonce du départ du roi pour les Marches. — Prétexte d'un voyage. — Mobilisation de l'armée. — Demande d'explications de Mier. — Protestations de Murat. — Jeu double. — Arrestation de Pauline. — Réclamations. — Caroline refuse la régence. — Réponse des Autrichiens à la note du 26. — Murat quitte Naples. — Entrée à Ancône. — Demande de passage au pape. — Le pape quitte Rome. — Conversation entre Murat et Starhenberg à Ancône. — La guerre inévitable avec l'Autriche. — Murat croit rester en paix avec les Anglais. — Pourquoi les Anglais n'agissent pas immédiatement. — Lettre de Bentinck à Gallo. — Lettre de Murat à Bentinck. — Il propose son alliance contre la France. — Marche en avant de Murat. — Rencontre d'un courrier de Joseph. — Cette lettre n'a pu déterminer le fait accompli. — Texte de cette lettre, suspecte, interpolée et faussée. — Preuves. — Etat d'esprit de l'Empereur. — Sa lettre à Murat. — Elle est parvenue. — Instructions pour le cardinal Fesch relatives à Murat. — L'Empereur désigne Belliard pour ministre à Naples. — Note sur Murat dans le rapport du ministre des Affaires étrangères. — Aucune excitation n'est venue de Napoléon. — Conversation avec Jérôme. — Proclamation de Rimini. — Elle vise la France plus que l'Autriche. — Ordre du jour à l'armée. — Illusions de Murat. — Effectif de son armée. — Les Autrichiens se replient. — Murat à Bologne. — Combat sur le Panaro. — Entrée à Modène. — Echec d'Occhiobello. — La désertion. — Couleurs nouvelles données à l'Italie annexée à Naples. — Les Anglais. — Espèce d'ultimatum de Murat. — Déclaration de Bentinck. — Murat revient sur ses pas. — L'armée autrichienne en manœuvre. — Ce qu'on sait à Paris, on croit à des succès. — Idées de Napoléon. — Mission de Belliard. — Son voyage. — Son arrivée à Naples. — Il arrive en pleine crise. — Murat qui se croit perdu essaie de donner le change au public. — Tentatives près de Bentinck. — Près du général autrichien. — Près du cabinet de Vienne. — Demande d'armistice. — Dispositions de Metternich. — Echec sur échec. — Rentrée à Ancône. — Bataille de Tolentino. — Défaite totale.

— Belliard rejoint Murat à Castel di Sangro. — Nouvelles qu'il apporte de Naples. — Caractère de Caroline. — Sa belle conduite. — Belliard expose les instructions de l'Empereur. — Murat essaie des explications. — Conseils de Belliard. — Nouvel échec. — Murat n'a de ressource que de rentrer à Naples. — Le blocus de Naples. — La *Dryade* et le commodore Campbell. — Conseil de défense. — La capitulation inévitable. — Convention avec Campbell. — Caroline exécute de point en point la convention. — Caroline écrit à l'empereur d'Autriche. — Emeutes. — Sang-froid de la Reine. — Murat, sa fuite à Ischia. — Rencontre de Manhès. — Embarquement. — Arrivée à Cannes. — Lettres à Brune, à l'Empereur et à Fouché. — Sentiment de l'Empereur. — Les faux Blacas. — La séance des Communes. — Indignation de Napoléon. — Communication des originaux des pièces faussées. — Jugement de Napoléon sur Murat. — Note au ministre des Affaires étrangères. — Mission de M. de Baudus. — Ménagements à l'égard de Murat. — Première lettre de Murat à Mme Récamier. — Murat à Plaisance. — Opinion manifestée à son égard par les officiers de Toulon. — Il apprend la violation de la capitulation de Naples. — Caroline prisonnière des Anglais, livrée par eux aux Autrichiens. — Lettre de Metternich. — A quoi rêve Caroline. — Ses biens. — Sa lettre à Napoléon. — Murat. — Seconde lettre à Mme Récamier. — Lettre à l'Empereur. — Lettre à Fouché. — Prodige d'inconscience de Murat.

Le Champ de Mai. — Projets de Fouché. — L'Abdication. — S. A. I. le prince Lucien. — Lucien et Jullian. — Paroles de Lucien. — A défaut de l'Impératrice, il faudra un régent. — Ambitions de Lucien. — L'habit de garde national. — Lucien et Jérôme. — La Cérémonie. — Rang donné aux trois frères. — Critiques et opposition de Lucien. — Discours de l'Empereur. — Il annonce tous les malheurs. — Dissolution du Gouvernement. — Convocation des Chambres.

Ceux qui avaient appelé Napoléon, ceux qui avaient préparé son retour, ceux qui avaient apporté à ses pieds les portes de Grenoble étaient des hommes de la Révolution : on ne saurait dire même des hommes de l'Empire ; c'étaient de petites gens qui avaient de grands cœurs.

Si Napoléon, à partir du Dauphiné, fut accueilli comme il fut, c'est qu'il était le Libérateur, que seul il pouvait dissiper l'inquiétude chez tous ceux qui, par leurs biens, leurs actes ou leurs opinions, se rattachaient à la Révolution, ceux qui avaient combattu, lutté et souffert pour elle. C'est qu'il apportait le salut aux prêtres jureurs, aux officiers licenciés, aux acheteurs de biens nationaux, à quiconque, durant ce quart de siècle, était demeuré Français.

L'œuvre de réconciliation nationale à laquelle il avait consacré tous ses efforts, qu'il avait tenté de réaliser, au risque même de mécontenter ses compagnons d'origine, cette œuvre factice et hâtive, s'était écroulée avant même que les coalisés eussent atteint le but qu'ils s'étaient assigné à Pilnitz. On avait vu les émigrés amnistiés et rétablis dans leurs biens reprendre rang parmi les ennemis et s'empresser près des princes de la Maison de France. On avait vu les prêtres graciés, replacés dans des cures, salariés par l'État, servir de guides et d'indicateurs à l'invasion ; on avait vu la plupart de ceux qui, tenant à l'Ancien régime, avaient reçu de l'Empereur, avec de grandes places, d'extraordinaires faveurs, s'inscrire au premier rang des traîtres qui vendaient la nation pour un siège de pair, une préfecture ou une légation.

Si éloignée qu'elle se sentît de ceux qui étaient rentrés à la suite du roi, la France les eût encore préférés à ceux qui n'avaient pris l'apparence de servir la Révolution que pour la livrer plus aisément. Elle était frémissante, pleine de soupçons et de rancunes, disposée aux violences peut-être, mais surtout impatiente du joug qu'on avait prétendu lui imposer. Ce n'était pas seulement ici une question d'opinions, même une question de principes, c'étaient les intérêts qui se trouvaient en opposition, et il s'agissait de vie ou de mort; bien plus : des biens et de la fortune acquise, de l'état des familles, de leur considération et de leur avenir. Cette révolte nationale, le retour de Napoléon lui donnait un chef, mais il fallait qu'il voulût être ce chef, que nettement il se rendît ce que le peuple voulait qu'il fût, l'adversaire impitoyable de la contre-révolution : « Depuis vingt-cinq ans, avait-il dit dans sa proclamation au peuple, la France a de nouveaux intérêts, de nouvelles institutions, une nouvelle gloire qui ne peuvent être garantis que par un gouvernement national. » Il était ici en communion avec la nation; il cessait d'y être lorsqu'il évoquait « la dynastie née dans ces nouvelles circonstances ». Mais l'on n'eût trouvé que cette unique mention dynastique dans les trois proclamations dites du golfe Juan, et, dans celles adressées aux habitants des Hautes et Basses-Alpes et de l'Isère, il n'en était plus question : « Mon retour, disait Napoléon, dissipe toutes les inquiétudes, il garantit la conservation de toutes les propriétés ; l'égalité entre toutes les classes et les droits dont vous jouissez depuis vingt-cinq ans et après lesquels vos pères ont tant soupiré. » Et c'est par le mot : *citoyens* que commencent ces proclamations.

A Grenoble, où sont rendus les premiers décrets, rien que la suppression de la cocarde blanche et de la décoration du lis, le rétablissement de la cocarde tricolore, l'ordre d'arborer partout le pavillon aux trois couleurs, la levée des gardes nationales dans les cinq départements ; cela pourrait être un signal et un emblème, mais déjà les formes révolutionnaires sont abandonnées ; les officiers de la garde nationale seront nommés par les généraux, les préfets, les conseillers de préfecture réunis en conseil d'administration : et tous les fonctionnaires civils et militaires qui ont participé à la réaction royale sont confirmés dans leurs fonctions ! Qu'est-ce donc à dire, et par son chef lui-même la nation serait-elle désertée ?

A Lyon, les résolutions qu'il prend ont pour objet, en même temps que l'abolition des manifestations extérieures du régime bourbonien, le rétablissement du régime impérial ; il y donne quelques satisfactions aux patriotes, mais combien ternes et médiocres par rapport à celles auxquelles ils ont droit ! Certes, les Chambres sont dissoutes, mais qui eût pu imaginer l'Empereur gouvernant avec les pairs de Louis XVIII ; les promotions faites dans la Légion d'honneur sont annulées, mais exception est faite pour les personnes « qui ont rendu des services réels à la patrie » ; les ordres du Saint-Esprit, de Saint-Louis et de Saint-Michel sont abolis, mais l'ordre de la Réunion est rétabli, et l'Empereur y fera des promotions fréquentes durant les Cent-Jours ; les lois de l'Assemblée nationale sur la noblesse sont remises en vigueur, mais les titres impériaux continueront à être portés et l'Empereur « se réserve de donner des titres aux descendants des hommes qui ont illustré le nom français dans les différents siècles, soit dans le commandement des armées de terre et de mer, dans les conseils du souverain, dans les administrations civiles et judiciaires, soit enfin dans les sciences et arts et dans le commerce » ; le séquestre sera apposé sur les biens formant les apanages des princes de la maison de Bourbon et sur les biens des émigrés qui faisaient partie du Domaine national et qui leur ont été rendus, mais c'est aux préfets à tenir la main à l'exécution du décret, qui devient dès lors, en admettant même qu'il l'ait été quelque part, un instrument politique médiocrement appliqué ; de même, les émigrés non amnistiés, rentrés en France depuis le 1er janvier 1814, devront sortir sur-le-champ du territoire de l'Empire, mais ils risquent d'être « simplement arrêtés et conduits par la gendarmerie hors du territoire » ; les officiers, qui ont été introduits dans l'armée depuis le

1er avril 1814, cessent d'en faire partie, mais ils n'auront qu'à se rendre au lieu de leur domicile ; la maison militaire du roi est supprimée, mais l'Empereur est si mal renseigné qu'il met à part « les Cent Suisses, les gardes de la Porte, les gardes suisses sous quelque dénomination que ce soit » pour être seuls renvoyés à vingt lieues de la capitale et à vingt lieues de tous les palais impériaux ; alors qu'il omet les gendarmes de la garde, les chevau-légers de la garde, les mousquetaires et les grenadiers à cheval, sans compter les quatre compagnies de gardes du corps du Roi et les deux compagnies de gardes du corps de Monsieur ; enfin, treize individus, treize pour tout l'Empire, parmi lesquels un seul officier général, sont exclus de l'amnistie pleine et entière accordée « aux fonctionnaires civils et militaires qui, par des intelligences ou une connivence coupable avec l'étranger, l'ont appelé en France et ont secondé ses projets d'envahissement ; à ceux qui ont tramé ou favorisé le renversement des Constitutions de l'Empire et du trône impérial ». Aucun châtiment pour ceux qui ont conduit l'étranger sur les routes de France, qui lui ont livré le secret de la résistance, qui ont dénoncé les défenseurs du sol national, qui ont conspiré l'abaissement de la patrie, qui, pendant que nos soldats combattaient, les ont lâchement assassinés par derrière, aucun châtiment ! Et pour ceux-là mêmes qui sont exceptés de l'amnistie, pour celui qui, seul des treize, n'a point su se mettre à l'abri, les douceurs d'une prison avec les agréments d'une évasion concertée.

Voilà ces sanguinaires décrets de Lyon : à la juste colère de la nation, à peine si l'on accorde quelques platoniques satisfactions ; pour être placé et maintenu dans un état de « résistance à l'oppression », le peuple aurait eu besoin de rencontrer, dès ces premiers jours, une direction vigoureuse et une répression impitoyable. Il s'attendait qu'entre ceux qui s'étaient dévoués pour la France et ceux qui l'avaient trahie, il serait fait au moins une différence, ne fût-ce que pour avertir les uns et pour encourager les autres. Il n'y en eut aucune, et, à regarder d'un peu près les décrets, les promotions, les nominations, toute l'action gouvernementale, on est singulièrement étonné.

L'Empereur, dès son arrivée à Paris, a constitué un ministère composé presque uniquement des ministres de 1814 ; ce sont pour la plupart des premiers commis excellents ; pour renforcer ce ministère, il y a introduit deux régicides, Fouché, déjà en pleine coquetterie avec les Bourbons, et Carnot, nommé comte de l'Empire pour la défense d'Anvers, un vieil homme à présent, plein de ménagements, d'hésitations et d'inquiétudes. Un seul des ministres a de l'énergie, de la décision, un peu de la fièvre révolutionnaire : c'est le ministre de la Guerre : Davout. Celui-là agirait si on le laissait agir. Il connaît les mesures opportunes et n'hésite pas à les prendre, mais il a été aussitôt, et sur tous les points, contrarié par l'Empereur que détournaient des mesures opportunes et rigoureuses les officiers généraux de sa maison militaire, chargés du personnel. Chaque fois que Davout adopte une décision énergique, l'application en est paralysée par des influences qui s'exercent pour gagner du temps, atermoyer, ménager les intérêts et les personnes. Dans le ministère comme partout, il n'y a qu'une apparence d'énergie, une apparence de satisfation donnée à la nation, une apparence de répression. En réalité, où elle demanderait de l'audace, où elle réclamerait, pour sauver la Révolution, les formes qui ont accompli la Révolution, elle va trouver une formule gouvernementale qui, sans prendre tout à fait la suite de la précédente, mais en empruntant un bon nombre des apparences constitutionnelles qui avaient alors prévalu, semble combinée, non point pour satisfaire le peuple qui ne s'en souciait nullement, mais pour flatter une bourgeoisie qui, l'année précédente, s'est refusée presque partout à participer à la défense et qui a accueilli les Bourbons avec satisfaction sinon avec enthousiasme. N'étaient ceux qui, ayant spéculé sur les biens nationaux, craignaient qu'on ne leur confisquât leurs propriétés et ceux qui, ayant plus ou moins participé à la Révolution, redoutaient des représailles, ils avaient trouvé dans la Charte toutes sortes de motifs de se réjouir : en particulier et avant tout, l'abolition promise de la conscription. Évidemment ils avaient éprouvé des déceptions et le régime auquel la France avait été soumise n'avait pas été sans les étonner, mais quelle que fût l'hostilité qu'ils conservaient à l'égard des Bourbons, elle ne pouvait égaler l'antipathie qu'ils éprouvaient à l'égard de l'Empire — s'entend l'Empire militaire et démocratique, tel que le peuple et l'armée l'avaient constitué d'abord : et aussi l'Empire tel qu'il était devenu, lorsque Napoléon y avait infiltré les pompes monarchiques, les rigueurs de l'étiquette, des institutions nobiliaires qui, si elles ne conféraient pas des privilèges, éveillaient l'envie et offusquaient l'égalité.

Naturellement opposante à tout gouvernement où elle n'est pas « tout » selon le mot de Sieyès, et où elle ne dispose point, à son profit, de tous les agréments et de toutes les ressources du pouvoir, elle pouvait, moins encore qu'à la monarchie bourbonienne être ramenée à la monarchie napoléonienne, et toutes les avances qu'on lui ferait seraient en pure perte : ce fut à elle pourtant que Napoléon s'adressa. Il la croyait sensible aux libertés politiques et il s'était laissé persuader qu'elles étaient essentielles à la transmission de la couronne et à la stabilité du gouvernement.

Pour quoi il débuta par proclamer la liberté de la presse. C'était donner à ses ennemis des armes dont il ignorait la portée : outre les attaques ouvertes, qu'il pouvait atteindre et démentir, ils multiplièrent les sourdes calomnies, les fausses nouvelles, les injures à la façon des *Actes des Apôtres* et du *Petit Gaultier* dans les feuilles clandestines auxquelles la suppression de la direction générale de l'Imprimerie donnait toute facilité de circuler. À la violence de l'agression s'opposa parfois la rudesse de la défense, mais, en pareil cas, la défense a toujours le dessous, et les opposants l'avantage.

L'Empereur ne s'était point contenté avec cette première concession ; il avait promis, outre la paix qui ne tenait certes point à lui, « le respect des personnes, le respect des propriétés », en même temps que l'amnistie pour les crimes de 1814. C'est là ce qu'on appelait « les violences des partis ». Ainsi, en présence d'une situation révolutionnaire, lorsque les royalistes faisaient contre l'Empereur appel à toutes les passions, qu'ils se groupaient pour la guerre civile, qu'ils préconisaient l'assassinat, qu'ils ouvraient des souscriptions pour le provoquer ; on renonçait par avance à toute énergie ; on affichait la faiblesse, on encourageait par une sorte de pusillanimité la révolte, on provoquait l'insécurité ; on donnait le sentiment qu'on était instable.

Que Napoléon renonçât à prendre les mesures qui seules pouvaient défendre sa personne et les principes qu'elle représentait ; qu'il renonçât à châtier les traîtres ; qu'il hésitât et se perdît dans les irrésolutions, qu'était-ce à dire ? l'on ne savait même plus de quelle façon rédiger l'intitulé des décrets et, d'un jour à l'autre, l'on changeait la formule : « *Napoléon, empereur des Français*, — *Napoléon, par la grâce de Dieu et les Constitutions de l'Empire, Empereur des Français, roi d'Italie, etc., etc., etc.*, — *Napoléon empereur*, — *Napoléon empereur des Français, etc., etc., etc.*, — *Napoléon empereur des Français* ». Il n'est plus question à la fin, ni de Dieu, ni du peuple, en sorte que le gouvernement est un gouvernement de fait, qui reçoit son autorité on ne sait de qui ni de quoi.

A la vérité l'on revint à une formule qui se rapprochait de l'ancienne, lorsque, dans l'intitulé de l'Acte additionnel aux Constitutions de l'Empire on inscrivit : « *Napoléon, par la grâce de Dieu et les Constitutions, empereur des Français* ». Mais n'était-ce pas encore une étrangeté ? dans la proclamation du golfe Juan (1er mars) c'était *par les Constitutions de l'Empire*; mais que voulait dire *par les Constitutions* ?

Cette incertitude, qui se trouve ici résumée d'une façon frappante et typique, se rencontre partout. Si, par quelque discours, l'Empereur paraît faire un appel aux idées de la Révolution, tout aussitôt un acte prouve que ce n'est là qu'une satisfaction vaine donnée à des passions qu'il ne partage pas, et il rentre dans l'exercice du gouvernement, dans les décrets d'administration, dans la cuisine, fort intéressante à coup sûr, de tous les jours. « A mon retour de Cannes ici, dit-il à Benjamin Constant, je n'ai pas conquis, j'ai administré. » Au moins croit-il l'avoir fait.

Sur les deux cent soixante-quatorze décrets insérés au Bulletin des Lois, plus d'un tiers vise des legs ou des donations à des fabriques; un autre tiers est relatif à des nominations. Il semble que la révolution qui vient de s'accomplir se borne à des mutations de personnel. Louis XVIII avait gardé presque tous les préfets qui venaient de l'Empereur; Napoléon reprit presque tous ceux qui avaient servi Louis XVIII et s'assura ainsi des dévouements et des énergies qui avaient fait leurs preuves près des Bourbons. Nul n'eût pu croire qu'il s'agît de la crise la plus terrible qu'une nation pût traverser, de son indépendance ou de son asservissement. Sous l'œil des préfets et des généraux, les royalistes qui n'avaient point suivi le roi, conspiraient avec leurs amis qui étaient à Gand et les tenaient au courant de tous les mouvements de l'armée; ceux qui ne prenaient point un rôle actif et qui subissaient la bénignité d'un exil dans leurs terres, bénéficiaient de cette villégiature hâtive propice à leur santé et à leur fortune; mais, grâce à la complaisance du gouvernement, aux égards des préfets, ils ne ressentaient aucune inquiétude et ils attendaient les événements avec une assurance agressive. Qu'avaient-ils à se gêner? N'agissait-on pas vis-à-vis d'eux, comme dit Thibaudeau, « avec une mansuétude exquise ? »

Il eût fallu une dictature révolutionnaire ; une action prompte et vigoureuse ; on retombait dans les pompes, le cérémonial, l'étiquette. L'Empereur nommait aux emplois de chambellans, d'écuyers, d'aides des cérémonies, de dames du Palais et de dames du Roi de Rome. Il n'y avait plus de grand veneur — le titulaire étant à Gand — mais il y avait toujours une vénerie. Il y avait des pages, il y avait des officiers de toutes les espèces, civile et militaire, et dans le même nombre presque. « La noblesse, disait Napoléon, m'a servi; elle s'est lancée en foule dans mes antichambres. Il n'y a pas eu de place qu'elle n'ait acceptée, demandée, sollicitée. J'ai eu des Montmorency, des Noailles, des Rohan, des Beauvau, des Mortemart. » Certes! Et il en avait encore, et tout eût été ouvert devant eux, et ils n'avaient qu'à se présenter pour qu'on se trouvât trop heureux de les combler d'honneurs et d'argent. Ils ne voulaient pas; ils n'avaient pas confiance, ou, s'ils consentaient à s'enrôler, c'est qu'ils avaient en poche la permission reçue du roi. L'Empereur savait à quel point ils étaient détestés : « Je n'ai, disait-il, qu'à faire un signe ou plutôt à détourner les yeux, les nobles seront massacrés dans toutes les provinces... Mais je ne veux pas être le roi d'une jacquerie. »

Tout est là pour lui. Si, par mégarde, il donne quelque apparence de satisfaction aux hommes disposés à se faire tuer, dont le nom seul, ou simplement le pas, suffisent à faire trembler les royalistes, de Paris à Gand, avec quelle défiance, avec quel dédain ne les traite-t-il pas ! Ce mouvement si prononcé dans les masses, qui n'avait point eu le retour de l'Empereur comme cause, mais comme effet, n'était point pour plaire à l'Empereur revenu : « il ne s'accordait pas avec les principes et l'allure du gouvernement impérial ». Lorsque la Bretagne patriote, par une inspiration généreuse renouvelée de la Révolution, donna le signal des « Fédérations », on dénonca à l'Empereur ceux qui avaient signé le pacte, comme des révolutionnaires impénitents. Il ne consentit point à laisser poursuivre « ce qui était bon pour la France », mais, lorsqu'il s'agit de donner à cet enthousiasme patriotique sa conclusion naturelle, et de former les fédérés en vue de la résistance, il prit la plus étrange des mesures : il fit organiser « conformément aux lois existantes », armer, équiper, les gardes nationales, composées de bourgeois, et quant aux volontaires fédérés, qui étaient du peuple, il mit en question si on leur donnerait des piques ; on annonça qu'il y aurait pour eux des fusils en magasin, et on ne leur donna rien du tout. Lorsque, le 13 mai, l'Empereur lui-même prescrivit le cérémonial pour la revue des fédérés, il régla jusqu'aux airs que jouerait la musique de la garde. Et ce furent le *Vivat in Æternum* et le *Veillons au Salut de l'Empire ;* il décida que les fédérés défileraient devant lui « par le flanc droit, sur trois hommes de hauteur, se tenant par le bras ! ».

C'était là tout ce qu'il lui plaisait d'admettre de la Révolution. C'était là tout ce qu'il pouvait en supporter. Son intelligence essentiellement ordonnée ne tolérait pas ce qu'il estimait le désordre; sa conception de l'administration n'admettait point le concours des forces qu'il n'eût point organisées; il voulait bien profiter de l'enthousiasme patriotique, mais à condition qu'il en déterminât l'effort par des agents qualifiés, revêtus par lui de commissions spéciales; et ces agents étaient, la plupart, des hommes usés; plusieurs étaient discrédités, certains trahissaient; mais ils avaient l'honneur d'appartenir à ces catégories de grands fonctionnaires, de personnages titrés et décorés, hors desquelles Napoléon s'était convaincu qu'il ne pouvait s'adresser pour obtenir cette sorte de respectabilité qu'il estimait nécessaire à ses représentants.

Ayant organisé la Société d'après un système qui lui a été inspiré plutôt par son atavisme latin que par son éducation française, mais qui s'est lié si intimement à son caractère autant qu'à son intelligence qu'il en est devenu l'expression consistante et ordonnée, Napoléon, outre qu'il éprouverait une répugnance invincible à rompre avec ce système, se trouverait matériellement inapte à appliquer le système contraire, et, il faut le dire, tout système qui n'aurait point pour bases essentielles l'autorité et la hiérarchie; il lui faut la machine qu'il a montée; il estime que les rouages sont encore tels qu'il les a forgés, qu'ils ne sont ni détendus, ni usés, ni brisés, et c'est sur eux qu'il compte uniquement. Mais à quel étonnant surmenage il les soumet et comment pourrait-il espérer un rendement régulier d'instruments qu'il change de place constamment! On a peine à croire que, en trois mois, certains départements, comme l'Hérault, ont reçu jusqu'à cinq préfets; plusieurs, comme les Hautes-Alpes, la Côte-d'Or, le Tarn-et-Garonne, quatre; ou trois comme Allier, Aude, Eure-et-Loir, Nièvre, Pas-de-Calais, Somme; presque tous deux (Ain, Basses-Alpes, Calvados, Charente, Creuse, Eure, Finistère, Haute-Garonne, Gers, Indre, Haute-Loire, Loiret, Haute-Marne, Meuse, Rhône, Saône-et-Loire, Sarthe, Seine-et-Oise, Seine-Inférieure, Vendée, Haute-Vienne) et l'on doit renoncer à compter les intérim remplis par les sous-préfets du chef-lieu ou par les conseillers de préfecture. Des préfets, qui nominalement étaient affectés durant vingt-cinq jours à un département, avaient à peine le temps de déménager. Et, comme ils constituaient le rouage essentiel du gouvernement, on peut juger ce que fut le gouvernement durant les Cent-Jours : le gouvernement des bureaux; ce n'est point lui qui provoque les résolutions généreuses et les sacrifices patriotiques.

Le pis n'était pas tant encore ces perpétuelles allées et venues d'administrateurs qui, inconnus dans le département, pouvaient où ils arrivaient passer pour être attachés au souverain, et dont le zèle dans ces conditions n'avait rien qui dût surprendre ; mais que croire de préfets qui, tout à l'heure, semblaient pleins de passion loyaliste pour les Bourbons, qui, dans les assemblées des conseils généraux, préconisaient les mesures de résistance contre Buonaparte, lançaient des proclamations contre lui, et qui, à présent, avaient charge et mission d'exécuter, avec un enthousiasme patriotique, les ordres de l'Empereur? Ils n'exécutaient rien du tout; ils n'avaient garde de poursuivre ni même d'incommoder les opposants ; ils trouvaient tout simple de les maintenir dans les places où eux-mêmes les avaient nommés et où leur fidélité préparait le retour des Bourbons.

S'ils étaient contraints de prier ces Messieurs de rentrer pour quelques jours dans la coulisse, c'était avec des excuses et quantité de belles paroles, et ils leur demandaient de désigner eux-mêmes leurs suppléants. Ils n'avaient garde de choisir dans l'autre camp, celui des hommes de la Révolution, des patriotes déterminés : ces gens-là n'étaient pas *du Monde* et pour Messieurs les Préfets, les questions de société primaient toutes les autres, celles surtout de la défense nationale.

Aucun d'eux n'était décidé contre les Bourbons; pour aucun d'eux aider au retour du roi ne constituait un crime de lèse-patrie; aucun d'eux ne se fût soucié de relever les conspirations royalistes et d'en arrêter les auteurs. Il y avait dans tout le personnel dirigeant, un laisser-aller qui confinait de si près à la trahison qu'on pouvait seulement dire pour excuses que, si la machine ne marchait pas, c'est que le moteur était arrêté. Faute de l'impulsion de l'Empereur qui jamais jusque-là n'avait fait complètement défaut et qui à présent ne se laissait pas sentir, on ne gouvernait plus, si l'on administrait encore.

Les mémoires qu'on a publiés de plusieurs préfets permettent de juger dans quel état d'esprit ils se trouvaient. Au fond, la plupart, ayant été choisis par Napoléon dans l'ancienne noblesse ou dans la Ferme, avaient été bien plus flattés de servir la royauté que l'Empire. Et ils le prouvaient à celui-ci. Les actes de connivence avec les royalistes se produisirent même dans des départements frontières, où la surveillance fut à ce point relâchée qu'on allait à Gand comme on fût allé à Versailles.

D'ailleurs il n'y avait plus de police : le duc d'Otrante, nommé ministre pour cette partie, avait eu soin, dès le 28 mars, de supprimer « les directeurs généraux, commissaires généraux et spéciaux de police » et de les remplacer par huit lieutenants de police, attachés au ministère et à la disposition du ministre. Ces lieutenants devaient faire *chaque année* l'inspection de leur arrondissement et l'on peut juger ainsi de la surveillance qu'ils exerçaient.

Le duc d'Otrante semblait encourager lui-même les conspirateurs. Si, sur un scandale trop violent, quelque individu suspect était arrêté par les agents subalternes, tout aussitôt, par ordre supérieur, il était relâché, ou bien, si la justice s'en mêlait, on lui prêtait une échelle pour qu'on pût dire qu'il s'était évadé. Les émissaires allaient et venaient, de Gand à Paris et de Paris dans les départements du Midi et de l'Ouest, où s'allumait la guerre civile. A Paris même s'organisait, sous l'œil bénévole de la police, un corps franc qui, sous couleur de résister à l'invasion, s'était donné pour mission de disperser la Chambre des Représentants et de tuer l'Empereur. Des réunions factieuses avaient lieu presque publiquement; des généraux les présidaient; d'anciens émigrés y assistaient avec de ci-devant gardes du corps et l'on y envisageait tous les moyens de préparer la défaite et de la rendre désastreuse. Fouché vraisemblablement n'ignorait rien de ce qui se disait et se faisait, mais n'était-ce pas sur ces hommes qu'il comptait, et jusqu'à quel point ne les employait-il pas pour sa correspondance avec les princes?

Assurément, le préfet de Police faisait ce qu'il pouvait pour être renseigné et pour renseigner l'Empereur, mais, constamment contrecarré par Fouché qui débauchait ses agents et rompait ses mesures, il était le plus ordinairement réduit à l'impuissance.

Quant à la gendarmerie, le ressort en était brisé. A la place du maréchal Moncey qui s'était tenu au serment qu'il avait prêté à Louis XVIII, l'Empereur avait nommé le duc de Rovigo. Pour confier l'un des deux ministères de police à cet homme, il fallait un étrange aveuglement. Sans remonter jusqu'à 1812, où le rôle joué par Savary, lors de l'affaire Malet, avait été des plus étranges et où ses complaisances envers les royalistes avaient été portées à un degré où elles devenaient de la complicité; toutes les suppositions étaient vraisemblables devant l'attitude prise en 1814 par le ministre de la Police qui avait laissé la conspiration royaliste s'organiser presque publiquement et qui semblait y avoir prêté les mains. Certains ont dit qu'il avait été dupe : cela ne pourrait se soutenir que s'il n'avait point fait ses démarches pour entrer en grâce auprès des Bourbons. Mais l'Empereur ignorait cela et bien d'autres choses, car il était mal renseigné, si même il l'était et il en était resté au temps où Savary affirmait qu'il était prêt à tout, même à sacrifier pour le service de l'Empereur sa femme et ses enfants. Quant à la gendarmerie à laquelle les Bourbons avaient fait beaucoup d'avances, l'esprit des chefs y était médiocre et ce n'était pas le commandement de Savary qui pouvait l'échauffer.

Où qu'on porte les yeux, l'on ne voit que désordre, irrésolution, défiance, et c'est bien pis lorsque, en conformité du décret rendu à Lyon le 13 mars, l'Empereur travaille à « corriger et modifier les Constitutions selon l'intérêt et la volonté de la nation ».

Lorsque, à Lyon, il prenait un tel engagement,

il pouvait n'avoir point l'intention de noyer le principe démocratique dans une sorte de libéralisme aristocratique et bourgeois emprunté d'Angleterre, avec, çà et là, des réminiscences de la Constitution de 1791. Sans doute — mais dès qu'il s'était laissé prendre dans l'engrenage, comment échapper ? La charte octroyée par Louis XVIII formait une limite qu'il fallait au moins atteindre, si on ne surenchérissait pas. Rentrer dans le régime des sénatus-consultes moyennant lesquels toute loi pouvait être abrogée, violée ou tournée ; exclure la nation et les députés du vote du budget et de l'apurement des comptes, était-ce matériellement possible ? Le retour à la Constitution de l'an VIII, telle qu'elle était avant les sénatus-consultes de l'an X, eût pu satisfaire certains des survivants de la Convention et des Conseils, mais il eût fort mécontenté cette bourgeoisie dont l'Empereur recherchait l'appui. Il n'eût point satisfait Mme de Staël à l'opinion de laquelle il attachait une importance, ni le prince Joseph qui s'était toujours présenté comme un monarque constitutionnel — à Naples, après qu'il en était parti, à Madrid après qu'il avait cessé d'y régner. Il n'eût récolté les suffrages ni du prince Cambacérès ni des ministres, ni des conseillers d'État, ni des conseillers à la Cour des Comptes, ni des membres de l'Institut, ni d'aucun des représentants des grands corps de l'État.

Ainsi détruisit-on le régime qui, s'il avait été peu

à peu vicié par les abus d'autorité résultant aussi bien de l'enivrement du pouvoir et de la passion d'agir que d'une résistance prolongée durant quinze années contre l'Europe en armes, n'en demeurait pas moins le seul qui convînt à la France. Par son origine démocratique; par les diverses consultations plébiscitaires; par l'ingéniosité des systèmes d'élection; par la coopération à la confection des lois de cinq corps reproduisant avec une rare perfection les opérations de la pensée telles que la philosophie les définit; enfin, par la base même du système : les listes d'éligibilité qui constituent un des modes les plus ingénieux de la démocratie, la Constitution de l'an VIII demeure la plus admirable conception pour l'organisation d'une nation, dès qu'elle a rompu avec les formes traditionnelles. Mais tous ces ressorts avaient été successivement faussés et détruits, de façon que le gouvernement impérial était devenu une autocratie aggravée par les sénatus-consultes. C'était d'ailleurs en usant du Sénat pour toutes les besognes devant lesquelles reculait le despotisme césarien et pour lesquelles il désirait être couvert, qu'on lui avait inspiré l'audace d'usurper le pouvoir constituant, de renverser l'Empereur, et de rappeler les Bourbons.

Mais de ce que le Sénat avait démérité de l'Empereur et de la France, de ce que le Corps législatif s'était associé aux machinations de la minorité sénatoriale, était-ce un motif pour abolir une constitution que la nation avait trois fois acclamée et qui, si l'on revenait aux principes, si l'on en rétablissait l'exercice intégral, eût été la meilleure encore qu'on pût trouver? Car elle était représentative sans être parlementaire et elle conciliait, dans une mesure admirable, les droits du pouvoir exécutif avec ceux du législatif.

L'*Acte additionnel* n'a point été, comme l'Empereur le projeta sans doute originairement, un correctif à certaines insuffisances des Constitutions impériales, il en fut le renversement : il substitua à la responsabilité nationale de l'exécutif, la responsabilité individuelle des ministres; à l'élection de l'Empereur, jusque-là seul représentant de la nation (et comme il s'en targuait en 1808!), il opposa l'élection des députés, Napoléon dit le mot : des *Représentants!* Il créa et suscita l'antagonisme! Même origine à chacun des deux pouvoirs et même source d'autorité, en sorte que l'affaiblissement de l'un devait profiter à l'autre et favoriser ses empiétements.

A cette Chambre élue par le peuple, il opposa une Chambre héréditaire nommée par l'Empereur. D'après la Constitution de l'an VIII, le Sénat élisait ses membres qui étaient *à vie*, sur des listes électives et sur la présentation des grandes autorités nationales; et le droit de nomination n'avait été que peu à peu usurpé par Napoléon; mais enfin il existait, tandis que c'était violer tous les principes proclamés par la Révolution, ceux qui avaient servi de base à la Déclaration des Droits, ceux qui étaient inscrits à la tête de toutes les constitutions délibérées depuis 1789, qu'accorder à une catégorie de citoyens l'exercice *héréditaire* des prérogatives politiques les plus excessives : car chacune des Chambres, et par suite chacun des membres des deux Chambres, avait, non seulement le droit d'amendement aux lois, dont la proposition semblait appartenir au Gouvernement, mais il avait le droit d'initiative et de rédaction des lois. Dès qu'il naissait, le fils d'un pair était pair en puissance et, par là, jouissait de privilèges politiques qu'il ne devait qu'à sa naissance. Donc, toute la Révolution fut remise en question et « cette aberration politique », comme on a dit récemment, acheva, par une plate imitation de ce qu'on croyait être les institutions anglaises, de donner à cette constitution cette incohérence qui la rendait impossible à appliquer autant qu'à justifier.

*
* *

Que pour expliquer les mobiles qui firent agir l'Empereur l'on mette bout à bout l'influence de son frère Joseph, l'opinion prononcée par ses conseillers habituels, les campagnes de presse, l'incompréhensible intervention de Benjamin Constant et l'espèce d'autorité qu'il usurpa ; qu'on y ajoute un état de santé physique et morale qui entraînait un vacillement et un affaiblissement de la volonté, est-ce assez pour rendre raison d'une conduite si directement opposée à celle que Napoléon avait suivie jusque-là, d'une contradiction si nette infligée aux principes sur lesquels il avait fondé son pouvoir et dont il attendait son autorité?

Qu'est-ce donc à dire et ne faut-il pas chercher ailleurs que dans les raisons superficielles l'explication de la conduite de l'Empereur? Plutôt que de s'attacher à des minuties constitutionnelles inspirées, tantôt de l'avortement de 91, tantôt d'une interprétation erronée des institutions anglaises, ne convient-il point de demander au caractère, aux actes antérieurs, aux sentiments qui ont dirigé depuis plusieurs années la politique impériale, une explication plausible et satisfaisante de la conduite de Napoléon? [1]

[1] Je crois avoir suffisamment développé et démontré cette thèse dans les volumes antérieurs de *Napoléon et sa famille*, dans l'*Impératrice Marie-Louise*, dans *Joséphine répudiée*, enfin et surtout dans *Napoléon et son fils*; jusqu'en 1807, la stabilité et l'hérédité assurées par l'adoption d'un Napoléonide; depuis 1807, par la naissance d'un fils et l'assiette d'une dynastie. Ces sentiments j'en ai, je crois, prouvé l'influence sur toutes les décisions prises par l'Empereur depuis son retour de Russie, sur le Concordat avec le Pape, l'institution de la Régence, les tentatives de négociation avec l'Autriche; la Campagne de 1814, enfin l'Abdication. Je croyais qu'on ne pouvait guère douter qu'au nombre des mobiles qui avaient contraint l'Empereur à sortir de l'île d'Elbe se trouvait la séquestration de sa femme et de son fils, mais il paraît que je me suis trompé et l'on a soutenu contre moi que pas plus que le roi de France n'avait à lui donner d'argent, l'Europe n'avait à lui rendre son enfant.

Napoléon veut avant toute chose paraître en médiateur ; on l'a si fort accusé de tyrannie et de despotisme qu'il se garde de tout acte d'énergie et de toute velléité de défense. Par là, pense-t-il, il montre l'Empire compatible avec un système de douceur et d'apaisement. Il adopte l'Acte additionnel parce qu'on l'a persuadé que le régime autoritaire doit finir avec lui et que le régime parlementaire convient à un empereur mineur. C'est là une doctrine dont on n'a pas qu'une fois constaté les néfastes effets, mais qui avait hier encore des partisans. L'Empereur, pour répondre aux vœux de la nation, eût pu déterminer un mode électoral plus large, ressusciter le Tribunat, accroître les attributions financières du Corps législatif et restreindre les prérogatives qu'il avait si imprudemment accordées au Sénat, mais sans toucher aux principes essentiels de l'autorité impériale, sans contrefaire la charte octroyée, laquelle s'expliquait mieux encore que l'Acte additionnel.

Mais on l'avait convaincu que, dans ce lit qu'il lui préparait, son fils trouverait avec une tranquillité incomparable, toutes raisons de stabilité et une irresponsabilité qui le déchargerait du fardeau du pouvoir en lui en laissant les agréments. Il ne mettait point en doute que, proposant à la nation l'Acte additionnel, elle ne l'acclamât ; mais peut-être avait-on été assez adroit pour lui faire croire que ce serait le libéralisme de l'Acte qu'on acclamerait et non pas celui qui le présenterait ?

l'investiture plébiscitaire n'en serait pas moins donnée à la monarchie parlementaire.

Il n'est point utile de faire ressortir les contradictions, ni de rechercher la part que tel ou tel avait prise à la rédaction de cet acte qu'il faut considérer, de la part de l'Empereur, comme un expédient dynastique : l'Acte additionnel a eu pour objet principal de prouver à l'Europe que l'Empereur constitutionnel serait un souverain pacifique, que ce souverain pacifique pourrait être un enfant, que ce souverain avait été acclamé par la nation unanime et qu'il en était inséparable, que toute tentative pour imposer à cette nation le règne des Bourbons provoquerait une révolte générale. Aussi l'Acte additionnel a été publié, aussi il avait été soumis aux suffrages du peuple et de l'armée ; aussi va-t-il être en Champ de mai l'objet d'une promulgation solennelle, en présence des délégués des régiments et des départements, et, tant on espère la venue de l'Impératrice et du Roi de Rome qui doivent y être couronnés, on ajourne de jour en jour cette réunion jusqu'à laisser s'écouler la première quinzaine de mai sans fixer aucune date précise !

***

Comment Napoléon l'eût-il pu faire puisqu'on lui laissait ignorer les intentions de l'Impératrice et qu'on avait soin de mettre l'embargo sur tous les Français dévoués ou simplement honnêtes qui eussent pu l'éclairer.

Il y avait à cela un intérêt politique et militaire incontestable : en tenant Napoléon dans l'incertitude sur les projets de sa femme et sur ses résolutions, en arrêtant toute correspondance entre lui et les Français qui entouraient Marie-Louise, on gagnait tout le temps qu'il fallait pour remettre sur pied des armées qu'on s'était trop hâté de disperser et pour avoir raison de l'attaque prématurée de Murat. On déblayait le terrain de ce côté avant d'aborder la grande querelle d'où dépendrait le sort de l'Europe. De la sorte, les troupes anglaises éparses dans les Pays-Bas ne seraient point surprises et culbutées ; les Prussiens recevraient leurs renforts et se rapprocheraient ; les Russes combineraient leurs marches et les Autrichiens arriveraient sur les Alpes. Une offensive brusque eût eu pour l'Empereur, au point de vue de la défense nationale, tous les avantages. Le manifeste du 13 mars étant une déclaration de guerre, il n'eût point eu à porter la responsabilité d'une ouverture d'hostilités que tout justifiait ; mais, s'il y eut la question d'augmenter l'armée et de la réorganiser avant de rien entreprendre, s'il y eut la question de ne point paraître prendre devant le pays l'initiative de l'attaque, s'il y eut le leurre de la paix, il y avait surtout cet appât : l'Impératrice et le Prince impérial, qui ne reviendraient point s'il ouvrait les hostilités, qui reviendraient peut-être s'il ne les ouvrait pas.

Ce fut seulement à la mi-mai qu'il fut fixé. Le 6, Meneval a obtenu ses passeports et il a pris congé de l'Impératrice. « Elle le charge d'assurer l'Empereur de tout le bien qu'elle lui souhaite et lui dit qu'elle espère qu'il comprendra le malheur de sa position. Elle lui répète qu'elle ne prêtera jamais les mains à un divorce ; qu'elle se flatte qu'il consentira à une séparation amiable ; que cette séparation est devenue indispensable, qu'elle n'altérera pas les sentiments d'estime et de reconnaissance qu'il lui conserve. »

Muni de cette déclaration de rupture, où l'on peut croire qu'avec une sorte d'honnêteté Marie-Louise a tenu à sous-entendre qu'il ne s'agissait pas simplement de politique, Meneval va faire ses adieux au roi de Rome, et celui-ci, — pauvre petit de quatre ans ! — le tire à l'écart pour lui dire en son parler enfantin : « Monsieur Meva, vous Lui direz que je L'aime bien. » Il part ; à son passage à Munich, il voit le prince Eugène ; il est le 11 à Belfort ; il arrive à Paris vers le 15 mai. Il se rend à midi à l'Élysée et l'Empereur, qui le reçoit aussitôt, le garde jusqu'à six heures, dans le jardin. Ces entretiens durèrent quelques jours. « En général, les sujets étaient graves et paraissaient l'affecter péniblement. » Meneval, qui savait observer, et qui était renseigné par les femmes de l'intérieur, dévouées autant que lui à la France et à l'Empereur, connaissait par le détail toute la conduite de l'Impératrice et il dut en rendre compte, quelque pénible que fût ce récit.

Avant même que M. de Talleyrand eût obtenu des plénipotentiaires des huit puissances signataires du traité de Paris la déclaration « que Napoléon Buonaparte s'est placé hors des relations civiles et sociales et que, comme ennemi et perturbateur du repos du monde, il est livré à la vindicte publique », Marie-Louise avait pris son parti. On peut admettre que, dès le 8 mars, date où Meneval écrit au duc de Vicence une lettre parvenue très tard, elle était fixée sur les voies qu'elle suivrait. Le 12, par une lettre qu'a rédigée M. de Neipperg, elle a fait connaître à M. de Metternich qu'elle est tout à fait étrangère aux projets de l'Empereur et qu'elle se met sous la protection des Alliés.

Dans une explication qu'elle consent à donner à Meneval, qu'elle considère à bon droit comme un agent de Napoléon, mais auquel elle attribue, comme à tous les hommes qui l'approchent ou simplement qui la voient, une passion qu'il essaie en vain de dominer, elle lui dit « qu'elle n'est pas maîtresse de ses actions, qu'elle a promis à son père de se remettre entièrement entre ses mains et de ne se conduire que par ses conseils ; qu'elle ne peut, sans manquer à son serment et à ce qu'elle doit à son père, désormais le seul tuteur de son fils et qui lui montre une constante bienveillance, s'opposer à ce qu'il veut faire, non seulement dans son intérêt propre, mais dans leur intérêt commun; que les princesses autrichiennes ne sont que des instruments dans la main du chef de leur maison; qu'elle a été élevée dans des principes de soumission absolue à cette autorité; qu'elle n'est plus souveraine indépendante; qu'elle se trouve sans protection et hors d'état de résister; qu'elle ne peut que fléchir sous le joug ou se mettre en rébellion ouverte contre son père, que les suites de cette révolte seraient incalculables pour l'avenir de son fils ». Meneval s'abstient donc de porter à l'Impératrice les lettres de Napoléon qui lui parviennent.

Le 19, sur l'ordre de l'empereur d'Autriche, le roi de Rome est amené par sa gouvernante de Schœnbrünn à Vienne, où il doit vivre désormais sous les yeux des souverains alliés. Le 20, Mme de Montesquiou est séparée du prince et reçoit l'ordre de partir pour Paris : puis, sous prétexte que son fils, le colonel Anatole de Montesquiou, venu à Vienne pour la voir, a comploté d'enlever le petit roi, elle est gardée à vue comme prisonnière d'État. Au moins a-t-elle exigé, en même temps qu'un ordre écrit qui établit la contrainte, un certificat des médecins constatant le parfait état de santé de son pupille. Elle a été remplacée par la comtesse de Mittrowsky, bien plus agréable à l'Impératrice, car elle est introduite par M. de Neipperg.

Le 28, avant le départ de celui-ci pour l'armée d'Italie, Marie-Louise obtient, par ses instances réitérées, que les plénipotentiaires du Congrès signent un protocole séparé statuant que les duchés de Parme, Plaisance et Guastalla seront possédés par elle en toute souveraineté, et reviendront après sa mort à l'infant Don Carlos, fils de la reine d'Etrurie. Ainsi renonce-t-elle pour le roi de Rome — qu'on appelait à ce moment le prince de Parme — à la succession des Duchés qui lui était garantie par le traité de Fontainebleau. Elle se contente qu'on lui attribue les fiefs de l'archiduc Ferdinand de Bohême, rapportant 600.000 francs de rente.

Le 1er avril, M. de Neipperg part pour l'Italie, mais elle reste en correspondance quotidienne avec lui et ne fait rien que par ses conseils. Bien plus qu'à l'annonce des succès de l'Empereur, elle s'émeut à la nouvelle de la mort de Mme de Neipperg, qui sans doute lève pour elle un dernier obstacle, car Meneval lui attribue des scrupules religieux. Sa résolution est irrévocable. Elle déclare à Meneval, qui veut lui remettre des lettres de Napoléon, qu'elle ne les recevra que pour les porter à l'empereur d'Autriche et que son père lui-même n'aurait pas le droit de la contraindre à retourner en France. Toutes les chances qu'il y a que l'Europe consente à la Régence, elle les écarte résolument. « L'impératrice Marie-Louise à qui j'ai parlé, dit l'empereur Alexandre à Lord Clancarty, ne veut point, à quelque prix que ce soit, retourner en France. Son fils doit avoir en Autriche un établissement et elle ne désire rien d plus pour lui. »

Meneval est bien obligé de se faire l'interprète

de ces sentiments, de même qu'il a dû raconter les faits douloureux dont il a été le témoin attristé et impuissant. C'est d'un de ses plus fidèles serviteurs que l'Empereur reçoit le coup qui brise toutes les espérances sur lesquelles il a vécu depuis deux mois, qu'il a fait partager à la nation et qui, en se dissipant à présent, à la veille de la guerre, vont laisser place à une inquiétude générale. Il continue à interroger Meneval ; il veut tout savoir de son fils, et le sentiment qu'il éprouve est si fort qu'il ne cherche point à en modérer l'expression : assurément, pendant dix années, il a admis Meneval à l'intimité de sa pensée et de sa vie dans de telles conditions que, devant lui, il n'a point à dissimuler ce qui est le plus secret dans son cœur. Mais, sur l'Impératrice, « tout ce qu'il dit, raconte Meneval, était plein de convenances et de ménagement pour elle. Il la plaignit des erreurs auxquelles elle avait été exposée, il alla au-devant de ce que Meneval aurait pu dire dans son intérêt et ne mit pas en doute que ses sentiments pour la France et pour lui n'eussent été violentés.

Plein de confiance encore dans le loyalisme de la Chambre des Représentants qui va se réunir, dans le dévouement qu'elle témoignera à sa personne et à sa dynastie, il dicte, à la suite de ces conversations, une note pour le duc de Vicence qui prouve l'étendue de ses illusions. « Il est possible, dit-il, que la Chambre fasse une motion pour le roi de Rome tendant à faire ressortir l'horreur que doit inspirer la conduite de l'Autriche. Cela serait d'un bon effet. » Et il indique alors que Meneval doit faire un rapport, daté du lendemain de son arrivée. Il tracera, « depuis Orléans jusqu'à son départ de Vienne, la conduite tenue par l'Autriche et les autres puissances à l'égard de l'Impératrice, la violation du traité de Fontainebleau, puisqu'on l'a arrachée ainsi que son fils à l'Empereur ; il fera ressortir l'indignation que montra à cet égard, à Vienne, sa grand'mère la reine de Sicile. Il doit appuyer particulièrement sur la séparation du Prince impérial de sa mère, sur celle avec Mme de Montesquiou, sur ses larmes en la quittant, sur les craintes de Mme de Montesquiou relatives à la sûreté, à l'existence du jeune prince. Il traitera ce dernier point avec la mesure convenable ». L'Empereur sait bien que, si l'on peut rendre l'Autriche responsable de la séparation initiale, on ferait difficilement admettre à présent que l'Impératrice n'encourt aucune responsabilité. Un seul moyen se présente pour l'innocenter : « Meneval appuiera sur ce que l'Impértarice est réellement prisonnière puisqu'on ne lui a pas permis d'écrire un mot. » Et le secrétaire doit « encadrer dans ce rapport tous les détails qu'il a donnés à l'Empereur et qui sont de nature à y trouver place et peuvent donner à ce rapport de la couleur ».

Quelle tâche l'Empereur impose au dévouement de Meneval ! Il faut qu'en style pompeux, Meneval présente des faits qui sont trop publics pour qu'on les nie ; que, sans omettre aucune des prescriptions du protocole et en prodiguant les épithètes flatteuses, il arrive à faire connaître que Marie-Louise n'a jamais eu le projet de rejoindre l'Empereur à l'île d'Elbe et qu'à présent elle n'entend pas le retrouver à Paris. Toutefois, après les confidences qu'il a reçues d'elle, il recule à la présenter comme une prisonnière et il dit seulement : « Tous les sentiments portent l'Impératrice vers la France. L'attachement qu'elle conserve dans le fond de son cœur pour l'Empereur, le souvenir des marques de tendresse et de tous les bons procédés qu'elle en a reçus, celui des témoignages d'amour et d'estime que lui ont donnés les Français occupent souvent sa pensée, mais ces sentiment sont comprimés. On peut la considérer comme dans une sorte de captivité puisqu'elle n'est plus maîtresse de sa conduite et qu'il ne lui est plus permis même d'écrire en France ni d'en recevoir aucune lettre. »

De la sorte, sans mentir, on couvre l'Impératrice et l'on peut insister comme il convient sur le Prince impérial. A la vérité, Meneval a exagéré congrument la douleur qu'a éprouvée Marie-Louise à se séparer de son fils et à le remettre à l'empereur d'Autriche, mais au moins n'a-t-il point pris avec la vérité des libertés que la presse n'eût point manqué de relever. A meilleur droit a-t-il pu s'étendre sur le rapt du roi de Rome. Le fils de Napoléon enlevé des mains de « cette dame respectable », Mme de Montesquiou, à cause « du tendre attachement qu'elle se plaisait à nourrir dans le cœur de son auguste élève pour l'Empereur, son père », c'était un acte qui ne se pouvait comparer qu'à l'enlèvement du dauphin des mains de sa mère : et M. Meneval s'est efforcé d'en tirer le meilleur parti. « Une séparation si douloureuse pour Mme de Montesquiou fut, dit-il, vivement sentie par son auguste élève qui s'était fait une douce habitude des soins qu'elle lui prodiguait. Il la redemandait sans cesse en pleurant et les regrets qu'il témoignait de sa perte, étaient la plus douce consolation qu'elle pût recevoir dans cette circonstance. »

Et, dans ce style noble, Meneval continuait : « Le Prince impérial était dans l'état de santé le plus florissant. Plus grand et plus fort que ne le sont ordinairement les enfants de son âge ; beau, bon, doué des plus aimables qualités et annonçant les dispositions les plus heureuses, il fait la consolation de sa mère et a gagné la tendresse de son grand-père, l'empereur. Le souvenir de la France lui est toujours présent et son affection enfantine pour sa chère patrie se peint dans les réflexions touchantes qui lui échappent lorsqu'il en entend parler aux Français qui sont restés attachés à sa personne. »

Tel était le langage que l'Empereur approuvait, qu'il estimait capable d'émouvoir cette France retournée de vingt ans en arrière, aux impressions et aux passions révolutionnaires, insensible aux niaiseries protocolaires, uniquement touchée, dans la question du roi de Rome, par le fait que l'espérance de la paix s'en trouvait anéantie. Ah ! si, au lieu d'employer la plus surannée des rhétoriques, l'on avait présenté les faits dans leur netteté brutale; si l'on avait, au peuple des fédérés et des poissardes, parlé la langue qu'il entend, une langue sobre, loyale et franche, où l'on eût évoqué l'Enfant-roi promené par les béliers aux cornes dorées sur la terrasse du Bord de l'eau et où l'on eût eu garde d'évoquer le grand-père empereur et ses kaiserlicks, alors, sans doute, cette nation, si vite révoltée par les martyres d'enfants, une générosité l'eût soulevée, avec de l'indignation et de la haine; mais il ne convient pas qu'on charge de lui parler des chambellans ou des aides des cérémonies... Au surplus ce morceau demeura sans emploi. La Chambre, lorsqu'elle se réunit, ne fit aucune motion et ne parut nullement disposée à s'occuper du Prince impérial.

*
* *

Alors que tout croulait ainsi, l'Empereur et la France apprenaient cette étonnante nouvelle que Murat venait de débarquer à Cannes. C'était exact. Depuis qu'il avait résolu de quitter l'île d'Elbe, l'Empereur n'avait eu qu'un but : empêcher Murat de se déclarer trop tôt, de se lancer dans une aventure qui ne pouvait manquer de le perdre et de compromettre gravement la cause napoléonienne au cas qu'elle eût triomphé. Il avait donc envoyé à Naples, le 16 février, le chevalier Colonna chargé de faire connaître au roi qu'il partait « pour rentrer dans sa capitale et remonter sur son trône » ; qu'il était résolu à maintenir le traité de Paris et à renoncer spécialement à toutes ses prétentions sur l'Italie ; que Murat devait le faire savoir à Vienne par un courrier qu'il expédierait aussitôt ; que le dispersement des troupes alliées, les russes derrière le Niémen, les autrichiennes au delà de l'Inn, la majorité des prussiennes au delà de l'Oder, permettait de gagner du temps ; que, dans tous les cas, les hostilités ne pouvaient commencer avant la fin de juillet ; que la France et Naples auraient le temps de se concerter ; qu'au préalable, il devait renforcer son armée dans une bonne position au delà d'Ancône et, dans toutes les circonstances imprévues, se conduire d'après le principe qu'il valait mieux reculer qu'avancer, donner bataille derrière le Garigliano que sur le Pô, qu'il pouvait beaucoup comme diversion et lorsqu'il serait appuyé par une armée française ; qu'il ne pouvait rien sans elle.

Ce fut le 1er mars que Colonna fit cette communication à Murat. Elle annonçait, non pas le départ de l'Empereur, mais sa résolution de partir. Or, à ce moment, Murat avait engagé ses négociations, à Vienne et subsidiairement à Londres, de telle façon que, s'il ne recevait pas satisfaction du cabinet autrichien, il n'avait de recours que dans les armes. C'est ce que signifiait la démarche qu'il avait ordonnée à ses plénipotentiaires près le Congrès. La réponse ne se fit point attendre. A la note en date du 25 janvier, remise seulement le 26 février, où les plénipotentiaires de Murat démontraient qu'allié de l'Autriche, leur maître était par là même devenu l'allié de la France, Metternich, d'accord avec M. de Talleyrand, avertissait celui-ci que l'Autriche considérerait comme un *casus belli* l'entrée des Français en Italie et leur passage pour aller attaquer Naples (c'est par mer en effet que Louis XVIII devait opérer son invasion). Cela fait, le lendemain, Metternich communiquait cette note comminatoire au duc de Campo-Chiaro et il lui déclarait qu'il ne saurait admettre que Murat ne s'en contentât pas. En même temps, il rappelle les troupes autrichiennes qui sont sur la frontière de Pologne, et qui mettront Murat à la raison s'il tente de mettre ses menaces à exécution. « Et lorsque, pour la première fois, le Cabinet de Vienne a rompu ce fatal silence, écriront plus tard les plénipotentiaires de Murat, il a intimé au roi d'attendre les bras croisés que 150.000 Autrichiens, avec 200 pièces d'artillerie, se fussent rendus en Italie, pour lui imposer ensuite la loi qu'on aurait voulu lui faire subir. »

La remise de la note du 26 février n'a pu être déterminée par un ordre de Murat, motivé sur la révélation des projets de Napoléon. C'est Colonna qui lui a donné connaissance de la décision qu'avait prise l'Empereur; il n'a pu lui parler de l'exécution : puisqu'il avait quitté Porto-Ferrajo près de dix jours avant l'embarquement de l'Empereur; il est arrivé à Naples le 1er mars; mais n'a pu donner de nouvelles du départ Murat l'a connu vraisemblablement le 3. Et les sentiments que lui inspira cette nouvelle prouvent qu'au moment même, il ne croyait point à la réussite — à moins qu'il ne prétendît se garder à toute éventualité une porte de secours. Il fit demander le ministre d'Autriche, le comte Mier. « Il me prévint, écrit Mier, qu'il ferait partir dans quelques heures un courrier pour Vienne. Campo-Chiaro reçoit l'ordre de déclarer à notre cour qu'à tout événement la politique du roi de Naples reste constamment subordonnée à la nôtre, que rien ne pourra le faire dévier de ce principe et qu'il désire savoir la marche que nous croirons devoir tenir dans cette affaire pour s'y conformer. » Et il insista sur le désir qu'il avait « de donner à l'empereur François des preuves de son attachement et de sa reconnaissance ».

Cependant rien n'égalait son agitation; il ne savait à quoi arrêter ses idées, ni ce qu'il devait désirer. Sans doute convenait-il que l'empereur Napoléon n'avait point risqué une telle entreprise sans être à moitié sûr du succès; que, s'il parvenait à débarquer, il aurait toute l'armée, toute la France pour lui, mais les Bourbons ne trouveraient-ils pas un parti pour les soutenir et ne serait-ce pas alors la guerre civile? Et puis, disait-il, « quel parti prendra l'Autriche et les autres puissances? C'est un événement très malheureux et qui peut tout embrouiller au moment où les questions principales avaient été heureusement combinées au Congrès. Il n'est pas moins fâcheux pour moi sous beaucoup de rapports ; il peut retarder l'arrangement de mes intérêts et, à la longue, je ne peux pas rester dans cette position, il faut que je sache à quoi m'en tenir ».

C'était bien là en effet le motif pressant qui l'avait déterminé à réclamer une réponse positive du cabinet autrichien, risque à tout perdre par cette démarche qui sentait le matamore et dont lui seul n'apercevait pas le ridicule; l'état d'énervement dans lequel l'avait mis cette terrible incertitude, se trouvait doublé à présent par cette éventualité nouvelle, l'obligation de s'attacher à quelque chose, la crainte que Napoléon échouât ou celle plus grande peut-être qu'il réussît.

Quant à la reine, depuis 1813 où elle avait pris son parti, au moins avait-elle la sagesse de s'y tenir. Elle considérait que le salut de la monarchie, s'il pouvait venir de quelque part, dépendait de l'Autriche qui ne prendrait pas l'initiative d'une rupture, et qui avait fait preuve d'une patience exemplaire. Aussi bien n'ignore-t-on pas que le ministre autrichien lui rendait pleine justice : « Toujours conséquente, dit-il, dans sa manière d'envisager les choses, sage dans ses vues et raisonnements, mettant du caractère et de la persévérance dans le parti et la marche qu'elle s'est une fois convaincue être utile, ne variant pas d'opinion à tout événement, prêchant toujours droiture et loyauté », c'était, pour le comte Mier, le modèle des femmes, et le parangon des reines. Pour le moment « on voyait sur sa physionomie combien cet événement l'avait bouleversée ». Elle est « extrêmement inquiète sur le sort de son frère, qui, dit-elle, court à sa perte inévitable. Elle ne pouvait souhaiter sa mort, mais elle aurait désiré qu'il se tînt tranquille dans son île ». S'il parvient à se replacer sur le trône de France, il s'empressera de les chasser de Naples. Elle ne cesse de le répéter au roi. « L'empereur Napoléon redevenu empereur des Français, bouleversera de nouveau toute l'Europe ; elle connaît trop son caractère pour pouvoir jamais en douter ; on aurait tort de croire que l'âge et l'expérience l'auraient corrigé. » Ainsi s'acquitte-t-elle de la mission que l'Empereur avait prétendu donner à Murat pour porter à l'Autriche l'assurance de ses intentions pacifiques. D'ailleurs Caroline remet à Mier la relation confidentielle du départ de Napoléon que vient de lui apporter M. Mary, secrétaire de la princesse Pauline et témoin oculaire.

En même temps qu'il assurait la cour de Vienne de ses sentiments, Murat expédiait à Londres un courrier porteur de protestations identiques. Coïncidence étrange ! N'était-ce pas le même jour que le comte de Blacas adressait au vicomte Castlereagh les lettres falsifiées par l'abbé Fleuriel qui devaient servir à faire condamner Murat par le Parlement anglais?

D'ailleurs il ne serait pas même besoin de cela et Murat allait se condamner lui-même.

En même temps qu'il protestait de sa fidélité à l'Alliance austro anglaise, il s'effrayait à la pensée que tout l'effort qu'il avait fait pour s'assurer des intelligences en Italie allait être vain. Napoléon n'aurait qu'à paraître pour renverser l'édifice hâtivement construit par les Autrichiens, pour rétablir le royaume d'Italie, l'étendre jusqu'à l'Adige, peut-être y annexer le royaume de Naples et constituer ainsi l'unité à son profit ou au profit d'Eugène. Quant à lui, Murat, il serait détrôné, peut-être pis ; en tout cas, cette merveilleuse Italie, cette proie sans égale, devant laquelle il s'était un instant attablé et qu'on lui avait aussitôt retirée, il ne l'aurait jamais et, de nouveau, il se verrait contraint d'obéir à celui qui, par les bienfaits mêmes dont il l'avait comblé, lui était importun et odieux. Il convoqua un conseil extraordinaire de ses ministres auxquels il déclara solennellement que rien n'était changé dans sa politique, et, au sortir de ce conseil, il accueillit mystérieusement des Français réfugiés à Naples, des émissaires accourus de tous les points d'Italie sur la nouvelle du départ de l'Empereur. Lui-même expédia des agents de tous côtés et ceux-ci lui annoncèrent — comme M. de Julian — que les troupes autrichiennes étaient partout en mouvement et qu'il devait se tenir sur ses gardes.

Dès ce moment, la résolution de Murat fut prise. Il voulait être roi en Italie et il n'admettait point que Napoléon réclamât la moindre part de la péninsule. Par suite, non seulement il n'attendait pas le succès de l'Empereur, dont sans doute, à part lui, il était convaincu, et il avait hâte de se retrouver dans la haute Italie où les affiliés des loges lui garantissaient que le peuple entier était prêt à courir aux armes. Ainsi, le 7 mars, disait-il au général d'Ambrosio : « Qu'ai-je besoin d'alliances quand les Italiens me saluent et m'appellent comme leur libérateur? En envahissant l'Italie, je peux m'établir rapidement sur le Pô, le passer, diriger mes forces sur Venise, la surprendre, et réunir sous mes enseignes les Piémontais fatigués de l'ineptie de leur roi, Milan, patrie nouvelle des idées libérales, les Vénitiens qui se souviennent encore de leur ancienne gloire, les Ligures qui ont tant de peine à supporter la domination sarde et les peuples de la Romagne, naturellement belliqueux et capables de me seconder dans une telle entreprise. L'Autriche ne sera-t-elle pas appelée sous peu à combattre la France, et comment pourrait-elle alors faire face à tout et résister à tous les ennemis en même temps ? » Et comme d'Ambrosio lui faisait les objections qu'inspirait naturellement le bon sens, il répondit : « Nous réussirons. Je convoquerai à Bologne tous les peuples de l'Italie. »

Tout de même ne pouvait-il se lancer en avant sans savoir si l'Empereur avait réussi, au moins dans la première partie de son entreprise : si Napoléon parvenait à débarquer en France, on pouvait compter qu'il serait en quelques jours à Paris. Ce fut vers le 10 mars que Murat put avoir cette certitude. Aussitôt, il chargea son aide de camp le colonel Alexandre de Bauffremont, neveu de La Vauguyon, d'aller, comme on a dit, « au-devant de l'Empereur ». M. de Bauffremont était porteur de cette lettre, qui indique formellement que Murat n'avait point reçu à ce moment de l'Empereur d'autres indications que celles apportées par Colonna, nettement contraires au plan qu'il va suivre. Il écrit donc :

« C'est avec un bonheur inexprimable que j'ai appris le débarquement de Votre Majesté sur les côtes de son empire. J'aurais bien désiré recevoir quelque instruction sur la combinaison de mes mouvements en Italie avec les vôtres de France. Il est impossible que je ne les reçoive pas bientôt. Cependant, je m'empresse de prévenir Votre Majesté que toute mon armée est en mouvement et que très certainement, avant la fin du mois, je serai sur le Pô. Je vais partir pour Ancône afin d'être plus à portée de tout diriger et d'être plus à portée des nouvelles que Votre Majesté pourra m'envoyer. » Et il termine par cette déclaration d'amour : « Sire, je n'ai jamais cessé d'être votre ami. J'attendais seulement une occasion favorable. Elle est arrivée et c'est maintenant que je vais vous prouver que je vous fus toujours dévoué et que je vais justifier à vos yeux et aux yeux de l'Europe l'opinion que vous avez conçue de moi. Dans toute autre occasion je me fusse sacrifié inutilement. »

Bauffremont, parti le même jour de Naples, passe le 12 à Rome où il se présente chez le ministre du roi de France, Mgr Cortois de Pressigny. Il continue sa route et arrive le 26 à Paris[1].

Depuis quelque temps déjà, Murat avait annoncé un voyage d'inspection dans les Marches : peu à peu, il avait fait filer sur Ancône ses chevaux, ses équipages, ses officiers d'ordonnance ; toutefois il ne déclarait encore aucun projet : il attendait ce qui adviendrait de Napoléon. « S'il restait à Naples, écrit le comte Mier, entouré de la reine et de quelques personnes sensées qui, sans le flatter, ont le courage de lui dire la vérité, on pourrait comp-

[1] Cette lettre est publiée par Iung, III, 308, avec la date certainement inexacte du 21. La date du passage de Bauffremont à Rome résulte de la dépêche du ministre de France en date du 18 : « M. le prince de Bauffremont est arrivé de Naples dimanche 12, retournant en France ». Cortois de Pressigny écrit encore le 15 mars : « J'ai eu l'honneur de vous écrire hier. M. le prince de Bauffremont qui peut être en France avant le courrier ordinaire s'est chargé de ma lettre. » Bauffremont n'a donc quitté Rome que le 14. Il n'est pas impossible que Murat au dernier moment lui ait envoyé à Rome sa lettre qui pourrait être datée du 14. Car il est dit dans les instructions de Caulaincourt à Fesch : « Les dernières nouvelles que l'Empereur a reçues du roi de Naples sont du 14 de mars. Elles lui ont été apportées par l'aide de camp du roi, M. de Bauffremont. »

ter qu'il ne serait pas entraîné à quelques fausses démarches, mais, à Ancône, rendu à lui-même, entouré de têtes échauffées, on ne peut répondre de rien. » La reine, Gallo, Mosbourg, Mier lui-même avaient tout tenté pour empêcher ce départ, rien n'y avait fait.

Le tableau allait s'éclairer : le 11, le jour même où Murat a expédié Bauffremont, toutes les troupes de l'intérieur sont mises en marche vers les frontières, la garde royale se tient prête ; tout annonce la guerre. Contre qui? Le 12, Mier passe une note à Gallo pour le lui demander. C'étaient là les préliminaires d'un ultimatum, qui, étant donné l'écart des forces, eût dû faire reculer Murat. Il n'en alla que plus vite. Les hommes que leur destin a marqués courent à l'abîme. Le 12, tout est en route ; Naples est vidé. « Tout prouve, écrit Mier, que le roi a pris son parti et qu'il n'attend que les premières nouvelles de l'entreprise de Napoléon pour agir. » Et il ajoute : « Je ne crois pas qu'il ait le projet de marcher en France. Il tâchera de soulever l'Italie et d'en prendre possession ; il faudra donc qu'il se batte avec nous. » Mais Murat déclare à tout venant qu'il n'en fera rien, que sa politique reste invariablement attachée à celle de l'Autriche ; que, s'il se réjouit que l'Empereur ait heureusement débarqué *à Grasse*, c'est que Napoléon est comme lui l'ennemi des Bourbons ; qu'il lui est assez indifférent que ce soit Napoléon ou un autre général français qui occupât le trône de France, pourvu que ce ne soient pas les Bourbons : « Je suis leur ennemi, dit-il, comme ils sont les miens. » Et c'est sur cette hostilité, sur l'expédition que les Bourbons voulaient diriger contre lui, sur la réunion hostile de forces considérables à Grenoble et à Dijon, qu'il se fonde pour affirmer ses intentions pacifiques à l'égard de l'Autriche, d'abord par une note singulièrement embrouillée parue dans le *Monitore delle Sicilie* du 13, puis par une lettre de Gallo à Mier de même date. Toutefois, Gallo ne nie point qu'il n'y ait quelque corrélation entre les préparatifs militaires du roi son maître et la note du 26 février. « Les événements extraordinaires et inattendus qui se passent dans ce moment et qui peuvent embraser de nouveau le continent, sont de nature à exiger, dit-il, que le roi se tienne en mesure d'agir pour sa propre conservation et en suite des réponses que Sa Majesté attend avec impatience aux ouvertures que ses ministres ont eu ordre de faire au Congrès de Vienne. » N'est-ce pas qu'on doit penser que Murat s'apprête à jouer le même jeu qu'il a joué l'année précédente et à mettre son alliance aux enchères ? Rien ne dit encore qu'il tournera pour ou contre Napoléon. Le sait-il lui-même ?

L'arrestation de la princesse Pauline[1] à Viareggio par les autorités autrichiennes qui occupent la Toscane, « met le roi à la fureur ». On lui a assuré

[1] Je traiterai plus loin cet épisode dans le chapitre XLI.

que Madame se trouve avec sa fille et que, comme elle, elle est la victime de mesures de rigueur d'autant moins justifiables qu'il est impossible, comme le dit Gallo dans une note qu'il passe à Mier, que « ces princesses aient eu connaissance des projets de l'empereur Napoléon ». Le général Filangieri est chargé aussitôt des démarches près du maréchal de Bellegarde et Caroline, qui s'est constituée la protectrice générale des siens, écrit de sa main au grand-duc de Toscane : « Maman est âgée, ma sœur est malade, Votre Altesse doit bien penser que la position où elles se trouvent est pénible et douloureuse. »

Cet incident ne peut pourtant pas fournir à Murat l'occasion qu'il attend, mais il peut être la goutte d'eau qui fait déborder le vase. Par deux fois déjà, il a voulu quitter Naples ; et, au moment où il allait monter en voiture, la reine est parvenue à l'arrêter : elle lui a déclaré qu'elle ne se chargerait pas de la régence, qu'elle ne se mêlerait en rien des affaires, que, s'il partait, elle se retirerait à Portici et y vivrait dans la plus profonde retraite, sans voir aucun ministre. Le roi, par là, se trouvait fort embarrassé, car il n'avait personne en qui il eût confiance ; mais pouvait-on compter qu'il s'y arrêterait toujours ?

La réponse de Metternich à la note de Campo-Chiaro est entre ses mains et elle ne lui apporte aucune satisfaction. On lui annonce de partout que les forces autrichiennes stationnées dans les Légations reçoivent des renforts et ce ne peut être que pour marcher contre lui. — Et puis l'Empereur? Qu'arrive-t-il de l'Empereur? L'Empereur a bien dit d'attendre, mais n'est-ce pas d'attendre qu'il soit en mesure d'intervenir lui-même, de réclamer sa part de l'Italie, de faire agir les amis qu'il y a laissés, peut-être de mettre en avant cet odieux Eugène qui sait trop à quoi s'en tenir? Gagner un peu de temps, soit, Murat y consent, car il ne risque rien jusqu'ici et peut-être pourra-t-on encore négocier. Aussi se fait-il accompagner par son ministre Gallo et insère-t-il dans le *Moniteur des Deux-Siciles* en date du 17 cette note : « Le roi est parti de Naples aujourd'hui à une heure après midi. Selon les apparences, Sa Majesté sera absente de Naples pour quelques semaines, l'objet de son voyage, annoncé depuis plusieurs mois, est de visiter d'abord les importantes provinces des Abruzzes, les seules du royaume que Sa Majesté n'ait pas encore vues. L'intention du roi semble être ensuite de se rendre dans les Marches, avec le double objet de s'instruire personnellement de tout ce qui peut intéresser les habitants de ce pays qui lui ont donné tant de marques de leur affection et de passer la revue des braves troupes qui y sont stationnées. »

Cela peut passer pour un prétexte d'autant plus que, à la même date, à Vienne, le duc de Campo-Chiaro est chargé de faire au prince de Metternich et au prince de Talleyrand cette déclaration en forme : « Que, quelles que puissent être les circonstances à l'avenir, le parti du roi est pris, celui de rester fidèle aux engagements envers son allié, pour le repos et la tranquillité de l'Europe ; qu'il ne voit d'autre sûreté pour ses États que celle qui est basée sur la loyauté et l'honneur. »

En fait, les Abruzzes, que Murat n'avait jamais visitées, furent cette fois encore négligées. « Sa Majesté, dit le *Moniteur*, a seulement traversé les Abruzzes, et a pu à peine voir les seuls pays qui étaient sur son passage. » Mais, au retour de Sa Majesté, les populations qui l'adorent « seront pleinement dédommagées ». Le 19, à 3 heures, Murat fait son entrée à Ancône où sont mouillés deux frégates et un brick de sa marine.

Sur son passage, disent les journaux de Naples, les peuples se précipitent pour le voir et l'admirer, et les colonnes du *Moniteur* ne suffisent point à contenir les noms des instituts, des autorités, des communes qui ont éprouvé le besoin d'attester leur fidélité. On ramasse tout, juges de paix, séminaristes, chanoines, curés et fidèles, les employés de la poste, des forêts, des contributions directes et indirectes ; cela fait nombre.

Seulement, tout de suite, d'Ancône, Murat prépare sa marche en avant.

Le 20 mars, il demande au pape « le passage pour 20.000 hommes qui doivent seulement tourner autour des murailles de Rome et ensuite prendre la route de Monterosi où le chemin se divise en deux, dont l'un conduit en Toscane et l'autre dans la Marche d'Ancône ».

Il sait ce qu'il fait. D'après la note remise le 26 février, par Metternich à Campo-Chiaro, l'entrée des Napolitains dans les États pontificaux constitue un acte d'hostilité qui entraîne la rupture entre Naples et l'Autriche, le départ de Naples du ministre d'Autriche, la remise de passeports aux envoyés de Murat. Si le roi agit, c'est en connaissance de cause.

Le Gouvernement pontifical était dans l'intention de refuser le passage. Si le commandant napolitain le forçait, le pape manifestait l'intention de quitter la ville. Le ministre de France, M. Cortois de Pressigny, prêchait vivement la fermeté, car il ne pouvait convenir à Louis XVIII que le pape se livrât aux Autrichiens, aux Anglais ou aux Siciliens. « Toutes les âmes fortes et généreuses, écrivait-il, se rallient assez volontiers à l'idée de voir le pape rester à Rome. La place du Saint-Père est dans cette ville ; il n'en peut être arraché que par un grand crime religieux où par une grande faute politique. Partout ailleurs, sa volonté n'est plus libre ; son autorité temporelle est contestée, sa force morale est à moitié éteinte ; sa personne et sa santé sont plus facilement attaquées. »

Mais le pape apprenant, le 22, que les troupes napolitaines, auxquelles il a refusé le passage, sont à Terracine, quitte Rome pour Florence, suivi de sa cour et des ministres étrangers. Avant leur départ, une protestation, datée de Quirinal et signée au nom du pape par le secrétaire d'État, a été lancée contre l'invasion des Etats pontificaux et l'occupation des Marches, de Bénévent et de Pontecorvo. Ainsi se trouve brisée avant la lettre et dès le premier jour, du fait de Murat, la combinaison que l'Empereur a déjà en tête d'accréditer Fesch auprès du pape, de se réconcilier avec lui, de l'assurer qu'il n'entreprendra plus rien sur son temporel et qu'il abandonne même la plupart de ses prétentions quant au spirituel. Fesch, seul de tous les cardinaux, n'a point reçu du Pape de billet l'invitant à le suivre et il reste à Rome, jusqu'à ce qu'il aille rejoindre Madame à Naples.

Le 25, le roi a reçu à Ancône le comte de Starhemberg chargé par le maréchal de Bellegarde de demander des explications au sujet de la mise en marche des forces napolitaines : Murat a annoncé que, comme l'Autriche ne lui accorde aucune des garanties qu'il réclame, il n'a d'autre ressource que la guerre; il insiste sur les conséquences que ne manquera pas d'avoir pour lui le retour de l'Empereur et, pendant les deux heures que dure l'entretien, il ajoute « quantité de sophismes et de faux raisonnements pour essayer de prouver que l'intérêt de l'Autriche serait de protéger le rétablissement de Napoléon sur le trône ».

Après des confidences de cette sorte où l'impulsivité de son bavardage l'a entraîné, Murat n'a plus qu'à tirer l'épée. Ses ministres le lui déconseillent fortement, lui demandent de rester dans les Marches, de ne point provoquer une guerre dont les conséquences peuvent être désastreuses; mais, parmi les généraux, plusieurs, et des plus influents, entièrement livrés aux sociétés secrètes, le poussent à une offensive immédiate et lui promettent, en même temps que le ralliement autour de sa personne des vétérans de l'armée italienne, la levée en masse de la jeunesse entière. Et Murat se voit déjà le roi de l'Italie, délivrée aussi bien des Français que des Autrichiens.

Il veut bien attaquer l'Autriche, mais il entend rester en paix avec les Anglais et c'est là une des plus curieuses illusions qu'il ait pu se faire que, parce que divers Anglais, mus par leur curiosité habituelle, avaient souhaité être reçus dans ses palais, parce que la princesse de Galles s'était éprise de sa personne, le gouvernement britannique qui ne l'avait jamais reconnu, qui n'avait point adhéré en forme à son traité avec l'Autriche, resterait au moins neutre dans sa querelle.

Peut-être avait-il pourtant un motif de le penser qui, étant donné le caractère des Anglais, n'était point si peu fondé. « Les Anglais, écrit de Palerme, le 30 mars, M. de Narbonne-Pelet, ambassadeur de Louis XVIII près du roi Ferdinand, les Anglais, quoique inquiets de la démarche de Murat sont peut-être tenus d'user de quelques ménagements envers lui. Les négociants de leur nation, encouragés de la manière dont leurs compatriotes étaient accueillis et cajolés par Murat, se sont engagés dans des spéculations énormes avec Naples et, si on rompait trop brusquement avec lui, ils pourraient craindre la confiscation de leurs effets. »

C'est pourquoi les Anglais ne considérèrent point l'entrée de Murat dans les Etats pontificaux comme une rupture de l'armistice ; c'est pourquoi ils se dérobèrent quand on leur parla d'insurger le royaume de Naples que Murat avait entièrement dégarni ; c'est pourquoi ils se refusèrent à toute descente avec les forces qu'ils avaient encore en Sicile. Il fallait le temps d'expédier les marchandises achetées et le roi en bénéficiait. Il était condamné, mais *fin courant* et il prenait de là d'autant plus d'illusions sur la politique anglaise.

Il écrivait à Lord Bentinck par un officier d'ordonnance qu'il envoyait pour le complimenter sur sa reprise de commandement à Gênes : « Cet officier a ordre de vous réitérer la même déclaration que je fis à Londres par courrier extraordinaire : Que les événements de France ne changeraient en rien ma politique envers la France et que je désirais plus que jamais voir s'établir entre Naples et la Grande-Bretagne une paix durable que commandent à la fois la politique et les intérêts des deux nations. »

Et lorsque, le 24, Bentinck adressa à Gallo une demande d'explications au sujet des grands préparatifs auxquels on procédait dans le royaume de Naples et qu'il fallait considérer comme le prodrome d'hostilités immédiates, Murat répondit, le 28, par une lettre qui, après tant d'autres, montre en lui une duplicité tranquille qui étonne encore! Il parle d'abord « du système inviolable qu'il a adopté de rester l'ami et de devenir même l'allié de la Grande-Bretagne. Ni les événements de France, dit-il, ni ceux que peut amener la conduite aussi extraordinaire que peu méritée de l'Autriche à mon égard, ne sauraient l'ébranler ». Et, après avoir énuméré ses griefs contre l'Autriche, il dit : « Si l'Autriche est décidément résolue à me faire la guerre, j'ai dû concentrer mon armée et reprendre mes anciennes positions sur le Pô. Si elle veut rester mon alliée, j'ai dû reprendre également mes positions sur ce fleuve pour agir de concert avec elle. Ainsi, les mouvements de mon armée ne doivent pas vous surprendre, ni rompre les liens d'amitié qui unissent, pour le moment, la Grande-Bretagne et le royaume de Naples, puisque, quels que soient les résultats des événements en Italie, le roi de Naples ne pourra que sentir davantage le danger réel qu'il aura à craindre du côté de la France et tout l'avantage qu'il doit tirer d'une alliance avec l'Angleterre, et j'ose avancer que cet avantage serait réciproque. »

Ainsi, au moment même où il attaque les avant-postes autrichiens annonce-t-il qu'il entend maintenir la paix avec « ses alliés » et propose-t-il son alliance contre la France dont il a à attendre, « toutes sortes de dangers ».

Les ordres de marche ont été donnés par lui pour le 27 à la première heure. Le 27 entre Fano et Pesaro, le général Pepe, commandant la brigade de tête de la division Carascosa, rencontre un voyageur qui courait la poste avec un passeport suisse : ce voyageur, qui se fait reconnaître pour être un secrétaire du roi Joseph, donne au général les renseignements sur les troupes que rencontrera devant soi l'armée napolitaine et, assuré qu'il trouvera le roi à Fano ou à Sinigaglia, continue sa route. La lettre qu'il apporte, écrite par Joseph sur les indications données par l'Empereur lorsqu'il est arrivé à Lyon, n'a donc été pour rien dans la décision prise par Murat. Aussi bien, cette lettre, même dans la copie défectueuse — vraisemblablement à dessein — qu'on en possède, ne saurait passer pour un encouragement à une action de guerre; encore moins peut-on y trouver ces phrases que les apologistes de Murat prétendent y avoir lues « tant sur l'arrivée prochaine de l'Impératrice et de son fils qui était annoncée de Vienne et qui était le présage du rétablissement de l'Empereur, que sur la position où se trouverait, s'il agissait dans un sens contraire, le roi, beau-frère de l'Empereur qui, élevé par lui sur le trône, serait le seul des souverains de l'Europe en guerre avec la France, puisqu'on était certain de la neutralité bienveillante de la Russie et de la Prusse et qu'on traitait au moment même, avec assurance de succès, avec l'Angleterre ».

Dans cette lettre, Joseph n'a fait que reproduire expressément, par ordre de l'Empereur, les paroles mêmes que l'Empereur avait fait porter à Murat par Colonna et, ç'a été tout au contraire la paix avec l'Autriche qu'il a recommandée, c'est sur la paix avec l'Autriche, renvoyant en France l'Impératrice et le Prince impérial, qu'est fondée toute la politique de Napoléon. Et il aurait recommandé à Murat d'attaquer l'Autriche — alors que lui-même n'était pas encore arrivé à Paris, qu'il ignorait tout des troupes qui seraient disponibles et des difficultés qu'il allait rencontrer, dans le Midi ou en Vendée !

Le texte qu'on possède est trop fautif pour qu'on en fasse état. Il a pu être faussé dans un but explicable ; mais, tel quel, il fournit des indications sensiblement analogues à celles que donne Joseph le même jour, sur la même invite, à M. de Schandt. C'est là même ce qui montre sur quels points ont porté les interpolations.

[1] Voici ce texte :

Prangins, le 16 mars 1815.

« L'Empereur est entré à *Auxonne* avec toutes les troupes qu'il a rencontrées sur sa route et le maréchal Ney, avec celles qui étaient rassemblées à Lons-le-Saulnier, a suivi l'Empereur. Le peuple, l'armée et la *Capitale* ont abjuré les couleurs royales et reconnu l'Empereur. Les Bourbons sont en fuite de tous côtés. Le général Maison, parti de Paris avec toutes les troupes qu'il a pu ramasser sur la route, a été abandonné et s'est sauvé avec vingt gendarmes. Il n'y a qu'un élan en France comme en 89. L'Empereur couche ce soir à Chalon. Il arrivera à Paris avec plus de cent mille hommes.

(*Sic*) « Je suis soutenu par l'espérance de servir mieux notre patrie commune et de détacher l'Autriche. L'Empereur me le

L'on connaît au surplus quel était l'état d'esprit de l'Empereur huit jours après qu'il fut entré à Paris. Le colonel de Bauffremont y était arrivé

mande. Vous, mon frère, secondez les généreux mouvements de la grande nation que vous avez contribué à illustrer, vous le pouvez par les armes et par la politique. C'est le moment de la décision. Parlez à l'Autriche par votre exemple et par vos paroles. L'Empereur ne devant s'occuper que du bonheur intérieur de la France à qui il se doit plus que jamais, l'Autriche ne verra qu'elle et vous. Votre trône sera consolidé par votre alliance avec la France et l'Autriche. J'espère que le prince de Suède secondera ce mouvement contre les Bourbons de France et de l'Italie, que l'Autriche rendra à l'Empereur sa femme et son fils. Parlez, agissez selon votre cœur : Marchez sur [les Alpes ?] et ne [les] dépassez pas. Je vous garantis que vous serez heureux parce que votre politique sera d'accord avec vos devoirs comme Français, comme bon parent, comme homme de la Révolution qui doit tout au peuple et rien au droit divin ni aux idées du VIIIe siècle. Point de Bourbons ! Honneur aux hommes de la Révolution ! Je vous réponds aujourd'hui de l'Empereur. Je vous prie de donner ces nouvelles aux membres de la Famille qui se trouvent en Italie. »

Cette lettre n'existe qu'en copie aux Archives des Affaires Étrangères. *Vol.* 1801, *fol.* 26. *Napoléon*, 1815. *Mars, Avril.* Elle a été en partie publiée par Iung. *Lucien.* III, 230. Bien des choses m'y étonnent : 1° La date : Prangins 16 mars ; alors que la première phrase est ainsi conçue : « L'Empereur est entré à *Auxonne* ». — Le 15, l'Empereur couche à Autun, le 16, à Avallon, le 17 à Auxerre. Il faut vraisemblablement au lieu de *Auxonne*, lire *Auxerre;* car c'est à Auxerre que le maréchal a rejoint l'Empereur, mais, plus loin, on lit : « L'Empereur couche ce soir à Chalon. » Or c'est le 14 que l'Empereur couche à Chalon-sur-Saône. Et il est très vraisemblable que l'Empereur a écrit à Joseph de Mâcon d'où il est parti le même jour à 11 heures du matin. Il ne peut pas à la fois coucher à Chalon le 14 et entrer à Auxerre le 17. Il y a donc assurément, ou une mauvaise lecture, ou une interpolation. Toutefois il est remarquable que Ney a pris son parti le 13, que l'Empereur en était instruit et que, par suite, il a pu en écrire le 14 à Joseph ; mais cette première incertitude n'en subsiste pas moins. 2° La phrase « marchez sur les Alpes et ne les dépassez pas », est inconciliable avec ce qui la précède et la suit. Peut-être en est-il ici comme pour *Auxonne* et faut-il de son côté et avait remis, le 26, la lettre de Murat en date du 11. Elle avait été présentée à l'Empereur en ces termes : « Lettre du roi de Naples à l'Empereur pour l'assurer de son dévouement et de son attachement. » L'Empereur l'avait annotée : « Renvoyé au ministre des Affaires Étrangères pour faire une réponse. » Sur la minute de la réponse on lit : *Par M. de Bauffremont*. Il s'agit donc bien de la réponse à la lettre apportée par M. de Bauffremont et non d'une réponse à la lettre apportée — s'il y en eut une — par la goélette napolitaine qui, selon un plan concerté, était partie de Naples le 3 et était venue relâcher à Toulon le 19, le capitaine donnant pour prétexte qu'il venait prendre divers effets appartenant à la reine que devait lui remettre le consul. L'Empereur tentera d'utiliser cette goélette pour porter sa réponse en triple expédition; de même il emploiera M. de Bauffremont et un officier de la garde napolitaine, mais ce sera pour la réponse à la lettre Bauffremont. Après avoir raconté la marche triomphale qu'il vient de faire à travers la France et dont rendront compte les collections de *Moniteurs* dont sera porteur chacun

lire, soit *Ancône*, comme il est dit dans les *Mémoires de Napoléon*, soit *Adige* comme il est dit dans la lettre antérieure. De plus, il semble extraordinaire que, dans cette lettre, Joseph, contrairement à ses habitudes, s'abstienne de tutoyer son beau-frère. Ou il s'agit ici d'une reconstitution faite de mémoire par quelqu'un qui est peu au courant des faits, ce qui expliquerait un certain nombre des lapsus ; ou il s'agit d'une pièce glissée à dessein dans les archives publiques pour chercher à innocenter Murat en inculpant l'Empereur.

de ses messagers, il ajoute : « J'ai une armée en Flandre, une en Alsace, une dans l'intérieur, une qui se forme dans le Dauphiné. Jusqu'à cette heure, je suis en paix avec tout le monde. Je vous soutiendrai de toutes mes forces. Je compte sur vous[1]. Vous devez penser que mon désir sincère est de maintenir la paix, que ce serait surtout aussi une garantie pour le sort de Votre Majesté, mais, si nous étions obligés de recourir aux armes, je me trouve dès aujourd'hui parfaitement en mesure d'en affronter les chances et l'unanimité de la réunion des Français autour de moi m'assure que la nation entière est prête à me soutenir avec énergie ».

Il importe peu que cette lettre, malgré les précautions prises pour l'expédition, soit ou non parvenue entre les mains de Murat[2], elle atteste les sentiments de l'Empereur à cette date, senti-

[1] Cette partie omise dans la *Correspondance* (n° 21745) a été publiée par Debrotonne (N° 1379).

[2] Je ne suis nullement convaincu que cette lettre, comme l'a récemment affirmé un historien improvisé, ne soit pas parvenue aux mains de Murat. Après avoir rempli sa mission près de l'Empereur, M. de Bauffremont était reparti, porteur de cette lettre, pour Naples. Il fut arrêté à Turin où il fut détenu pendant neuf jours et il dut ensuite rétrograder sur la France. « Il arriva le 12 avril et chemin faisant répandit le bruit de quelques succès de Murat contre les Autrichiens, et alla porter ses dépêches au Roi : » Il repartit de Lyon, parvint jusqu'à Naples à la mi-mai; à preuve : sur le livre des dépenses de la reine est écrit :

14 MAI. — *A M. de Bauffremont pour frais de voyage au quartier général*, 600 francs.

ments qui étaient tels encore dix jours plus tard. Tant que le Midi n'avait pas été pacifié, on n'avait pu songer à expédier le chargé d'affaires ou le ministre que l'Empereur avait annoncé : mais, d'ici que ce ministre arrivât, Caulaincourt, par la dépêche en date du 8 avril servant d'instructions au cardinal Fesch nommé ministre à Rome, lui avait dit : « Vous pouvez, monsieur le Cardinal, si vous le jugez à propos, nommer un chargé d'affaires à qui vous donnerez vos directions » et il avait ajouté : « L'Empereur veut bien vivre avec la cour de Rome, mais, en même temps, il doit mettre du prix à ne pas contrarier les justes prétentions du roi de Naples. Votre Éminence sait combien le concours de ce prince est utile à Sa Majesté et elle emploiera tous ses soins à concilier ce double intérêt. Vous pouvez, monsieur le Cardinal, assurer le pape de ces bons sentiments de l'Empereur et l'engager à retourner à Rome, si pourtant le roi de Naples n'y voit pas d'inconvénient.

« Nous devons supposer que le roi est informé de tout ce qu'on a tramé contre lui. Il n'aura pas été dupe des démonstrations mensongères de M. de Metternich et ne se laissera pas abuser par de fausses confidences ni même par la production de pièces fausses. L'Empereur ne veut pas séparer sa cause de la sienne : quand même les alliés voudraient rester en paix avec la France, si le roi était menacé, il ferait la guerre pour le soutenir. »

A cette date, l'Empereur se flattait donc que la

guerre entre Murat et l'Autriche pouvait être conjurée et que l'armée napolitaine prendrait seulement position en avant d'Ancône. Il connaissait les faux commis dans le cabinet du roi de France et s'attendait que l'Autriche eût été aussi favorisée que l'avait été l'Angleterre ; sans doute pensait-il qu'on ne s'était point arrêté là et qu'on avait fabriqué d'autres armes pour le brouiller avec Murat.

Peu confiant dans les talents du chargé d'affaires qu'accréditerait son oncle, il était pressé d'avoir un agent de valeur près de Murat : « Marseille est soumis, écrit-il le 10 à Caulaincourt, il est donc nécessaire de faire partir sur-le-champ un chargé d'affaires pour Constantinople et un ministre pour Naples. Si cela convenait au général Belliard, il serait très propre à cette mission. »

A peine sait-on, à ce moment, que Murat s'est mis en marche. La première nouvelle en paraît dans le *Journal de l'Empire* du 11 : encore ne connaît-on que ce qui est relatif aux États pontificaux et, dans le rapport sur la situation extérieure que présente à l'Empereur, le 12 avril, le ministre des Affaires Étrangères et qui est publié le 15, est-il dit simplement : « Au milieu de cet ébranlement de l'Autriche vers l'Italie, le roi de Naples n'a pu rester immobile. Ce prince, dont les Alliés avaient précédemment invoqué les secours, dont ils avaient reconnu la légitimité et garanti l'existence, n'a pas pu ignorer que leur politique, modifiée depuis par des circonstances différentes, aurait mis son trône en danger, si, trop habile pour s'abandonner à leurs promesses, il n'avait pu s'affermir sur de meilleurs fondements. La prudence lui a prescrit de faire quelques pas en avant pour observer les événements de plus près et le besoin de couvrir son royaume l'a obligé de prendre des positions militaires dans les États romains. »

Ainsi peut-on affirmer que nulle excitation, nulle approbation n'est venue de l'Empereur, lequel s'était flatté d'abord que la paix pourrait être maintenue ; ensuite, que, si elle ne pouvait l'être, Murat gagnerait assez de temps pour que la France pût l'aider. Mais l'alliance avec la France n'était nullement l'objet que se proposait le roi de Naples.

A quoi bon des hypothèses et des spéculations? N'a-t-il pas très nettement dit lui-même ce qu'il cherchait et quel était son but? Ne l'a-t-il pas révélé à Jérôme en pleine confiance et dans l'intimité de sa pensée, lorsqu'il a, le 28, à six heures du soir, retrouvé son beau-frère échappé de Trieste et n'a-t-il pas affolé par cette confidence inattendue l'ex-roi de Westphalie?

Mais ce n'a point été à son beau-frère, ç'a été à l'univers entier que le lendemain il a confié sa pensée maîtresse. Ç'a été avec la solennité qui doit consacrer l'acte initial de l'existence d'une nation que, le lendemain, Murat a proclamé l'indépendance de l'Italie et ce redondant appel, dont il a, paraît-il, demandé la rédaction à un des écrivains libéraux le plus en vue, c'est le programme que les loges et les ventes lui ont fait agréer, qu'il a fait sien, qu'il a signé et qu'il va tenter de réaliser par les armes. Or, ce programme est d'abord un manifeste contre la France bien plutôt que contre l'Autriche. « Et à quel titre, dit Murat, des peuples étrangers prétendent-ils vous enlever cette indépendance, premier droit et premier bien de toute nation? A quel titre dominent-ils nos plus belles contrées?... De quel droit vous enlèvent-ils vos enfants pour les faire servir, languir et mourir loin des tombeaux de leurs ancêtres? C'est donc en vain que la nature a élevé pour vous garantir la *barrière des Alpes*, qu'elle vous a entourés d'un rempart plus insurmontable encore, celui de la différence des langues et des mœurs et de l'invincible antipathie des caractères? — Non. — Que toute domination étrangère disparaisse du sol italien! »

L'on ne saurait penser que c'est de l'Autriche qu'il s'agit ni qu'elle soit séparée de l'Italie par les Alpes. Quel sera donc l'allié dont Murat invoque l'appui? Il va le dire : « Les hommes éclairés de tous les pays, toutes les nations dignes d'un gouvernement libéral, les souverains qui se distinguent par la grandeur de leur caractère se réjouiront de votre entreprise et applaudiront à votre triomphe. *Pourrait-elle ne pas applaudir à vos efforts, cette Angleterre, le modèle de gouvernement constitutionnel, ce peuple libre qui met sa gloire à combattre et à répandre ses trésors pour l'indépendance des nations ?* »

Murat parle ensuite de la perfidie des ennemis qui ont trompé les Napolitains et opprimé les Italiens. A la vérité, il ne dit point que c'est lui qui a dénoncé les Unitaires au gouvernement de Vienne.

Plus étrange encore est l'ordre du jour à l'armée : il dit que l'Autriche a demandé, provoqué une alliance si nécessaire au succès de ses armes en Italie et aussitôt qu'elle a pu oublier impunément la coopération des Napolitains, elle a tourné contre eux ses armes « que, écrit Murat, nous faisions triompher l'année dernière au prix de notre sang sur les rives de la Secchia et de l'Eridan ». Et il ajoute : « Soldats ! Nous combattrons dans ces mêmes champs qui naguère furent les témoins de notre valeur; nous délivrerons de nos ennemis ces mêmes provinces qui étaient devenues le prix de votre triomphe, que vous avez cédées à l'Autriche comme gage de conditions qu'elle n'a pas remplies. » Et comme, avec Murat, on a toujours des surprises, il achève le discours qu'il adresse à ses soldats en leur disant : « C'est sous vos drapeaux où sont gravés les mots d'*honneur et fidélité sans tache* que les Italiens s'uniront, armés d'un noble et généreux courroux et indignés de trouver sur les enseignes de vos ennemis les mots de *mauvaise foi et perfidie*. »

Murat était tellement plein d'illusions et il était

si adroit à en former qu'il croyait peut-être disposer, comme sur le papier, de 95.000 hommes, compris les compagnies provinciales, les compagnies d'élite, la gendarmerie et le reste ; au moins était-il certain que son armée d'opérations ne pouvait être inférieure à 60.000 hommes — exactement 59.241 avec 78 canons : or, il disposait en réalité de 40.000 hommes (39.270) et de 56 canons. L'Autriche pouvait lui opposer dans un temps très bref 157.000 hommes. N'était-ce pas folie d'attaquer un contre quatre, avec une armée où trois des régiments avaient été formés des forçats tirés des galères, où, entre officiers supérieurs, existait une rivalité de race et d'origine qui devait amener de terribles conflits : sur 25 généraux, 10 étaient Français ; sur 27 colonels 13. L'année précédente, à l'appel de l'Empereur, les Français au service de Murat qui avaient le sens de l'honneur, avaient quitté ses drapeaux et étaient rentrés sous les aigles ; ceux qui étaient restés, qui n'avaient pas craint de combattre leurs concitoyens, n'étaient point faits pour inspirer confiance à leurs compagnons de guerre. C'était pour réaliser l'indépendance de l'Italie que Murat appelait à lui tous les Italiens, et la proclamation enflammée qui les invitait à chasser du sol sacré tous les étrangers, Autrichiens et Français, était contresignée par le capitaine des gardes, chef de l'État-Major général, Millet de Villeneuve, un Français !

Les Autrichiens devaient nécessairement replier

les troupes qui se trouvaient aventurées dans l'Italie méridionale, jusqu'à ce qu'ils eussent pu se concentrer et l'offensive qu'avait prise Murat ne pouvait manquer de lui assurer quelques succès trompeurs. Ainsi la brigade Pepe, de la division Carascosa, se présenta devant Cesene, qu'occupaient 2.500 Autrichiens; ceux-ci se retirèrent en bon ordre, gagnèrent Forli d'où ils se dirigèrent sur Imola et Bologne. Le 2 avril, la première division napolitaine arriva devant Bologne que défendait le général Bianchi, à la tête de 9.000 hommes. Il était en nombre supérieur, et eût pu battre ses adversaires, mais il avait l'ordre de se replier en évitant tout combat inutile. Le 3 avril, les Napolitains entrèrent à Bologne, au milieu d'un de ces enthousiasmes qu'ont pu successivement apprécier tous les conquérants. Toutefois quelques jeunes gens parurent disposés à s'engager dans l'armée napolitaine; les professeurs de l'Université se livrèrent à des démonstrations patriotiques et des députés furent envoyés dans diverses villes pour former un pacte fédératif.

Le 4, la première division se heurta sur le Panaro à 6 bataillons et 8 escadrons sous les ordres du général Bianchi. Carascosa s'apprêtait, par un mouvement très simple de feinte directe et d'attaque sur la droite, à obliger les Autrichiens à une prompte retraite. Murat survint; il approuva complètement les dispositions du général : « Vous avez raison, dit-il, pourquoi aller se casser le nez au pont? » Il continua sa route, jusqu'aux avant-postes, suivi de son état-major. Aux avant-postes, il trouva deux compagnies et, emporté par une sorte de folie guerrière, il leur fit engager le feu, et attaquer justement ce même pont « auquel il ne voulait pas se casser le nez ». Il en résulta un combat assez vif où fut blessé grièvement le général Filangieri, aide de camp du roi, où Carascosa manqua d'être pris et où 120 hommes environ furent mis hors de combat. Mais le symptôme vraiment grave, c'était le chiffre de 538 disparus sur 8.400 hommes ; les Autrichiens n'accusant que 200 prisonniers, c'étaient au moins 300 déserteurs.

Murat était enivré ; il était entré à Modène ; deux de ses divisions allaient occuper Florence, à la vérité sans communication avec Bologne et fort hasardées à distance du gros ; il ne doutait de rien ; aussi échoua-t-il à l'attaque de la tête de pont d'Occhiobello dont il prétendit s'emparer sans attendre l'artillerie de position et où, après un premier échec le 7, il s'obstina le 8 jusqu'à ramener six fois à l'attaque ses soldats épuisés. Les Napolitains parvenaient, non sans peine, à repousser une sortie et une contre-attaque des Autrichiens qui devaient rentrer dans leurs ouvrages, mais l'échec qu'avait reçu le roi en personne n'en était pas moins complet — aussi complet que celui éprouvé à Pistoia par Livron et Pignatelli, lesquels, pour s'ouvrir une communication avec Bologne, avaient attaqué Nugent et avaient été obligés de se replier sur Florence.

Telle était la situation dix jours après l'ouverture des opérations ; mais, bien plutôt par la désertion que par le feu de l'ennemi, quelque folles que fussent d'ailleurs ses entreprises et ses conceptions stratégiques, son armée fondait : elle fondait comme avait fondu l'armée napolitaine en Espagne, car elle était presque pareille en qualité et, comme en Espagne, elle trouvait partout, pour la désertion, du côté autrichien, comme du côté pontifical ou florentin, des encouragements et des excitations. C'était par bandes que les soldats quittaient leurs drapeaux, fort peu soucieux de la nouvelle cocarde que Sa Majesté leur offrait.

Murat, en proclamant l'indépendance de l'Italie, n'avait pas voulu reprendre les couleurs que Napoléon avait données en 96 à la Cisalpine : vert, blanc et rouge ; « il jugeait à propos de réunir les couleurs qu'il avait déjà prises dans son royaume de Naples, comme le symbole de l'honneur et d'une fidélité sans tache, devise de sa brave armée, avec celles que les armées italiennes avaient rendues célèbres sur tous les champs de bataille de l'Europe » ; en conséquence, il avait décrété que « la cocarde italienne serait composée de rubans à raies d'égale grandeur amarantes et vertes ». N'était-ce point signifier aux Italiens qui d'ailleurs ne s'empressaient nullement d'accourir *sous ses chevaux* — la hampe des drapeaux de Murat était surmontée d'un cheval, doré, galopant sans frein, pièce des armoiries de la cité et province de Naples — n'était-ce point leur annoncer que l'Italie serait annexée au royaume de Naples? Il est vrai qu'en adoptant, pour signer ces décrets, le nom de Napoléon mis de côté depuis plusieurs mois, il s'attendait assurément à éveiller dans l'esprit des napoléonistes italiens une opinion favorable sur ses relations avec l'Empereur — à moins qu'il ne voulût faire croire qu'en usurpant le nom de l'Empereur, il se donnait part à son génie.

Échec donné par les Autrichiens, échec donné par les Italiens, c'était beaucoup : il y avait pis : les Anglais ! A la lettre que Bentinck lui avait écrite au sujet du rassemblement de ses troupes, Murat avait répondu le 4, lorsqu'il s'exaltait sur ses triomphes, par une sorte d'ultimatum : « Si vous vous êtes cru obligé, lui disait-il, de me demander des explications sur les mouvements de mes troupes, les circonstances actuelles me font vivement désirer à mon tour de connaître le système que vous vous proposez de suivre en cette occurrence. Je me plais toujours à croire que l'Angleterre protégera cet enthousiasme unanime que font éclater les Italiens pour leur indépendance. » Bentinck n'avait point laissé se prolonger l'incertitude : dès le 5 avril, répondant à une lettre de Gallo du 28 mars, il avait fait savoir à celui-ci qu'il considérerait la notification qui lui serait faite, par le commandant en chef autrichien, de l'ouverture des hostilités entre ses troupes et les Napolitains, « non seulement comme mettant fin à l'armistice, mais comme imposant aux commandants des forces britanniques de terre et de mer le devoir de seconder de tous leurs moyens les armées autrichiennes ». Et il ajoutait que les excitations à la révolte contre le roi de Sardaigne, « l'un des plus vieux et des meilleurs alliés de l'Angleterre, et les attaques que Murat avait dirigées contre lui par la proclamation de Rimini, l'obligeaient à employer tous ses efforts pour repousser un attentat aussi indigne contre ce souverain ».

Tout ce qui était anglais le condamnait en même temps ; Wellington et Castlereagh. Le ministère n'avait plus à craindre que le Parlement invoquât la bonne foi de Murat : M. de Blacas avait fourni des armes qui, pour faussées qu'elles étaient, n'en frappaient pas moins. Plus tard comme plus tard; quand le faux serait découvert, le trône de Murat serait renversé et peut-être lui-même serait mort.

Le 7, Bentinck fait connaître à tous les agents britanniques que, Murat ayant attaqué les Autrichiens, l'armistice est terminé et qu'ils doivent prêter aide et assistance aux Autrichiens. Le 9, Murat reçoit la notification de la déclaration de guerre par l'Angleterre.

Il était temps pour lui de revenir sur ses pas et de pourvoir à la défense de ses États, mais il avait pour battre en retraite bien d'autres raisons que la crainte d'une descente anglaise — d'ailleurs probable. L'armée autrichienne tout entière était en manœuvre contre lui et, s'il n'avait pu avoir raison de quelques corps détachés, quelle résistance opposerait-il à des forces qui s'accroissaient à proportion que les siennes diminuaient et que la désertion les réduisait de plus de moitié? Il était incapable de résister à l'offensive que prenait le général en chef autrichien, le baron de Frimont. Sur l'ordre de celui-ci, Bianchi s'emparait le 11 de la ville de Carpi et forçait les Napolitains à se retirer derrière la Secchia; le 13, la citadelle de Ferrare était débloquée, Murat évacuait Bologne et se mettait en pleine retraite, perdant une partie de ses bagages.

Toutefois les Autrichiens auraient eu tort de penser qu'il en serait de cette armée comme il avait été jadis de celles commandées par Damas et par Mack. Sur une trop vive attaque des Autrichiens, la division Carascosa fit front et arrêta l'ennemi.

Se défendre est tout ce que Murat peut espérer. A ce moment, c'est à peine si, à Paris, on sait qu'il s'est mis en mouvement. L'Empereur ne peut pas douter que, pour avoir pris cette initiative, il n'ait eu de bonnes raisons et qu'il n'ait profité d'intelligences analogues à celles qui sont venues s'offrir à l'île d'Elbe : d'un jour à l'autre, une révolution a pu se produire au profit de Murat telle qu'elle se fût produite à son compte. Il est grand temps qu'on aille y voir et que Belliard parte pour Naples.

Belliard ne s'en soucie pas. Nommé à la date du 13 avril, il refuse par trois fois et ne se décide à accepter que sur un ordre impératif. Sa nomination n'est définitive que du 19. Des nouvelles sont arrivées dans l'intervalle. De Lyon, le 13, on a annoncé que Murat est arrivé à Plaisance ayant constamment, depuis Rimini, battu les Autrichiens et leur ayant fait 1.500 prisonniers. Le *Moniteur* portant la date du 19, sous la rubrique de Florence, le 3 avril, raconte l'entrée à Rimini, le départ du grand-duc de Toscane. Le 20, paraît sous la rubrique : Augsbourg, la proclamation de Rimini. L'Empereur en est donc instruit lorsqu'il reçoit Belliard. « Je suis très contrarié, lui dit-il, que Murat ait commencé; je ne veux pas la guerre »; mais il ajoute : « Murat a agi pour moi; je le soutiendrai. Vous lui direz que j'organise une armée sur les frontières du Piémont pour lui donner la main. Il faut arriver à Milan. » Puis il entre dans le secret des instructions. Il n'a point renoncé à l'Italie; s'il consent que Murat en ait sa part, il réclame la sienne, et il entend bien, avant de mettre un homme en mouvement, avoir reçu des garanties. Le plan qu'il développe est à peu près celui auquel il s'était rallié — de force plus que de gré — en janvier 1814 : deux grands États indépendants s'équilibrant au nord et au sud »; point de

Murat dans l'Italie du nord, à portée de la France. « Au surplus, dit-il à Belliard, vous verrez sur les lieux ce qu'on peut faire et, d'après les événements, vous arrangerez tout pour le mieux, dans les intérêts de tous, comme vous le jugerez convenable ; je vous donne carte blanche, mais partez bien vite, Murat a besoin de vous. »

Combien il lui manquait en effet, son chef d'état-major, celui qui lui avait prêté son intelligence, ses talents, ses connaissances stratégiques, celui grâce auquel l'intrépide sabreur avait fait figure de chef d'armée : Mais combien de temps allait s'écouler encore avant que Belliard le rejoignît ! Il a quitté Paris le 22 avril ; retardé par l'attente du duc de Padoue que l'Empereur envoyait en Corse, et pour qui Decrès ne pouvait fournir un second bâtiment, il s'embarqua le 27 sur la frégate la *Dryade* qui ne relâcha à Bastia que le 30. Chassée par un vaisseau anglais dans les parages de l'île d'Elbe, la *Dryade* se réfugia à Porto-Ferrajo, d'où un courrier, porteur des mauvaises nouvelles qui venaient d'y arriver de la retraite de Murat, fut expédié à l'Empereur. Le 4 mai, la *Dryade* reprit la mer; mais, à la hauteur d'Ischia, elle tomba dans une division anglaise et, durant qu'elle cherchait à gagner Gaète, Belliard se jeta dans un canot avec son aide de camp, échappa aux Anglais par des chances surprenantes et arriva à la fin à Naples le 9, à 3 heures de l'après-midi. Il se rendit aussitôt chez la reine qui, en l'apercevant, s'écria : « Comment avez-vous fait pour arriver?... que n'êtes-vous venu il y a un mois, que de malheurs vous nous auriez évités! » Et elle lui raconta ce qui s'était passé, avec cette intelligence, ce feu, ce don de parole qui sont une des caractéristiques de la race. Madame, Fesch, Jérôme, qui, comme on a vu, avaient par diverses voies rejoint Naples de l'Ile d'Elbe, de Rome et de Florence, étaient présents et apportaient sur des points certaines précisions.

Belliard apprit ainsi ce qui s'était passé. Murat, dès le 16 avril, avait parfaitement conscience que la partie était perdue. Il avait tenté de donner le change au public en présentant les déclarations de Bentinck « comme le prétexte de son mouvement rétrograde », mais en réalité il n'aspirait qu'à traiter avec l'Autriche, à se faire pardonner, prêt à dire comme un enfant pris en faute : je ne l'avais pas fait exprès, et à invoquer la maldonne. Alors, il chercha à s'abriter derrière sa femme; malgré qu'elle eût refusé la régence, il la lui imposa (18 avril) confiant qu'avec son adresse, sa fidélité à l'alliance autrichienne, les vieux souvenirs qu'elle invoquerait près de Metternich, l'appui qu'elle trouverait près de Mier, dont il regrette tant le départ, elle arriverait à tirer encore parti d'une situation qu'il jugeait déjà désespérée.

De son côté, il expédia des instructions à ses plénipotentiaires à Vienne, les invitant à faire près de Metternich des ouvertures pour la paix. Combattre le corps autrichien qui le suivait de plus près, remporter un avantage sur Neipperg fort aventuré, et traiter tout de suite, c'était la combinaison qui pouvait se présenter à son esprit, mais, là encore, ses hésitations succédant à ses coups de tête, il s'arrêta, laissant les Autrichiens se rejoindre.

Il faisait faire par Gallo de nouvelles ouvertures à Bentinck, et Gallo déclarait que son roi avait tout fait pour éviter le *malentendu* avec l'Autriche. « Le roi, écrivait-il, vient de proposer au commandant autrichien une suspension d'armes. La rentrée des Napolitains dans leurs anciennes positions faisant cesser tout sujet de malentendu entre les deux puissances, la guerre n'aurait plus aucun but et il serait bien cruel de prolonger les maux de l'humanité. Ce motif dicte la conduite du roi et, si l'Autriche n'a pas le projet de combattre pour envahir le reste de l'Italie, il est à espérer qu'elle sera sensible aux malheurs qu'entraînerait son refus et que l'offre du roi sera acceptée. »

Il comptait être victorieux : il fut battu sur le Ronco dont Neipperg força le passage : car c'était Neipperg qu'il avait devant lui : le chevalier d'honneur de sa belle-sœur, l'Impératrice-Archiduchesse, l'homme qui, dix-huit mois plut tôt, avait encouragé, signé, payé sa défection ; et après qu'il a été battu, il fait écrire par son chef d'état-major « au général en chef des armées autrichiennes » pour parler de la paix. C'est un pur hasard si des hostilités ont commencé, il n'est jamais entré dans les intentions du roi de déclarer la guerre. Dès que lord Bentinck lui eut fait savoir que sa marche en avant était désapprouvée par l'Angleterre, il aurait proposé une suspension d'armes, mais il a craint qu'on n'interprétât cette proposition « comme un moyen de suspendre l'activité des dispositions militaires contre son armée ». « Aujourd'hui, le roi se trouve avec toutes ses forces sur la ligne qu'il a jugé bon de choisir ; aujourd'hui qu'il est bien constaté que ses mouvements n'étaient pas forcés et qu'il en était bien le maître, Sa Majesté m'autorise à vous faire connaître qu'elle fait demander à Vienne de nouvelles explications et fait présenter à votre cour des ouvertures dont elle espère un heureux résultat. »

Puis il demande un armistice au commandant de l'avant-garde autrichienne « parce qu'il veut se réconcilier avec l'Autriche ». Sa proposition de rencontre aux avant-postes est naturellement repoussée et, pendant ce temps, les renforts sont arrivés aux Autrichiens, l'occasion est perdue d'attaquer la colonne Neipperg, Murat n'y pense point. Le 23 avril, il est en retraite sur Rimini, et certains incidents comme la surprise de Cesenatico, indiquaient, aussi bien qu'une nouvelle demande d'armistice que le roi fait porter par son secrétaire, M. de Coussy, l'état de découragement du chef et des troupes.

Toutefois n'a-t-il point si tort de penser qu'il pourrait, de Metternich, obtenir quelques douceurs : soit qu'on redoute son prestige, soit qu'on ait encore, à Vienne, des illusions sur ses talents militaires et sur la force de son armée, Metternich, à ce moment même, pense à faire ouvrir des négociations par Neipperg : ce n'est pas qu'il s'agisse de laisser à Murat le royaume de Naples, puisque l'Autriche vient de signer avec la cour de Palerme un traité qui lui assure la domination dans l'Italie méridionale, l'occupation par ses troupes du royaume, et le paiement de vingt-cinq millions, sans compter l'entretien de ses soldats, mais sans doute est-il question d'une compensation en argent ou peut-être même en territoire. Seulement, lorsque la lettre de Metternich arrivera à destination, il n'y aura plus d'armée napolitaine.

La retraite continue. Mal ou point gardée, la division Carascosa, surprise durant la nuit à Pesaro, se disperse sous l'attaque de deux pelotons de hussards, perd 250 prisonniers : la désorganisation est complète. Le 29 au soir, Murat entre à Ancône. Il s'était décidé à risquer le tout pour le tout, à livrer une bataille qui déciderait de son trône et peut-être de sa vie, car il n'entendait pas s'y ménager. Il engagea la lutte avec une armée singulièrement réduite : 14 à 15.000 fantassins, et environ 2.000 chevaux ; dans la journée du 3 mai il fut rejoint par sa garde : 7.000 fantassins et 1.500 chevaux. Les Autrichiens avaient 12.000 hommes d'infanterie et 1.600 chevaux. Toutes les fautes furent commises par les généraux de Murat, d'Aguino, Pignatelli et

Lechi; les hommes tinrent, certains avec une grande bravoure, durant les journées du 2 et du 3; mais, le 4, les Autrichiens envoyèrent quelques escadrons sur la route de Macerata et mirent le désordre dans l'infanterie. Murat essaya de les charger avec ce qu'il put ramasser de cavalerie; ils démasquèrent une batterie; quelques coups de canon, et les Napolitains s'ébranlèrent, s'enfuirent éperdus de terreur; à peine si 300 hommes restèrent autour du roi et lui firent escorte. Un peu plus tard, il fut rejoint par la division Carascosa qui s'était reformée à Ancône, et un certain nombre d'hommes se rallièrent à Porto di Ferno. Sous une pluie incessante, qui rendait presque infranchissables des torrents gros d'ordinaire comme des ruisseaux, la déroute — la retraite — continua à grand'peine. Acqui avait capitulé et la route de Naples pouvait se trouver coupée. Deux escadrons de cuirassiers rouvrirent le passage. On arriva à Castel di Sangro. Ce fut là que, le 11, Belliard rejoignit le roi : « Eh bien! lui dit Murat, mon brave Belliard, tu viens donc mourir avec moi! »

Les nouvelles que Belliard apportait de Naples étaient moins mauvaises qu'on n'eût pu les attendre. Sans doute, les Anglais avaient, par surprise, attaqué dans le golfe, la frégate française la *Melpomène*, l'avaient criblée de leurs boulets et s'en étaient emparés à la vue de la population entière de la capitale; mais la reine, avec une activité raisonnée et froide, un caractère qui se haussait naturellement aux circonstances, avait pris des mesures « pour arrêter la colonne autrichienne venant de Rome, pour couvrir les différentes routes et assurer la tranquillité de la capitale » ; la place, les forts étaient approvisionnés ; 5.000 hommes de troupes, en grande partie de la garde royale, qu'elle était parvenue à rassembler, étaient sous le général Macdonald, en route pour San Germano. La garde nationale occupait tous les postes et faisait le service avec zèle, mais il y avait tout à craindre des Anglais dont l'escadre tenait la mer et qui déjà avaient fait des propositions.

Belliard, bien qu'il dût sentir à quel point les circonstances rendaient oiseuse sa mission et vaines les instructions dont il était muni, en fit pourtant part au roi, qui ne manqua point, pour lui répondre, de prendre à partie ses généraux, ses conseillers, la reine même, qui, osait-il dire, l'avait poussé à déclarer la guerre, et il attribua naturellement sa retraite, non pas aux échecs qu'il avait subis et au peu d'enthousiasme qu'il avait trouvé chez les Italiens, mais à la menace du gouvernement anglais de lui faire la guerre s'il ne rentrait pas dans ses États ; et puis il raconta cette bataille de Tolentino « qu'il devait gagner » et qu'il perdit par suite « de l'abandon de ses troupes et du manque de foi de quelques généraux et officiers ».

Belliard l'engagea à gagner du temps, disant

que l'Empereur viendrait à son secours, qu'une armée française se réunissait sur les Alpes, que le roi devait se retirer de suite derrière le Volturne, fortifier Capoue, y rétablir son armée. Mais Murat prétendit d'abord, avec ce qui lui restait de sa garde à San Germano, donner une leçon à une division autrichienne qui lui semblait aventurée : ce fut sa garde qui fut surprise et dispersée. Dès lors, tout espoir fut perdu, l'armée se débanda, les soldats, se répandant à travers pays, pillaient les villages et tuaient les officiers. Les généraux n'étaient rien moins que sûrs et il était à craindre qu'ils ne traitassent pour leur compte avec l'ennemi. Certains trouvaient le moment opportun pour parler de constitution parlementaire, comme si le malheureux régime, déjà moribond, avait besoin par surcroît de ces germes de mort. On parlait politique, on discutait la réunion d'un parlement, on perdait son temps. Les Autrichiens à un moment, signifièrent qu'ils en avaient assez ; ils prononcèrent un mouvement par la droite et par la gauche pour menacer le quartier général qui était à Caserte : le roi n'avait plus que la ressource de rentrer à Naples où il arriva à neuf heures du soir. « Il fut reçu avec enthousiasme dans la rue de Tolède, raconte Belliard, et, quand il descendit de voiture à la porte de son palais, la garde nationale l'enleva et le porta dans ses appartements. » C'était de style.

Mais que trouvait-il en rentrant dans sa capitale ?

Le 26 avril, le commodore Campbell, en entrant dans la baie de Naples, avait adressé une première sommation qu'on avait prise pour une bravade ; revenu sur rade le 7 mai, il avait réitéré son ultimatum et, s'il avait levé le blocus pour suivre la *Dryade* qui parvint, grâce aux manœuvres de son commandant, à entrer à Gaëte après que Belliard eût quitté le bord, on ne pouvait douter qu'il allait revenir et l'écrasement déloyal de la *Melpomène* indiquait assez quelles étaient ses intentions.

Appelés en France par l'Empereur et ne voulant se livrer ni aux Autrichiens ni aux Anglais, Madame, Fesch et Jérôme durent faire leurs adieux à Caroline qu'ils laissaient ainsi en face des plus extraordinaires périls, sans argent et sans moyens, car elle ne vivait que sur les 500.000 francs prêtés par Jérôme le 25 avril. Ils partirent par terre pour Gaëte où ils devaient retrouver la *Dryade*, assurés qu'ils étaient par lettre du commodore Campbell que le libre passage leur serait assuré au travers des flottes britanniques, sous quelque pavillon qu'ils naviguassent pourvu que ce ne fût pas le napolitain. Les fils de Murat, Achille et Lucien, les accompagnèrent à Gaëte où s'empressaient ceux qui se sentaient le plus compromis et où certains généraux et plusieurs ministres abritaient ce qu'ils avaient de plus précieux.

Le 11, il avait bien fallu se décider à répondre aux sommations de Campbell : un conseil fut réuni où l'on discuta si Naples pouvait affronter un bombardement, quelles chances pouvait présenter la résistance et comment l'accueillerait la population. Maghella, ministre de la Police, avoua ses inquiétudes; Filangieri, intendant de la province, opina nettement pour l'acceptation des conditions, si dures qu'elles pussent être; quelques généraux parlèrent de repousser par le feu des forts l'attaque de la division anglaise et rallièrent le conseil à supplier la régente « de repousser des propositions déshonorantes pour le royaume et le peuple napolitain ». Caroline savait à quoi s'en tenir sur l'appui qu'elle trouverait auprès de ses sujets; si la garde de sûreté venait de l'accueillir avec enthousiasme lorsque, en uniforme amazone bleu et argent, elle en avait passé la revue, elle connaissait la valeur et le prix de ces acclamations. Entre la division anglaise qu'allait bientôt renforcer une flotte entière, et l'armée autrichienne, elle était prise comme dans un étau. Elle ne pouvait espérer de réponse aux lettres qu'elle avait adressées à l'empereur François et à Metternich; elle devait savoir que les généraux napolitains ne prenaient plus conseil que de leurs intérêts et, abandonnant la monarchie muratiste, étaient en train de traiter de leur sûreté personnelle. Il lui restait à assurer, s'il était possible, le salut de ses enfants, de ses partisans, de ses serviteurs, de sa personne et de ses effets. — Non certes qu'elle comptât emporter des trésors; elle sortirait de sa capitale plus pauvre dix fois qu'elle n'y était entrée et, quant à sa vie, elle avait une âme assez forte pour en mépriser la perte.

Elle ordonna à Gallo de rédiger les instructions destinées au prince Cariati qu'elle avait désigné pour cette négociation. On essaya de gagner du temps, on prétexta qu'on n'était pas en guerre avec la Grande-Bretagne et l'on obtint cette réponse d'une brutalité toute anglo-saxonne : « J'exige la reddition de la flotte napolitaine et des arsenaux et je m'engage dans ce cas à m'abstenir de toute hostilité et à envoyer à lord Exmouth ou en Angleterre les personnages désignés à cet effet par le Gouvernement napolitain. » Que faire? Se soumettre : et l'on livra le *Joachim* de 80 canons, on livra le *Capri* de 74 canons, on livra 2 schooners, et 24 canonnières ; on livra le vaisseau en construction à Castellamare, on livra les arsenaux avec tout ce qu'ils contenaient. On déclara dans la convention que signèrent, le 13, Campbell et Cariati, qu'il s'agissait là d'une consignation et d'un dépôt ; cela fit bien. Toulon, Copenhague, Anvers, c'est partout la même politique : ou bien, par quelque coup de trahison, comme à Brest, on tente d'enlever les vaisseaux de l'adversaire ; ou bien, par un simulacre d'alliance, l'on s'introduit dans ses ports pour brûler sa flotte ; ou bien, par un abus de la force, sans déclaration de guerre, on anéantit ses navires : il n'y a pas de droit contre l'Angleterre, son intérêt fait la loi et, pourvu qu'en détruisant toute résistance elle augmente constamment sa puissance offensive et sa domination sur les mers, il suffit.

Les phrases, Campbell ne s'y attache point; aussi reçoit-il sans protestation la lettre par laquelle le duc de Gallo au nom de la reine insiste sur ce fait que la convention « *le rend dépositaire* des bâtiments de guerre napolitains stationnés dans le port de Naples ». Que lui importe ? Il a les faits. D'ailleurs, comme il est obligé d'en référer à lord Exmouth qui commande dans la Méditerranée, celui-ci sera toujours libre de refuser sa ratification à la convention conclue par son subordonné, de supprimer les articles qui pourraient être de quelque avantage pour les Murat et de garder la flotte. Qu'ils se nomment Campbell ou Maitland, les subordonnés ont bon dos.

A quoi bon Caroline écrit-elle à présent à l'empereur d'Autriche, à quoi bon charge-t-elle Gallo de se rendre à Vienne ? Ses lettres et son messager ne sauraient arriver à temps pour présenter même une humble requête. Les Autrichiens se sont assurés, au combat qui vient d'avoir lieu à Castel di Sangro, de l'état des troupes même qui jusque-là ont à peine vu le feu ; ils se sont emparés, sans brûler une amorce, du parc d'artillerie de l'armée ; ils savent que les fuyards encombrent les rues de Naples, que partout les troupes se débandent, que la gendarmerie même a abandonné ses casernes ; que la populace commence à s'agiter ;

que des groupes hurlant et vociférant marchent vers le palais royal et que la reine ne les a arrêtés que par un acte singulièrement audacieux de courage et de sang-froid. En grande parure, le sourire aux lèvres, dans une calèche de gala attelée de six chevaux blancs, elle a parcouru les principales rues, escortée seulement des cavaliers de la garde nationale, en costume de hussards bleu et argent. Cela était si gracieux, si crâne, si *bien fait*, qu'à ses sourires et à ses saluts, les gens qui, tout à l'heure eussent égorgé la Française, poussèrent des acclamations enthousiastes et pour peu l'eussent portée en triomphe.

Toutes les tentatives que Murat avait faites pour entrer en négociation avec les Autrichiens ayant piteusement échoué, il ne lui restait que deux partis à prendre : le premier : se livrer aux Anglais qu'il accusait de l'avoir trahi et dont il répugnait à demander l'hospitalité ou aux Autrichiens qui l'interneraient dans une des provinces héréditaires où on fixerait tout ce qui serait relatif à son sort futur et à celui de sa famille ; le second : échapper par la fuite à ses adversaires en acceptant que les généraux traitassent pour leur compte, pour le compte de l'armée et de la population et en laissant à Caroline le soin de se tirer d'affaire le mieux possible. Au moins, de la sorte, n'abdiquerait-il pas en faveur du roi Ferdinand et n'aurait-il pas à relever ses soldats et ses sujets du serment qu'ils lui avaient prêté. Soit que sa vanité ne pût supporter cette humiliation suprême, soit que ses tenaces illusions lui fissent entrevoir dès lors une restauration possible, il réservait sa dignité royale. C'est pourquoi le 19, à 9 heures du soir, il s'échappa du palais royal.

Accompagné du duc de Roccaromana, grand écuyer, de ses aides de camp le général Rossetti, Bonafoux le général et Bonafoux le colonel, ses neveux, d'un officier d'ordonnance polonais, Malcewski, de Coussy son secrétaire, de Narcisse son piqueur et de trois valets de chambre, Leblanc, Charles et Armand, tous en habit bourgeois, le roi, à sa sortie du palais, monta dans la voiture du marquis de Giuliano. Des chevaux de selle l'attendaient hors la grotte de Pausilippe. A onze heures du soir, on arriva à Miniscola où Malcewski, parti en avant, se trouvait avec deux barques. Abandonnant les chevaux dans le bois du Fusaro, on s'embarqua pour Gaëte; mais la croisière anglaise fermait l'entrée du port. Murat reconnaît qu'on ne saurait passer — Malcewski en effet, qui a tenté d'éclairer la route, a été pris par les Anglais — et il débarque à Ischia. Là, le 20, il rencontre sa nièce, la duchesse de Corrigliano, qui prenait les eaux et qui a frété à Naples un petit bâtiment danois pour la ramener en France. Il est convenu que le roi partira avec elle. Mais, le 21, à 7 heures du matin, arrive de Coussy apportant la capitulation conclue à Casa-Lanza, entre Colletta et Neipperg, par laquelle le royaume est cédé aux Alliés pour en prendre possession au nom de Ferdinand IV. Le nom même de Murat n'a pas été prononcé : ses généraux, aussi bien Colletta qui a négocié l'armistice, que Carascosa qui, comme général en chef, l'a ratifié, n'ont rien stipulé pour lui, ils ont oublié qu'il existât. D'un instant à l'autre, il peut être fait prisonnier. A dix heures, on aperçoit un chebec venant de Naples sous pavillon anglais qui semble en panne. Le roi envoie le colonel Bonafoux pour le reconnaître : c'est un bateau qu'a frété le plus fidèle des serviteurs de Murat, le général Manhès, lequel, muni d'un sauf-conduit anglais, s'y est embarqué avec sa famille. Sur ce chebec, la *Santa Catarina*, ont pris passage un certain nombre d'officiers français en sorte que Manhès ne peut recevoir avec le roi que deux ou trois personnes. Murat désigne le colonel Bonafoux, son secrétaire Coussy, son valet de chambre Leblanc. Le reste rejoindra comme il pourra. Trois jours après, le 25, la *Santa Catarina* touche à Cannes et, après quelques difficultés motivées par une circulaire du bureau de salubrité de Marseille, annonçant que, la peste étant à Smyrne, les navires venant de Naples ne doivent être admis à libre pratique qu'après une quarantaine de dix jours, le sous-préfet de Grasse prend sur lui de laisser débarquer les passagers. Il y en avait une trentaine; outre le roi et sa suite, Manhès avec sa famille, le chevalier d'Azzia, l'adjudant général Garnier et une douzaine d'officiers appartenant à l'ancienne armée du royaume d'Italie, réfugiés à Naples après 1814.

Tout aussitôt qu'il a débarqué, Murat a expédié deux courriers, le premier à Fouché, le second à l'Empereur. Celui-ci est déjà averti. Le 28, le maréchal Brune lui a télégraphié directement : « Le colonel Desmoland (*sic*) est arrivé ce matin, venant de Naples et dit être chargé d'une mission verbale pour Votre Majesté. Il a des dépêches écrites, mais il les traite sans conséquence. Je vous envoie les dépêches par estafette et j'attends vos ordres relativement à lui ». Ce Desmoland, personnage fictif, était censé venir de Naples, de même que la lettre écrite de Cannes par Murat au sous-préfet de Grasse pour lui demander de lever la quarantaine était datée de Caserte.

Brune, d'ailleurs, est prêt à tout faire dans l'intérêt de Murat. « Peu après son débarquement, écrit le colonel L. Bourgoin qui eut en main les papiers de Brune, Murat avait envoyé, auprès du maréchal, d'abord son premier aide de camp et ensuite son médecin, pour lui annoncer qu'il se mettait avec confiance sous la protection de son ancien ami... et le maréchal, en rendant compte à l'Empereur de cette circonstance, ne négligea aucun moyen de persuasion pour lui inspirer des sentiments favorables à son beau-frère. » Bien mieux : lorsqu'il vint à Antibes prendre le commandement de l'Armée du Midi, Brune s'arrêta à Cannes où il eut avec le roi une assez longue entrevue à la fin de laquelle assista le général Merle.

Quelle était pourtant sur la conduite de Murat l'opinion de l'Empereur? Jusqu'au dernier moment il s'était refusé à admettre les bruits qui arrivaient de divers côtés : « Il n'est pas vrai, écrivait-il le 2 mai, que le roi de Naples ait été battu le 15; il a eu un avantage très marqué le 18 à Césène et se retire en bon ordre. » Pour influer sur ses sentiments un nouvel élément se produit : l'attaque dirigée contre Murat au parlement britannique. L'exposé que lord Castlereagh a fait le 2 mai à la Chambre des communes, des motifs qui ont entraîné la conviction du cabinet, la lecture qu'il a donnée d'une suite de pièces dont les seules importantes sont des faux caractérisés, ont provoqué chez l'Empereur une indignation bien naturelle : l'ignominie des faussaires lui est apparue en même temps que le délire de haine qui a amené des personnages considérables à cet acte déshonorant. A la vérité, le ministre anglais n'a pas découvert l'individu qui lui a directement remis les pièces[1] et celui qu'il a mis en avant a été uniquement le prince Talleyrand.

[1] Lettre du comte de Blacas à lord vicomte Castlereagh en date de Paris, 4 mars 1815. (Schoell, V, 40.)

« Vous trouverez ci-jointes, Milord, des copies des lettres dont vous avez vu les originaux entre mes mains : *On a retrouvé depuis, dans une autre liasse, trois minutes de lettres écrites par Napoléon dont une n'a pas de date.* J'ai l'honneur de vous en adresser pareillement des copies et ce ne sont pas les moins intéressantes dans l'immense quantité de papiers où il a fallu faire des recherches. » Or ce sont ces trois pièces, noyées parmi les autres qui ne présentent aucun intérêt, qui sont des faux.

Pourtant chacune des pièces communiquées porte la mention : *pour copie conforme :* Blacas d'Aulps ; autant dire Louis. C'est sur ces pièces que le cabinet britannique a condamné Murat, qu'il a ordonné à Campbell cet odieux abus de la force, c'est par là qu'il a été conduit à ces excès de dureté si choquants pour tous les Anglais qui ont été les hôtes de Caroline et de Murat.

Chez l'Empereur, l'indignation est double. Ce n'est pas seulement sa politique, c'est l'intimité de sa famille que le cabinet de Louis XVIII a cherché à atteindre par cette suite de lettres faussées. Ce sont ses sentiments personnels qu'on a exploités, et l'expression même de sa pensée. Il voulut, en donnant à cette machination la plus grande publicité, montrer de quelles armes se servaient contre lui les Bourbons et leurs serviteurs, dévoiler aux Anglais comme ils étaient dupes, leur prouver ce que valait l'honnêteté de leurs protégés. Il appela les Anglais qui se trouvaient à Paris à vérifier « ces fabrications impudentes ». M. Hobhouse, plus tard lord Broughton, le fidèle ami de lord Byron, fut un de ceux qui se présentèrent et qui reçurent, aux Archives, devant le duc de Bassano et par les mains de M. Joanne, l'un des chefs du secrétariat, communication des minutes dont M. de Blacas avait certifié les copies. Ils furent convaincus et le proclamèrent, mais qu'importait ? Ce qui était acquis était acquis — fût-ce par un faux — et la Grande-Bretagne, dont la pudeur se fût effarouchée peut-être à une action directe et personnelle, se trouva si fort à l'aise pour en bénéficier qu'elle en prit même la défense et que, en présence de preuves qui ne pouvaient laisser aucun doute à des gens de bonne foi, elle allégua, pour en faire l'apologie, les plus subtiles distinctions. Le cabinet dont lord Liverpool était le chef ne différait point des autres cabinets anglais, qu'ils relèvent des whigs ou des torys ; il allait à son but avec une ténacité froide qui écrase et supprime ce qui gêne la politique anglaise : comme, pour quiconque est Anglais, il n'y a dans le monde que l'Angleterre, il suffit que l'Angleterre soit intéressée à un crime, pour que ce crime soit licite, et, où les autres nations admettent et observent un droit des gens, pour l'Angleterre il y a le droit des Anglais. Ainsi, les fausses lettres dont les Anglais se servent contre Murat répondent aux paroles faussées dont ils se serviront contre Caroline.

Comment l'Empereur toutefois allait-il envisager la catastrophe de son beau-frère[1]. Mis en

[1] L'Empereur ne critiqua point publiquement les opérations militaires de Murat. Mais Fouché s'employa activement à leur apologie. A la date du 6 juin, et sous la rubrique *Toulon le* 30 *mai*, il fit d'abord insérer dans l'*Indépendant*, puis reproduire dans l'*Aristarque*, journaux recevant directement son inspiration, cette note qui résume avec peu de véracité, mais avec l'intention arrêtée d'innocenter Murat, les événements de la campagne. « Le roi de Naples est arrivé à Cannes le 25 de ce mois. Il ne doit ses défaites et sa ruine qu'à l'inconcevable lâcheté de ses

possession des proclamations diverses émanées de Murat, averti par Jérôme de ses conversations, il ne pouvait conserver aucun doute sur les projets de son beau-frère. C'était sans se soucier de l'Empereur ni de la France que Murat avait commencé son action. Il n'avait eu pour objet que de réaliser, moyennant l'appui des sociétés secrètes,

troupes. Les Napolitains n'ont marché en avant qu'autant que les Autrichiens n'étaient pas en force suffisante pour leur résister, mais, quand il leur a fallu acheter la victoire, ils ont constamment refusé de se battre, ils n'ont cessé de fuir devant l'ennemi.

« Si Murat avait pu s'avancer dans la Lombardie, sa cause et celle de l'Italie auraient triomphé : officiers et soldats du prince Eugène se ralliaient à lui et venaient former le nerf de son armée, mais à peine il s'établissait sur la ligne de Pô que les Autrichiens ont reçu des renforts et ont pris l'offensive. Alors les Napolitains, intimidés par la présence d'un ennemi qui ne fuyait plus, ont pris eux-mêmes la fuite. Le roi de Naples n'est parvenu à rallier les débris de son armée qu'auprès de Macerata; il a voulu livrer bataille. Le corps autrichien était inférieur en nombre à celui qu'il commandait. Aux premiers coups de fusil, les Napolitains se sont débandés de toutes parts. Des pièces de canon que le roi de Naples lui-même avait placées sur les derrières de son armée pour en arrêter la fuite, n'ont pu retenir ses lâches soldats. Il n'est resté de fidèle au roi qu'un bataillon composé d'officiers italiens et français. C'est avec cette poignée de braves qu'il a opéré sa retraite jusqu'à Naples poursuivi sans relâche par les Autrichiens. Rentré dans sa capitale, il a vu qu'il ne lui restait d'autre parti à prendre que d'abandonner un peuple sans courage et sans énergie. Il est sorti de Naples le 20 mai, a côtoyé la mer jusqu'à l'île d'Ischia et là s'est embarqué sur un bâtiment de l'île d'Elbe qui, en cinq jours, l'a conduit sur la plage de Cannes. Dès qu'il fut parti, les Autrichiens entrèrent dans la ville et les Anglais dans le port. La reine s'était retirée dans une forteresse où elle a capitulé avec les Anglais et elle s'est embarquée, le 21, sur un vaisseau de cette nation qui doit la conduire à Toulon. »

le programme d'indépendance italienne qu'il s'était — ou qu'on lui avait — imposé. Nulle raison pour Napoléon de se solidariser avec celui qui l'avait constamment trahi. En France, on était disposé à le confondre avec lui, à prêter au roi de Naples un rôle qui n'avait jamais été le sien, à le présenter comme une victime des excitations napoléoniennes, abandonné alors qu'il se compromettait pour la cause commune. Il fallait remettre les choses au point et c'est ce que fit l'Empereur. Ce fut sans dire toute la vérité, mais en ne disant que des choses vraies et, s'il montra quelles illusions il continuait à entretenir sur les droits qu'il possédait en Italie, il se trouva indiquer justement quelle espèce de rivalité sourde s'était établie entre lui et son beau-frère et pourquoi celui-ci avait précipité les événements pour l'empêcher de revendiquer des possessions que l'un et l'autre enviaient. Voici la note que l'Empereur dicta pour le ministre des Affaires Étrangères : « L'Empereur demande sur le roi de Naples un rapport qui embrasse tous les événements de la dernière campagne, le mal qu'il a fait alors à la France.

« L'Empereur n'a reçu de lui aucune marque d'intérêt et pas même de souvenir à l'île d'Elbe. Il n'était pas de la dignité de l'Empereur malheureux d'aller au-devant de lui.

« Le palais de Naples était meublé des effets les plus précieux que l'Empereur avait placés dans son palais de Rome.

« La seule communication que l'Empereur ait eue avec le roi de Naples a été, en partant de l'île d'Elbe, pour le prier de recevoir Madame Mère.

« Parler du Congrès en favorisant le roi de Naples autant que possible.

« Faire sentir qu'il voulait s'emparer de l'Italie; qu'il a attaqué le 22 les Autrichiens, quand il ignorait absolument la position de l'Empereur. Cela prouve plus que toute autre chose qu'il n'y avait pas accord entre eux.

« Ses proclamations au nom de Joachim ont fait demander à Bologne et à l'Italie si leur roi légitime était mort. Cette conduite impolitique a paralysé le mouvement national de l'Italie, dont les principaux habitants, fidèles au fond du cœur à l'Empereur, n'ont pu voir qu'avec regret cette levée de boucliers. Le roi de Naples n'ayant pu donner aucune explication satisfaisante, ayant même montré de la haine aux Italiens qui avaient résisté à ses séductions en 1814, l'opinion de l'Italie ne l'a pas secondé et il s'est perdu... »

Et l'Empereur ajoute : « Ce rapport doit être fait dans toute la vérité », et encore : « Si ce rapport, fait pour le conseil des ministres, était dans le cas d'être imprimé, on en retrancherait les choses personnelles qu'il conviendrait d'en retrancher par égard pour le roi. »

Ainsi l'Empereur s'abstient de toute critique sur les opérations militaires ; ainsi il omet les moyens par lesquels Murat retint à son service en 1814 certains officiers français dont un, en particulier, le général Fontaine, montra quelle confiance il faut prendre, chez l'étranger, à ceux qui ont trahi leur patrie; ainsi il ménage sa conduite au Congrès, alors qu'il a en mains la suite des lettres écrites par Murat à Louis XVIII et à Talleyrand, les dépêches de ses agents à Paris, tout le détail de cette politique louche et basse; ainsi, il passe sous silence, avec la magnanimité qui est en lui, les injures contre la France de la proclamation de Rimini, mais il coupe le lien dont on voudrait l'attacher à Murat. En voilà assez.

Il ne veut point de cet homme près de lui, il n'en veut pas à Paris. Dès qu'il a su son arrivée à Cannes, il a fait chercher M. de Baudus[1] qui, depuis 1808, a été le sous-gouverneur des princes de Naples; qui, en 1813, a repris aux Relations extérieures, la place d'historiographe à laquelle il avait été nommé en 1803, et qui très vraisemblablement a déjà été chargé près de Murat d'une mission qu'il n'a pu remplir; et il a dicté cette note pour le ministre des Affaires Étrangères[2]:

[1] Sur la carrière et le personnel de Baudus, voir mon livre : *Le département des Affaires Etrangères pendant la Révolution*, p. 85.

[2] Dans la *Correspondance*, cette pièce est datée du 19 avril. Murat est arrivé le 25 mai à Cannes; on pourrait donc, tout au plus, penser à la date du 29 mai, mais, comme on va voir, Baudus n'est arrivé que le 9 juin. Il n'aurait pas mis onze jours pour 112 postes. Il y a peut-être des combinaisons de télégraphe et de courrier qui expliquent le retard. En tout cas, cette date du 19 avril, qui a conduit à de fâcheuses erreurs, n'est pas un instant soutenable.

« M. Baudus doit partir sur-le-champ pour se rendre au golfe Jouan.

« Il dira au roi de Naples que Sa Majesté désire qu'il choisisse une campagne agréable entre Grenoble et Sisteron pour y habiter jusqu'à l'arrivée de la reine et jusqu'à ce que les nouvelles de Naples soient arrêtées.

« Il lui témoignera en termes honnêtes et réservés les regrets que l'Empereur éprouve de ce que le roi a attaqué sans aucun concert, sans traité, sans aucune mesure prise pour pouvoir instruire les fidèles sujets d'Italie de ce qu'ils devaient faire ni les diriger dans l'intérêt commun.

« Le roi a décidé l'année dernière du sort de la France en paralysant l'Armée d'Italie puisqu'il en est résulté une différence de 60.000 hommes à notre désavantage.

« Il est peu convenable que le roi revienne à Paris.

« La reine doit y venir avant lui afin que le public s'habitue à sa disgrâce.

« M. Baudus le consolera et l'assurera que l'Empereur oublie tous ses torts, quelque graves qu'ils soient, pour ne voir que ses malheurs, mais il désire ne le voir venir à Paris que lorsque tout ce qui le concerne sera arrêté.

« M. Baudus est chargé de cette mission de confiance parce qu'on sait qu'il est très agréable au roi. Il correspondra directement avec le ministre. Il peut tout dire sur la conduite privée et politique du roi.

« M. Baudus, agent de l'Empereur, doit lui faire sentir :

« Que si l'Empereur avait voulu qu'il entrât en Italie, il lui aurait fait connaître ses intelligences ;

« Que des proclamations datées de Paris auraient produit un tout autre effet ;

« Qu'il a perdu la France en 1814 ; en 1815, il l'a compromise et s'est perdu lui-même ;

« Que sa conduite en 1814 l'a perdu dans l'esprit des Italiens, parce qu'ils ont vu qu'il abandonnait la cause de l'Empereur. »

Voilà Baudus parti et avec quelle mission, car quoi de plus terrible que cette froideur de sentence !

Murat est dans une inquiétude qu'il ne peut dominer : n'ayant point reçu l'autorisation de venir à Paris et n'osant pas, malgré son audace, affronter l'Empereur sans permission ; le 3 juin, n'y tenant plus, il expédie son secrétaire qui, dans la nuit du 4, à quelques lieues d'Avignon, est dévalisé par cinq ou six bandits habillés en paysans et armés de fusils.

Le 9 seulement, Baudus arrive. Il ne dévoile pas au premier coup l'objet de sa mission : il ménage le roi, lui fait espérer une réponse de l'Empereur, l'autorisation de se rapprocher de Paris. Peu à peu, il parle et bientôt il est obligé de tout dire. C'est alors, de la part de Murat, une grande colère ; l'Empereur a lu dans son jeu ; il vient de l'étaler devant lui tout entier. Qui sait s'il ne va pas, dans un acte public, le flétrir et le perdre aux yeux des Français ? Il s'agit pour lui de prendre les devants et, à défaut de journaux où publier une audacieuse apologie, de l'adresser à la femme qui, à son gré, peut davantage sur l'opinion, qui est le plus répandue et le plus capable d'intéresser à son sort les « gens de bien » et surtout les ennemis de l'Empereur. Cette dispensatrice de bonne renommée, c'est Mme Récamier qui, pour avoir assisté à sa trahison de 1814, — et qui sait ? peut-être y avoir été mêlée ? — doit lui servir de répondante devant la France.

« J'ai perdu pour la France, lui écrit-il, la plus belle existence ; j'ai combattu pour l'Empereur ; c'est pour sa cause que ma femme et mes enfants sont en captivité. La patrie est en danger ; j'offre mes services ; on en ajourne l'acceptation. Je ne sais si je suis libre ou prisonnier. Je dois être enveloppé dans la ruine de l'Empereur, s'il suc-

[1] Cette lettre a été publiée avec la date du 6 juin par Chateaubriand dans les Mémoires d'outre-tombe (Éd. Biré, IV, 446). Cette date n'est pas admissible. Le 6 juin, Murat n'avait reçu de l'Empereur aucune réponse ; il n'avait point idée qu'il pût être envoyé dans les Alpes ; il ne le sut que par Baudus, le 9 : donc la lettre est postérieure au 9. D'autre part, le 6, Murat ignorait que sa femme fût en captivité : il ne l'apprit que le 12 : donc la lettre est postérieure au 12. — Mais il est certain (et on en a des preuves) que Murat correspondait avec Mme Récamier ; il est possible que cette lettre-ci ait été arrangée ; Chateaubriand était coutumier de ces pratiques, mais le fond est assurément vrai.

combe, et l'on m'ôte les moyens de le servir et de servir ma propre cause. J'en demande les raisons ; on me répond obscurément et je ne puis me faire juge de ma position. Tantôt je ne puis me rendre à Paris où ma présence ferait tort à l'Empereur ; je ne saurais aller à l'armée où ma présence réveillerait trop l'attention du soldat. Que faire ? Attendre, voilà ce qu'on me répond. On me dit d'un autre côté qu'on ne me pardonne pas d'avoir abandonné l'Empereur l'année dernière, tandis que des lettres de Paris disaient, quand je combattais récemment pour la France : « Tout le monde ici est enchanté du roi. » L'Empereur m'écrivait : « Je compte sur vous, comptez sur moi, je ne vous abandonnerai jamais. » Le roi Joseph m'écrivait : « L'Empereur m'ordonne de vous écrire de vous porter rapidement sur les Alpes » et, quand, en arrivant, je lui témoigne des sentiments généreux et que je lui offre de combattre pour la France, je suis envoyé dans les Alpes. Pas un mot de consolation n'est adressé à celui qui n'eut jamais d'autre tort envers lui que d'avoir trop compté sur des sentiments généreux, sentiments qu'il n'eut jamais pour moi.

« Mon amie, je viens vous prier de me faire connaître l'opinion de la France et de l'armée à mon égard. Il faut savoir tout supporter et mon courage est supérieur à tous les malheurs. Tout est perdu fors l'honneur ; j'ai perdu le trône, mais j'ai conservé toute ma gloire ; je fus abandonné par mes soldats qui furent victorieux dans tous les combats, mais je ne fus jamais vaincu. La désertion de vingt mille hommes me mit à la merci de mes ennemis ; une barque de pêcheur me sauva de la captivité et un navire marchand me jeta en trois jours sur les côtes de France. »

Voilà donc ce qu'il prétend qu'on accrédite sur lui-même et sur les mobiles qui l'ont dirigé. Selon un système qu'il a constamment pratiqué, il se pose en victime et il réclame contre son persécuteur.

Comme il n'a aucune nouvelle de sa femme et de ses enfants qu'il croit en mer depuis le 22 mai pour le rejoindre, il en est inquiet, car il est un père très tendre. Pensant qu'ils débarqueront à Toulon, il se détermine à aller les y attendre, et il loue, aux environs, une campagne nommée Plaisance, appartenant au vice-amiral Allemand ; il s'y installe, le 12, avec un luxe de courtisans et de serviteurs peu en rapport, semble-t-il, avec sa fortune, qui paraît consister alors qu'en 350.000 francs d'espèces. Il est vrai qu'il y a des diamants pour une somme considérable.

Pour gagner Plaisance, Murat a dû contourner Toulon où nombre d'officiers français « le traitent mal ». Une querelle s'est même élevée, par suite d'une discussion politique, entre les officiers français au service de Naples, récemment rentrés, et des officiers du 9e de ligne. Des duels ont été proposés et acceptés. Des capitaines sont intervenus et ont séparé les adversaires. Mais le lieutenant de police a dû inviter le colonel du 9e à prendre des mesures pour que les officiers de son régiment s'abstinssent de tout propos contre le roi. Heureusement, il ne paraît pas en ville : on ne pourrait répondre de l'indignation des braves gens.

∴

Le jour même où il s'installe à Plaisance, Murat reçoit une première nouvelle, assez vague, de la rupture de la capitulation de Naples. Il en a la certitude le 14, et il est atterré d'apprendre que sa femme et ses enfants ont été emmenés en captivité, dans les conditions les plus attristantes.

Le 13 mai, le prince Cariati, chargé des pouvoirs de la reine régente, a signé avec le commodore Robert Campbell une convention portant que les Anglais donneront à Sa Majesté la protection du pavillon britannique pour ses propriétés particulières et les personnes en faveur desquelles elle pourra la réclamer, aussi bien que toutes les facilités pour le passage d'un négociateur à envoyer en Angleterre ; que la reine correspondra librement avec Gaète jusqu'au moment où elle ira y prendre ses enfants. Campbell ne bombardera pas Naples, mais on lui livrera en échange, tous les navires armés, tous les navires en chantier, l'arsenal et toutes ses ressources.

La reine a exécuté la convention; devant un massacre probable, elle a dû chercher un asile à bord du *Tremendous*. De là, elle a vu se dérouler ces scènes d'enthousiasme qui, à chaque fois que Murat rentrait dans Naples, au retour de ses campagnes, heureuses ou malheureuses, redoublaient sa confiance dans sa propre gloire et dans l'amour de son peuple; et à présent c'est d'un Bourbon qu'on s'apprête à fêter le retour, comme il convient, par le pillage et par l'assassinat.

Par un aviso que l'Empereur avait expédié de Toulon le 16 avril pour porter au roi de Naples des nouvelles et des journaux, elle adresse à Napoléon une lettre où elle annonce son désastre et où elle lui demande un asile. Cette lettre sera remise par Decrès à l'Empereur le 28 mai et elle dirigera sa conduite. On pourrait, sur certains indices, admettre qu'il était disposé à l'indulgence et qu'il l'aurait même portée jusqu'à désigner Compiègne pour servir de résidence à Caroline.

Si la reine a les mains liées, l'honneur britannique est engagé, non seulement par la signature du commodore Robert Campbell, mais par l'exécution de la convention. Lord Exmouth, commandant en chef, d'accord avec lord Burghersh, la déclare inexistante. A présent que les Anglais ont touché les bénéfices, ils retirent leur signature.

Caroline proteste, mais ce n'est pas au moins pour la sauvegarde de ses intérêts personnels : « Je n'ai point cherché, écrit-elle le 22 mai à lord

Exmouth, à me prévaloir de la convention pour les propriétés particulières et de grande valeur que j'ai dans le royaume et que j'ai laissées dans les palais. De tels intérêts, dans les circonstances présentes, ne sont pas dignes de m'occuper. » Lord Exmouth n'entendait pas un tel langage, et, lorsque Neipperg, le Neipperg de Marie-Louise, le Neipperg du traité de Naples, se présentant à présent au nom de l'Autriche comme un général victorieux, vint réclamer, de lord Exmouth, la reine de Naples comme sa prisonnière, lord Exmouth, au nom de l'Angleterre, accéda. Neipperg signifia que la reine irait attendre à Trieste les instructions de l'empereur d'Autriche. Lord Exmouth acquiesça et chargea le *Tremendous* de cette mission honorable. Le *Tremendous* passa donc à Gaëte pour y prendre les princes et, de là, fit voile pour Trieste. En mer, dit-on, on rencontra le vaisseau, anglais aussi, sur lequel était embarqué le roi Bourbon et, au moment de le saluer de son artillerie, le commandant fit prévenir la reine pour qu'elle ne s'alarmât point. « Croyez-vous, aurait-elle répondu, que ce bruit puisse déplaire aux oreilles d'une Bonaparte. »

Que lui importe? Elle songe. Comment sortir de là ? Un retour complet de la fortune fraternelle ? C'est bien improbable : et puis, quelle que soit la magnanimité de Napoléon, comment agirait-il ? Il faut, d'abord, qu'elle se mette au mieux avec les Autrichiens. Ils sont la ressource du moment et de l'avenir. On sait à Vienne qu'elle a été résolument hostile à l'équipée de Murat et Mier peut le certifier. On ne refusera donc pas d'insister à Naples, où l'Autriche est chez elle, pour que les Bourbons, ainsi que Campbell l'a assuré et que Neipperg l'a garanti, lui rendent les objets qui sont sa propriété personnelle, peut-être les biens domaniaux qui lui appartiennent; car elle se trouve dans une situation toute spéciale : son mari et elle ayant, par le traité de Bayonne, échangé à l'Empereur tous les biens qu'ils avaient en France — l'Elysée, Neuilly et La Mothe-Sainte-Héraye, — contre le domaine privé que Napoléon, lors de l'institution du royaume, s'y était réservé. Elle ne possède donc que ce qu'elle a emporté avec elle : ses bijoux et quelques tableaux. L'ex-ministre de la Guerre, Macdonald, qui l'accompagne, n'est pas mieux nanti. Seul Agar comte de Mosbourg, qui est aussi à bord, a de quoi vivre, il a placé en France le produit de ses économies de Berg et de Naples.

Arrivée à Trieste le 6 juin, la reine Caroline, qui ne devait plus être que la comtesse de Lipona (Lipona : Napoli), écrivit à l'empereur d'Autriche : « Je viens d'arriver à Trieste et c'est ma confiance dans le noble caractère de Votre Majesté qui m'y a conduite. » Le *Tremendous* aussi. Elle se recommandait à Metternich, lequel, la prévenant, lui écrivit le 7 : « Nous avons été informé par le général en chef de l'armée impériale dans le royaume de Naples de l'arrangement en vertu duquel Votre Majesté se rend, avec les princes et les princesses ses enfants et une suite nombreuse dans les États de Sa Majesté Impériale. L'empereur se trouvant à son quartier général et ma présence ayant été prolongée à Vienne, je me suis empressé de demander ses ordres sur les arrangements qui devront être une suite de cette disposition. Je ne me permets, en attendant l'arrivée de ces ordres, nul doute que tel lieu de séjour momentané que Votre Majesté voudra choisir sera agréé par Sa Majesté Impériale. »

Resterait-elle en Autriche; se réfugierait-elle en France, si Napoléon daignait l'y recevoir, Caroline n'en savait rien encore. Mais au moins se proposait-elle, en vue de l'avenir, d'obtenir de son frère un pardon qui lui permît de manœuvrer. Ainsi lui écrivait-elle le 19 juin : « Je vous supplie seulement de me juger avec bonté et de croire que si, dans ce qui s'est fait, il y a quelque chose qui déplaît à Votre Majesté, ce n'est pas à moi que vous devez l'attribuer, mais à la force des circonstances qui l'ont emporté sur mon désir de ne faire que ce qui eût pu vous convenir ou entrer dans vos vues ; je savais bien ce qu'il eût fallu que je fisse, mais il n'a pas dépendu de moi de m'y conformer, soyez-en bien persuadé, Sire, je vous en conjure. » A coup sûr, elle mentait, elle était femme, mais au moins désavouait-elle Murat. C'était quelque chose. Cette lettre ne devait pas plus parvenir à l'Empereur qu'à Murat celle très affectueuse où elle lui parlait de sa tristesse et tendrement lui demandait de ses nouvelles.

* * *

Murat, frappé au cœur par la violation de la capitulation de Naples, se trouve pris par surcroît dans une intrigue à laquelle il ne peut rien comprendre. Napoléon ne veut point qu'il se rapproche de Paris ; il lui fait savoir par Bandus qu'il doit se tenir dans les Alpes entre Grenoble et Sisteron ; Fouché prétend qu'il s'avance au moins à mi-chemin de Paris ; il fait annoncer, comme nouvelle positive, dans l'*Indépendant* du 11, que « le roi Joachim est dans une terre à quelque distance de Lyon ». Par le capitaine Cruchet, employé au cabinet du roi, il lui fait remettre le 17 une lettre où il l'engage à venir attendre les ordres de l'Empereur aux environs de Lyon.

Mais l'Empereur s'en est tenu aux ordres qu'il a fait donner par Bandus ; il ne les a ni révoqués ni atténués. D'ailleurs, dès qu'il est décidé à épargner à l'armée la honte d'obéir à Murat revêtu d'un grand commandement, qu'aurait-il à dire ?

Mais ce n'est point là ce qu'attend Murat. Il s'est peut-être convaincu que ce qu'il dit est vrai et que les choses se sont passées comme il l'assure. Au moins, à force de le répéter, le croit-il ou pense-t-il qu'il attrapera toujours quelqu'un, qu'il créera une légende. Ainsi écrit-il le 18 à Mme Récamier : « J'ai perdu trône et famille sans m'émouvoir, mais l'ingratitude m'a révolté. J'ai tout perdu pour la France, pour son empereur, par son ordre, et aujourd'hui il me fait un crime de l'avoir fait; il me refuse la permission de combattre et de me venger et je ne suis pas libre sur le choix de ma retraite : Concevez-vous tout mon malheur? Que faire? Quel parti prendre? Je suis Français et père : comme Français, je dois servir ma patrie; comme père, je dois aller partager le sort de mes enfants : l'honneur m'impose le devoir de combattre et la nature me dit que je dois être à mes enfants... Voilà ma situation. Donnez-moi des conseils, j'attendrai votre réponse, celle du duc d'Otrante et de Lucien, avant de prendre une détermination. Consultez bien l'opinion sur ce que l'on croit qu'il me convient de faire, car je ne suis pas libre sur le choix de ma retraite : on revient sur le passé et on me fait un crime d'avoir, par ordre, perdu mon trône quand ma famille gémit dans la captivité. Conseillez-moi; écoutez la voix de l'honneur, celle de la nature, et, en juge impartial, ayez le courage de m'écrire ce qu'il faut que je fasse. J'attendrai votre réponse sur la route de Marseille à Lyon. »

Mais cela serait trop long pour son impatience; dès le lendemain 19, il adresse à l'Empereur une lettre qui, en dévoilant le degré d'exaspération où il est parvenu, montre à quel point Napoléon fut mal inspiré en le ménageant : « Sire, écrit-il, je ne puis plus douter de mon nouveau malheur. Au mépris d'un traité solennel signé six jours avant mon départ de Naples, la reine et mes enfants, qui devaient être conduits en France, ont été transportés en Autriche. Je n'ai plus rien à demander à Votre Majesté! Elle peut, sans ménagements, prononcer sur mon sort; ses volontés seront exécutées : heureux de m'être perdu pour elle, aucune plainte ne sortira de ma bouche; mais vous pouvez vous dispenser de me faire parvenir à l'avenir ce qu'on veut bien appeler des consolations par des personnes que l'on nomme mes amis. Que vos ministres me fassent connaître positivement le lieu de mon exil; je m'y rendrai sans murmurer. Je vais attendre vos ordres aux environs de Lyon. »

Ce n'est pas assez. Il faut que Murat développe ses griefs et qu'il en rende juge son ami personnel, son protecteur d'aujourd'hui, son complice d'hier et peut-être de demain : Fouché. Avec lui il n'a point à se gêner; il peut développer toute la série des mensonges sur lesquels il échafaude son apologie — ses mensonges et même ceux des autres; il peut attaquer directement les décisions de l'Empereur, certain qu'il est de trouver un écho complaisant; et qui sait s'il ne s'est pas proposé de lier partie de nouveau avec le duc d'Otrante et avec Lucien? Cette lettre seule suffit à le faire juger et il faut la lire. Elle est datée du 19 juin — le lendemain de Waterloo! « Comment, dit-il, dois-je expliquer ce changement dans la détermination de l'Empereur? Vous m'annoncez de sa part que je suis libre de m'établir dans le Dauphiné, le Lyonnais ou ailleurs, tandis que le duc de Vicence me fait signifier par M. Baudus que l'intention formelle de l'Empereur est que je prenne une maison agréable entre Sisteron et Grenoble. Comme rien ne justifie la mission de M. Baudus près de moi et que je dois bien plutôt croire que je me conforme aux intentions du Gouvernement français en suivant l'avis que vous me donnez dans votre lettre, je vais partir après-demain pour m'acheminer vers les environs de Lyon. » Et il exprime le désir que le duc d'Otrante prenne les ordres de l'Empereur, sur sa retraite définitive à trente lieues de Paris. « Vous ne devez pas craindre, dit-il, de me faire connaître ses intentions quelles qu'elles soient. Au mépris d'une convention de la reine régente avec les Anglais, en vertu de laquelle elle et mes enfants devaient être transportés en France, ma famille vient d'être envoyée prisonnière de guerre en Autriche. Ce nouveau malheur serait seul capable de m'accabler; mais la perte de mon royaume, mais la captivité de ma famille ne sont rien auprès de la douleur que m'a fait éprouver l'accueil que j'ai reçu de l'Empereur en rentrant en France. Il est inouï et il ne sera certainement pas facile de faire comprendre aux Français et à leurs ennemis que Napoléon ait pu priver de l'honneur de combattre pour la France en danger un prince qui vient de perdre pour elle son trône et sa famille. »

De là il part en guerre contre le *Journal de l'Empire*, pour avoir insinué qu'il avait abandonné la reine et ses enfants avant la convention avec les Anglais, pour avoir dit que le général Belliard avait traité pour les Français après le départ du roi, et il demande, il exige des rectifications. Ce qui le blesse encore plus c'est la note de l'*Indépendant* où la conduite de l'armée napolitaine a été si horriblement maltraitée, « où l'on a confondu la nation avec l'armée, les généraux et les officiers avec les soldats. La nation est constamment restée fidèle ; pas un village ne se révolta, malgré la proclamation de nos ennemis ; pas un officier général, pas un simple officier ne manqua à l'honneur ni à ses serments, mais leur inexpérience fut la première cause de nos malheurs ; les soldats seuls m'abandonnèrent et je ne dois pas comprendre dans ce nombre environ six mille braves qui restèrent fidèles à leurs drapeaux. Et il exige, pour attester la bravoure de l'armée napolitaine, l'insertion dans les journaux français des bulletins autrichiens. Il ne se tient pas là : il entend que, dans les journaux, on rectifie le texte de la convention conclue entre le prince Cariati et le commodore Campbell où l'on a omis les articles concernant le retour en France de la reine et de ses enfants, mais le *Moniteur* ne les a point insérés. « Comment l'Empereur, qui en a reçu une copie bien exacte, n'a-t-il pas jugé à propos de la faire publier ? »

« J'entends dire, ajoute le roi, que l'opinion de

la France m'est contraire et que les Français ne me pardonnent pas d'avoir pu cesser un instant d'être leur allié : je ne répondrai rien à cela, mais je me bornerai à les renvoyer au discours de lord Castlereagh qui ne m'a que trop justifié. Je répondrai à ceux qui m'accusent d'avoir commencé les hostilités trop tôt, qu'elles le furent sur la demande formelle de l'Empereur et que, depuis trois mois, il n'a cessé de me rassurer sur ses sentiments en accréditant des ministres près de moi, en m'écrivant qu'il comptait sur moi et qu'il ne m'abandonnerait jamais.

« J'ai reçu à mon débarquement les mêmes assurances du duc de Vicence et ce n'est que lorsqu'on a su que je venais de perdre, avec le trône, les moyens de continuer la puissante diversion qui durait depuis trois mois, que l'on veut égarer l'opinion publique en insinuant que j'ai agi pour mon propre compte et à l'insu de l'Empereur. Si on m'y force, il ne me sera que trop facile de me justifier à cet égard d'une manière victorieuse. »

On a vu déjà que tel était le terrain que Murat avait choisi : ce qu'il a exposé à Mme Récamier, ce qu'il a dit sommairement à l'Empereur, il le répète plus amplement à Fouché : il allègue le discours de lord Castlereagh et il authentique en quelque façon les pièces apocryphes que Blacas a fournies à l'Angleterre, parce qu'ainsi il croit justifier sa défection de 1814 ; des communications sans nombre de l'Empereur l'invitant à se maintenir en paix avec les Autrichiens, il détache une phrase dont il dénature le sens et il invoque, pour cette fois à bon droit, l'inexplicable lettre de Joseph, qui, en admettant qu'elle soit authentique, n'a pu, comme on l'a vu, déterminer sa conduite. Au surplus, par les deux notes qu'il a dictées pour le ministre des Affaires Étrangères, dès qu'il eut reçu la nouvelle de la déconfiture de Murat, l'Empereur a répondu d'avance à ces tentatives de justification et il les a écrasées sous le poids de la vérité.

* * *

Au milieu de ces avortements qui assombrissaient le présent et obscurcissaient l'avenir, il fallait bien pourtant, quoique le mois de mai fût presque écoulé, remplir cette promesse du Champ de Mai, échappée d'une effusion joyeuse, au milieu de l'enthousiasme des Lyonnais. L'on devait y couronner le Prince impérial et l'Impératrice. — Et il n'y avait en France ni Prince impérial, ni Impératrice : pour officier, pas même un cardinal, car Fesch s'était dérobé comme les autres et l'on était réduit à un allié des Tascher. Alors que faire? Proclamer le résultat de ce plébiscite, où ceux-là seuls avaient voté pour l'Acte additionnel qui en détestaient l'esprit et en réprouvaient la doctrine et qui avaient seulement envisagé que, par là, ils consolidaient l'Empereur; célébrer une messe et un *Te Deum* où manqueraient l'évêque d'Autun, l'abbé Louis et l'abbé Desrenaudes, mais où l'on espérait la présence de La Fayette; passer en revue les gardes nationales et les députations de l'armée, distribuer des aigles, écouter un discours, en prononcer un autre, c'était de quoi amuser le tapis, mais il manquerait toujours la grosse pièce — celle sur laquelle avait compté l'Empereur, sur laquelle comptait encore M. le duc d'Otrante.

Que lui importait à Fouché que le Prince impérial n'y fût point? Ne pourrait-on proclamer la Régence *absente Imperatore*, comme cette tourbe de moines et de prêtres défroqués célébraient jadis l'office des morts, *absente cadavere*. L'Autriche savait à merveille que Fouché était disposé à cette combinaison comme à toute autre, pourvu qu'il y trouvât sa sécurité et ses avantages : il était si ardent à s'entremettre qu'il eût négocié n'importe quoi avec n'importe qui; mais il rencontrait ici des chances de s'employer qui devaient lui convenir à miracle. Pour un homme de son espèce, une époque de régence, c'est le moment où jamais d'intriguer, de s'insinuer, de prendre la bonne part et de se garnir les mains. Ce qu'on ferait de Napoléon était une question réservée, mais il faudrait bien le placer hors du jeu.

Pour le moment, Fouché avait trouvé près de l'Empereur un allié aussi ardent que lui-même pour la régence[1]. C'était le prince de Canino — à

[1] Le brouillon que Lucien avait rédigé pour ses mémoires est

présent le prince Lucien. A Rome le prince de Canino avait eu, quelques mois auparavant, une curieuse conversation avec ce M. de Jullian, ami de Fouché, qui en avait fait son ambassadeur à Naples : « Dès le moment où je le vis à Rome, dit Jullian, j'aurais pu prévoir que, dans le cas où la France serait en proie un jour à de nouvelles agitations qui auraient pour but de rendre une existence politique à sa maison, le dessein de M. Lucien n'était pas d'y demeurer étranger. Il supportait impatiemment l'état de déconsidération dans lequel l'orgueil et le délire de Bonaparte avaient précipité sa famille ; son unique pensée me parut être de voir ce prince un moment rétabli sur le trône, pour en obtenir, peu de temps après, une abdication volontaire, qui eût placé la couronne sur la tête de son fils et la régence dans les mains de Marie-Louise. » Ainsi, lorsque Jullian revenait de Naples au début de mars, le siège de Lucien était fait. Aussi ne manqua-t-il pas, dès ses premières

plein d'erreurs de dates : Lucien est arrivé le 9 mai. Or il écrit : « Il (Napoléon) projette un Champ de Mai ». Le Champ de Mai a été convoqué par les décrets de Lyon du 13 mars. Il dit : « Il me donne communication de ses articles additionnels » : ils ont été publiés au numéro 19 du *Bulletin des Lois*, sous la date du 23 avril. Les registres de vote ont été ouverts deux jours après la réception du *Bulletin des Lois* dans les départements dont le vote était commencé depuis le 25, quatorze jours avant l'arrivée de Lucien. Assurément, sur quantité de points, il se vante, et s'attribue un rôle qu'il n'a pas joué et des paroles qu'il n'a pas dites, mais, sur l'abdication et la régence, d'autres témoignages permettent de croire qu'il dit vrai.

entrevues avec Napoléon, de lui conseiller d'abdiquer.

On savait pertinemment alors que Marie-Louise ne reviendrait pas d'Autriche et, par suite, la désignation du régent devait être faite selon le Titre IV du Senatus-Consulte du 28 floréal an XII, et l'article XIX ouvrait toutes les voies à l'ambition de Lucien : car il réservait à l'Empereur la désignation du régent parmi les princes français âgés au moins de vingt-cinq ans accomplis. Ce n'était qu'à défaut de désignation de la part de l'Empereur que la régence était déférée au prince le plus proche en degré dans l'ordre de l'hérédité.

Sur ce sujet ou d'autres, des querelles ne manquaient point de s'élever entre Napoléon et Lucien. Celui-ci, grâce aux manœuvres de Sapey, son ancien complice, avait été élu le 13 mai, quatre jours après son arrivée à Paris, représentant du département de l'Isère. La manœuvre avait été combinée de Suisse, entre les deux voyages à Paris et pour le cas où l'Empereur se fût refusé aux conditions mises par Lucien à la réconciliation. Autrement, sa situation était réglée par l'article 6 de l'Acte additionnel stipulant que « les membres de la Famille impériale, dans l'ordre de l'hérédité, sont pairs de droit et qu'ils siègent après le président ». L'élection comme député ne pouvait être qu'une manœuvre. Lucien sans doute avait l'intention, au cas qu'il ne fût pas reconnu prince français, d'intervenir à la Chambre des représentants comme chef de parti. On a dit, il est vrai, que l'élection avait été désirée par l'Empereur, lequel aurait eu l'intention d'attribuer à Lucien la présidence de la Chambre des représentants; mais, lorsque, le 30 avril, l'Empereur convoqua les Collèges électoraux pour l'élection des représentants, il ne pouvait savoir que Lucien partirait le 4 mai, de Versoix pour Paris : par contre, il savait ce qu'il avait inscrit lui-même dans l'Acte additionnel. On peut pourtant penser que Lucien, bien qu'il connût l'article 6, n'avait pas renoncé à siéger à la Chambre des représentants de préférence à la Chambre des pairs et il suffit pour s'en convaincre d'une manifestation à laquelle se livra Sapey dans la séance du 3 juin. Napoléon, a écrit Lucien, « me déclare qu'il ne veut pas que je siège au Corps législatif. Il me soupçonne d'avoir l'ambition cachée de me faire nommer président avec l'ambition de faire un nouveau 18 brumaire contre lui. Je m'indigne et me retire. »

Pour que l'Empereur ait eu la pensée — s'il l'eut — que Lucien voulait être président de la Chambre des représentants, il fallut que Lucien eût exprimé l'intention de siéger comme représentant; et, étant donnée la réputation qu'il s'était faite dans la Famille comme meneur d'assemblées et la confiance qu'il avait en lui-même, l'Empereur ne pouvait guère penser qu'il n'eût pas l'intention de jouer un grand rôle. Lucien était en pleine vigueur; il venait d'atteindre quarante ans et il aspirait aux revanches de sa longue oisiveté.

Lucien, toutefois, ne pouvait hasarder ce qu'il venait d'emporter après tant d'efforts, ce qui avait été l'objet unique de ses ambitions : la reconnaissance de son mariage et son entrée dans la Famille impériale. Mais il voulait se populariser, et il prenait à ce dessein des allures qui le sortaient étrangement de ses habitudes. Lui, qui s'était si résolument soustrait à la réquisition et qui affichait jadis un si grand mépris pour les épauletiers et les traîneurs de sabre, ne quittait point l'uniforme et vivait le glaive au flanc. Il est vrai que c'était l'uniforme de la Garde nationale. L'Empereur le portait aussi, à des jours, car il comptait ainsi flatter le peuple, lequel d'ailleurs n'était point admis à en faire partie. Mais ce n'était qu'accidentel, tandis que Lucien ne se montrait qu'ainsi vêtu. Il est vrai qu'il ne pouvait pas, comme Joseph et Jérôme, recevoir l'uniforme des grenadiers de la Garde : Joseph et Jérôme avaient des habitudes et des façons militaires, tandis que Lucien, avec ses bésicles et ses allures de poète épique, eût fait triste figure au-devant d'une troupe militaire; il l'avait compris ; s'en tenait au garde national, ce qui permettait tout.

Il avait pris son avantage et n'en voulait rien perdre : Quoique Jérôme précipitât sa course, il ne put arriver avant le 27 mai et déjà, assure Lucien, tout le cérémonial avait été discuté entre les trois frères. Lucien eût voulu échapper au « costume espagnol de prince français : habit, veste, culotte et manteau de velours blanc, brodés d'abeilles d'or, souliers blancs brodés d'or, chapeau noir à plumes blanches flottantes ». Il eût voulu l'habit de garde national; mais, dès que l'Empereur eût décidé que lui-même paraîtrait en petit costume impérial, la question sembla tranchée. Lucien pourtant, selon son habitude, s'obstina. « L'Empereur me répond avec un mauvais sourire, écrit-il : Oui, pour faire, vous, plus d'effet en garde national que moi en empereur. »

Il faut bien qu'il se soumette : « Je me décide, dit-il, à me mettre en habit blanc, *il me va très mal.* » Assurément, et ce fut là une des causes de sa répugnance.

Et puis, Jérôme était arrivé et, quoique Lucien eût attribué à l'Empereur un mot qui semblait résoudre, par une décision d'étiquette, la question d'hérédité, on n'allait point si vite : Hortense pour ses fils, Jérôme pour lui-même et pour son fils — dont à la vérité on semblait à Paris n'avoir point connu la naissance, car on omit son nom à l'*Almanach impérial* de 1815 (*Supplément à l'Almanach Royal pour 1814-15*) — ne pouvaient admettre que Lucien prît, dans la Famille impériale, son rang de famille, ce qui, dans l'ordre de l'hérédité, l'eût placé après Joseph et eût ainsi abrogé le plébiscite de l'An XII et aboli les droits que Jérôme tenait de l'Empereur lui-même. Pour la cérémonie du Champ de Mai, Lucien n'avait point l'occasion d'élever de prétentions contre Louis dont les enfants ne devaient point paraître en posture officielle, peut-être parce que leur présence eût souligné l'absence du roi de Rome, et qui, avec leur mère, assistèrent à la cérémonie dans une tribune derrière le fauteuil de l'Empereur. Mais Jérôme ? La lutte engagée à l'arrivée de celui-ci demeura incertaine; le roi n'y fait aucune allusion dans la longue et précieuse lettre qu'il écrivit à la reine, le 15 juillet, pour la mettre au courant de ses aventures; mais, outre que la reine Hortense en entretint sa confidente, qui n'a point manqué d'en faire part, il subsiste sur les tentatives de Lucien contre Jérôme, en dehors de traditions constantes, une suite de faits qui prouvent bien que l'Empereur, singulièrement embarrassé par ses prétentions, ne les a point admises.

Les princes ne vinrent point au Champ de Mai, dans la voiture de l'Empereur que leur voiture précédait immédiatement; selon l'usage établi, les princes héréditaires : Joseph et Jérôme, prirent place à la droite de l'Empereur, Lucien à sa gauche, là où eût siégé l'Impératrice. Seul, dans la cérémonie, Joseph eut à remplir un rôle d'ailleurs insignifiant : il présenta la plume à l'Empereur pour signer le serment qu'il venait de prêter. Quant à Lucien, jusqu'au dernier moment, semble-t-il, il avait espéré une solution conforme à ses désirs. « Quel beau moment, écrit-il, pour abdiquer en faveur de son fils. L'Empereur n'abdique pas et se montre froid. Il cherche à me brouiller avec

Joseph. » « En cas d'abdication, lui dit-il, Lucien rentre régent tandis que ce devrait être à Joseph de l'être. Mais abdiquer, pas si bête ! » « Expression littérale, ajoute Lucien, qui me prouve qu'il se moquait de moi quand il paraissait disposé à cette mesure. »

Tels sont, sinon les faits, au moins l'interprétation, ou le roman qu'en trace Lucien : écrivant vingt ou peut-être trente ans après, il remue dans son cœur ulcéré par l'envie, toute la haine qu'il a conçue contre celui qui s'est montré cette fois encore, son bienfaiteur et contre lequel il ne désarma jamais.

Napoléon qui avait vécu sur l'idée de la régence depuis le départ de l'île d'Elbe, presque peut-on dire jusqu'à l'arrivée de Meneval, se trouvait à présent complètement désorienté. Il savait que l'Europe ne voulait pas de lui ; il devait penser que la France ne voudrait pas d'un empereur mineur qui serait à la garde de l'étranger ; si on le rendait, et que Lucien fût régent, l'Empereur ne sentait-il pas à quel degré son frère l'aimait peu ? En moins de quinze jours, d'après Lucien lui-même, on en était au moins à la seconde brouille ; et les raccommodements que Joseph avait ménagés, n'étaient au dire de Lucien même « qu'une apparence ». De l'arrivée de ses frères, il n'avait tiré aucun secours. Beaucoup pensaient avec Thibaudeau, que, « loin de lui être de quelque secours ainsi qu'au pays, ils n'étaient qu'un embarras de plus », peut-être un danger, car Lucien exerçait son esprit critique avec une telle âpreté que l'on peut bien penser qu'il se résignait difficilement à un rôle subordonné et que, dans la dynastie comme dans la famille, ce nouveau venu n'accepterait aucune discipline.

Tout périssait donc : nul espoir de conserver, même par les plus coûteux sacrifices, cette paix tant souhaitée; nul autre recours que la guerre, et contre l'Europe entière conjurée. Etait-ce une guerre régulière, une guerre, si l'on ose dire, militaire, qui pouvait sauver la nation et que fallait-il sinon une guerre révolutionnaire ? L'Empereur n'en voulait point : jamais il n'eût consenti à la déchaîner. Restait la guerre nationale : c'est nationale qu'il veut rendre la résistance. Il le dit : il a soigneusement écrit de sa main son discours dont il a pesé les mots. La flamme y manque; la pensée y est comme voilée de crêpes funèbres; la phrase, très belle, très noble, ne vibre point d'espérance et ne palpite point de victoire; elle paraît comme le magnifique testament de Mithridate : l'Empereur met en avant sa personne et l'amour qu'on y doit porter; il vitupère l'ingratitude des rois qui lui doivent leur trône. Il annonce qu'il est prêt à leur faire le sacrifice de son existence, mais est-ce de lui qu'il s'agit à présent et se fait-il vraiment l'illusion de penser que l'attachement du peuple français à sa personne suffira pour lui faire affronter l'Europe coalisée?

Si le gouvernement, sans être révolutionnaire, avait été dictatorial, si l'autorité — une autorité n'admettant ni réplique ni atermoiement — s'était fait sentir sur tout le territoire, les citoyens rassurés et raffermis eussent suivi le chef de guerre en qui ils eussent reconnu le maître des temps. Mais la plus lâche indulgence s'étend sur tous les crimes contre la patrie. Chaque jour les journaux enregistrent la désertion à l'ennemi de tel ou tel officier émigré ou fils d'émigré, qu'on a toléré dans l'armée. Lorsqu'on a demandé à l'Empereur si l'on devait y recevoir les gardes du corps, il a répondu : « Oui, s'ils ont le sang bleu, non s'ils ont le sang blanc. » Mais cela ne se constate pas si facilement. La Vendée se soulève, la Bretagne est en armes, le Midi est loin d'être sûr. A force de faire montre de libéralisme, on a détendu tous les ressorts, et Fouché, d'intelligence avec Gand, n'a garde de ranger ses subordonnés à leur devoir et de défendre un gouvernemen[illegible] l'agonie ; on conspire ouvertement à Paris, et [illegible] à peine si de benoîtes arrestations avertissent ceux qui étalent trop ouvertement leurs préparatifs. Après deux mois, l'Empereur, ayant répugné à puiser sa force dans la Révolution, ayant refusé le concours des patriotes qui, en 93, ont sauvé la Révolution en même temps que la patrie, se trouve réduit à chercher uniquement son appui dans une armée où bien des chefs sont suspects. Par comble d'imprudence, au moment où la guerre va commencer, il convoque la Chambre des représentants, et ouvre la session. Dès ses premiers actes, cette chambre où ressuscitent toutes les niaiseries de la Constituante et toutes les défiances de la Législative, sans l'énergie brutale de la Convention, montre son hostilité et, en présence de l'ennemi, engage la lutte contre l'Empereur. Elle devait en triompher, le jour où l'ennemi serait victorieux, et, du même coup, elle atteindrait la patrie au cœur, car le parlementarisme produit toujours les mêmes fruits, remplis, comme ces sortes de champignons qu'on trouve aux environs de la Mer Morte, d'une cendre puante et létifère.

XXXIX

LA SECONDE ABDICATION

27 avril-25 juin 1815.

L'entrée en campagne devait avoir lieu le 27 avril. — Pourquoi retardée. — Arrivée de Ballouhey. — Renseignement qu'il apporte de la part d'Eugène. — Résultats. — Autres motifs. — L'espoir de la paix. — La Santé. — Détails. — Le Gouvernement parlementaire. — La Chambre des Représentants. — L'élection du bureau. — Le comte Lanjuinais. — Les autres. — Lucien. — La nomination des Pairs. — Les catégories de l'ancien Sénat. — La trahison selon les dates. — Joseph et ses propositions. — L'opposition chez les Pairs contre les Princes.

Jérôme. — Dès son arrivée, il demande du service. — Formation de sa maison militaire. — Difficultés avec l'Empereur. — Les Westphaliens et les Français. — Jérôme, lieutenant général, nommé au commandement de la 6e division — Il n'est parti que le 9 juin au soir.

La séance d'ouverture des Chambres. — Pourquoi les assembler? — Le discours de l'Empereur. — Enivrement des représentants. — Faiblesse du Gouvernement. — Fouché et Gand. — Les adresses des deux Chambres. — Adresse des Pairs. — Réponse de l'Empereur. — Adresse des Représentants. — Le Bas-Empire et les Barbares. — Ordre du Gouvernement en l'absence de l'Empereur. — Ce que l'Empereur se réserve. — Fonctions du conseil des ministres. — Lucien et Joseph. — Joseph remet ses diamants à l'Empereur. — Ce que furent les délibérations du conseil des ministres. — Rôle de Joseph. — Discours de Lucien. — La liberté de la Presse. — Davout et Fouché.

JÉRÔME. — Ouverture de la campagne. — Sous quels auspices! — Jérôme à Avesnes. — Sa division, ses brigadiers. — Le 2e de ligne. — Le déjeuner offert au Prince. — La proclamation du 14 juin. — Bourmont et Jérôme. — Passage de la Sambre. — Premiers succès. — Les Quatre-Bras. — L'attaque de la ferme du Grand-Pierre-Pont et du bois de Boussu. — Alternatives. — Jérôme blessé. — La charge du duc de Brunswick. — Deux cousins. — Les pistolets du duc. — Renforts continuels de l'ennemi. — Charge d'une brigade des cuirassiers. — On recule. — Nos pertes. — Retraite de l'armée anglaise. — Jérôme et l'Empereur. — Jérôme est chargé de l'attaque d'Hougoumont. — Le général Bauduin tué dans le bois, qui est enlevé. — Attaque du château. — Pertes énormes. — Le canon. — Pertes de la division. — Elle est réduite à deux bataillons. — Jérôme va retrouver l'Empereur. — Versions diverses. — Jérôme assiste à la fin de la bataille. — Il ne quitte l'Empereur qu'à 8 heures du soir. — Chargé de rallier l'armée. — Il se rend à Avesnes où il arrive le 20 au matin. — Puis à Laon. — Le Bulletin. — Soult et Jérôme. — Jérôme se rend à Paris.

L'Empereur à Paris. — Ce qui s'est passé en son absence. — Lettre de Lanjuinais à Joseph. — Projets de l'Empereur. — Conseil des Ministres. — La conspiration de La Fayette et de Fouché racontée par Joseph. — Ce que fait l'Empereur à son arrivée. — État d'esprit des ministres. — Lucien. — La Chambre des Représentants. — La motion de La Fayette. — Un Dix-Huit brumaire à rebours. — Ce que dit Joseph. — Message aux Chambres. — Usurpations nouvelles de la Chambre. — Benjamin Delessert. — La Chambre et les ministres. — L'Empereur cède. — Lucien adjoint aux ministres. — Discours de Lucien. — Les hommes de Fouché. — La Fayette contre l'Empereur. — On veut forcer l'Empereur à abdiquer. — La Commission de Gouvernement. — Les Représentants et les Pairs. — État d'esprit de Napoléon. — La séance de la Commission. — La proposition de La Fayette. — Les Représentants et l'abdication. — La scène à l'Elysée. — — L'acte d'abdication. — Napoléon II? — Les conjurés essaient d'esquiver de le proclamer. — M. le comte Lanjuinais. — M. le comte Lacépède. — Le Gouvernement provisoire. — Les Pairs. — Pontécoulant et Boissy. — Labédoyère. — Lucien. — Intervention de Pontécoulant. — Il dénie à Lucien la nationalité française. — La régence. — Labédoyère. — Nomination des deux commissaires. — Les

Fédérés devant l'Elysée. — Les conjurés ont peur et jouent de ruse. — Ils acceptent la proclamation de Napoléon II. — Les Pairs les imitent. — Napoléon et son fils. — Napoléon contraint à quitter l'Elysée.

Le 27 avril, l'Empereur a paru déterminé à entrer immédiatement en campagne. Il a donné ordre au grand maréchal d'envoyer à Compiègne, pour le 1er mai, un service de guerre de sa maison : « Je ne veux, a-t-il dit, que le tiers de ce que j'avais les autres années. Comme nous agirons sur nos frontières, on sera toujours à même d'avoir ce qu'il nous faut. On pourra faire préparer dans les auberges ce qui faut pour la Maison. Je veux, par politique, être très simple. »

Son plan de guerre est arrêté; les commandants de corps ont reçu leurs ordres; les organisations sont achevées; la marche en avant se dessine à la frontière du nord; toutes les positions sont prises; les ordres se succèdent avec une rapidité et une précision qui ne doivent laisser aucun doute sur l'ouverture imminente des hostilités. Si, à ce moment, l'Empereur s'était présenté en Belgique, il aurait, sans la moindre peine, bousculé les troupes d'occupation dont certains des chefs pensaient à évacuer les Pays-Bas, tandis que d'autres opinaient pour livrer bataille avec 30.000 Anglo-Belges, aux entours de Nivelles. Il fût entré à Bruxelles, probablement sans coup férir, il eût contraint le roi de France, ses courtisans et les émigrés d'Alost à une fuite précipitée — qui sait? il les eût peut-être enlevés par une pointe hardie de cavaliers comme Ameil ou Marbot, dont la haine qu'ils éprouvaient contre les Bourbons doublait l'énergie.

Du jour au lendemain, le mouvement est arrêté; il n'est plus question d'entrer en campagne. Que s'est-il passé ? Ballouhey est arrivé le 28 ; en passant à Munich, il a vu le prince Eugène, et « ce que le prince Eugène faisait dire à l'Empereur l'intéressait au plus haut point... Il lui faisait dire que les forces alliées ne pouvaient entrer en France qu'en juillet. « Alors, lui dit l'Empereur avec un air de satisfaction, je me fous d'eux. Mon affaire sera faite avant ce temps. » Il en est si bien convaincu qu'il écrit à Murat : « La guerre n'aura lieu qu'en juillet, si elle a lieu. »

Ainsi laissera-t-il la concentration anglo-prussienne s'accomplir dans les anciens départements français où le peuple, tôt revenu de ses illusions, supporte mal la domination hollandaise. Ainsi laissera-t-il les renforts arriver à l'ennemi de tous les côtés et, combinant leurs mouvements avec les Anglais qui les arment et les soudoyent, les chefs vendéens ouvrir une plaie au cœur de la patrie.

Sans doute est-il à son inaction d'autres raisons déterminantes; malgré les échecs continuels, qu'ont reçus ses tentatives de négociation, malgré l'espèce d'interdit que les alliés ont fulminé contre lui et contre son empire; malgré le silence obstiné que garde, vis-à-vis de lui, celle en qui il avait cru trouver, en même temps qu'une compagne pour sa vie, un instrument inestimable pour ses desseins politiques; il n'a pas encore renoncé à tout espoir. Il se berce à l'idée que les documents qu'il a fait remettre à l'empereur Alexandre et qui établissent la duplicité des Bourbons en même temps que leur ingratitude, produiront leur effet; que le Russe, en apprenant qu'il a été joué renoncera à soutenir ces Bourbons qui l'ont offensé avec une si étonnante inconscience. Les ouvertures que d'Autriche Fouché a reçues — et que peut-être il a provoquées — apparaissent à l'Empereur comme un signe qu'il ne faut rien précipiter et n'est-ce pas à cette même date qu'il en surprend le secret? Enfin, il y a la santé.

Certes l'Empereur n'a alors que quarante-six ans et il a fait, durant cette campagne, de Fréjus à Grenoble et à Lyon, ses preuves d'endurance : non toutefois sans que, à diverses reprises, durant le voyage, son médecin Foureau de Beauregard n'ait dû recourir à des remèdes énergiques et que, le 20 mars, à l'arrivée à Paris, il n'ait administré des potions pour calmer la surexcitation nerveuse. Cela n'est rien : De son empoisonnement de Fontainebleau, l'Empereur a accru une susceptibilité des organes qui le met hors d'état de supporter comme jadis les intempéries et qui provoque chez lui, outre une toux nerveuse violente, des accidents de cystite tels qu'il en a éprouvés à la Moskowa et à Dresde et qui lui rendent l'exercice de l'équitation extrêmement douloureux. A l'île d'Elbe, par deux fois, au dire de Foureau et de Marchand, il a été très malade. « Il a eu des vomissements semblables à ceux qui se manifestèrent dans les premiers temps de son arrivée à Sainte-Hélène [1] ». Il n'a plus trouvé les occasions pour ces grandes randonnées qui semblaient indispensables à sa santé et provoquaient, en même temps que des sueurs abondantes, des écoulements dont la cessation semble avoir été à Sainte-Hélène parmi les symptômes de son état morbide. Il n'était plus « en forme ». Et il était malade. Lucien dit en avoir reçu la confidence et l'affirme [2]. Durant les trois mois, du 29 mars au 11 juin, il ne sort de Paris que pour aller une fois à Saint-Denis, une fois à Bagatelle, une fois à Malmaison : il fait quelques courses dans la ville, mais qu'est-ce près de ces entraînements que, sous prétexte de courre le cerf, il s'imposait les années précédentes au bois de Boulogne et dans les forêts autour de Versailles ? Ce n'est pas tant

[1] C'étaient peut-être, dit Marchand, les premiers symptômes de la maladie qui devait l'emporter. Comme on s'accorde aujourd'hui à penser que l'incubation pour les affections cancéreuses peut remonter à sept années, il y aurait concordance.

[2] « Je désirerais et lui dis franchement qu'il devrait partir pour l'armée. — Ce qu'il me dit de sa santé. — Détails trop intimes à ce sujet. — C'est à l'histoire à les révéler s'il lui en paraissent dignes. — En tout je considère comme un malheur que l'Empereur ait été obligé, comme il me le dit, de perdre ces trois semaines. » LUCIEN. *Notes pour ses Mémoires.*

Ailleurs : « Grande propension au sommeil, effet de sa maladie. — Lui-même s'étonne, d'après cet état de somnolence qui lui est habituel, d'avoir eu l'énergie de partir de l'île d'Elbe. »

Sur l'état de somnolence, Benjamin Constant (II, 142 et suiv.) est formel.

l'excès du travail qui l'empêche, qu'une sorte d'atonie. Il lui faut un effort qui lui coûte pour sortir son esprit de cette somnolence, pour donner à son corps l'exercice dont il a un si pressant besoin.

Ce n'est pas tout encore : Dès qu'on est entré dans cette voie parlementaire qui doit si sûrement conduire à l'abîme, il faut, mal que bien, organiser cette machine, satisfaire les ambitions et les convoitises, récompenser les services, provoquer les dévouements. La Chambre des représentants est élue ; elle s'est réunie, avant même que l'Empereur ait fait solennellement l'ouverture de la session ; elle a vérifié, le 3 juin, les pouvoirs de ses membres ; elle a élu son bureau et, dès lors, elle a montré ce qu'elle entendait être : « anti-bourbonienne, défiante de l'Empereur, ennemie de la Cour, bourgeoise, un peu démocrate ». Il semblait qu'on fût retourné de vingt-six ans en arrière, à 89, tout au plus à 91. C'était, avec autant de sottise, d'inexpérience et de présomption, une égale hostilité soupçonneuse contre l'exécutif et un pareil goût de l'attaquer. L'ennemi, ce n'était ni les Anglais, ni les Prussiens, mais l'Empereur.

Il fallait avant tout qu'il ne s'avisât point de prendre des avantages sur les représentants du peuple ; il fallait qu'il cédât devant eux. Pour bien marquer de quels sentiments ils étaient animés, ils avaient, pour la présidence, balancé entre La Fayette et Lanjuinais et, s'ils avaient donné la préférence à Lanjuinais, c'était que, comme sénateur, il avait en toute occasion témoigné son opposition au chef de l'État, et que, dès le 28 mars 1814, il s'était associé à quelques-uns de ses collègues pour conspirer la chute de l'Empereur. Il avait été de l'assemblée tenue chez Lambrechts, le 29 ; de celle tenue le 30, au palais même du Sénat, par les membres « de cette minorité qui avait voulu, qui voulait avant tout, a-t-il écrit, comme unique moyen de bonheur national, la liberté par la monarchie constitutionnelle et représentative ». Et ils la voulaient si fort, en effet, qu'ils n'avaient point hésité à y sacrifier l'indépendance et l'honneur national et à recevoir un roi constitutionnel des mains de l'autocrate victorieux.

L'Empereur était si bien déterminé à exercer constitutionnellement son autorité que, dans l'entretien — on ne saurait dire l'audience — où il appela M. Lanjuinais, il brusqua par une embrassade une situation intolérable, ce qui permit à cet honnête et terrible sot de dire en prenant possession du fauteuil : « Vous me verrez uni à l'Empereur et tout dévoué à la patrie, à la justice, à la liberté, à la prospérité de la France, à son indépendance, à la paix du monde et au bonheur du genre humain. » Il n'y avait qu'un million d'ennemis en armes sur nos frontières et le moment était à souhait pour de telles déclarations.

Lanjuinais était complété par les quatre vice-présidents ; Flangergues, ancien sous-préfet, puis député au Corps législatif, qui ne devait sa notoriété qu'à son rôle en 1814; La Fayette, qu'il suffit de nommer et qui aspirait à témoigner son ingratitude à celui qui l'avait délivré des cachots d'Olmutz; Dupont (de l'Eure) déjà connu pour hostile à toute autorité, et le général comte Grenier, grand aigle de la Légion, qui passait pour républicain parce qu'il avait appartenu à cette Armée du Rhin, où, selon une tradition constante, le désintéressement des généraux égalait leur respect de la Constitution. En tout cas, celui-ci, qui, en 1814, commandait, sous Eugène, les troupes françaises en Italie, s'était rallié à la monarchie restaurée par une proclamation dont l'enthousiasme intempérant ne paraissait avoir gardé aucun souvenir des révoltes de Nassau-infanterie où le soldat Grenier comptait en 89.

D'après la composition du bureau, l'on peut juger si Lucien eût eu chance d'y être élu; à la vérité, il n'avait point, dès les premières séances, donné sa démission de représentant du département de l'Isère; même, si son admission avait été ajournée, ç'avait été « d'après les mêmes motifs que les autres ajournements », c'est-à-dire jusqu'à « la constitution définitive de la Chambre » et tel avait été l'objet de la proposition de Sapey qu'on peut tenir à bon droit pour son porte-parole. Mais, expérience faite, il n'eut qu'à accepter l'honneur qui lui était fait de siéger à la Chambre des Pairs, comme prince de la Famille.

Cette chambre des Pairs avait été étrangement

improvisée et on doit reconnaître qu'il n'était point aisé de la recruter. L'Empereur avait demandé des listes à Joseph, à Cambacérès, à Fouché, à Soult, à Maret, à Gaudin, à vingt autres, mais tous ceux qui avaient été consultés témoignaient du même embarras. La matière dont on fait les pairs doit être pure et sans alliage. On ne doit introduire à la haute-chambre que des citoyens qui se distinguent, comme l'écrit M. le duc d'Otrante, par « un attachement véritable à la personne de l'Empereur et au gouvernement impérial »; or, qui donc est dans ce cas parmi les anciens sénateurs, lesquels semblent pourtant destinés à faire le fond de la nouvelle chambre? Alors, imagine-t-on de les classer en d'ingénieuses catégories : D'abord ceux qui ont fait partie du Gouvernement provisoire : ils sont proscrits par le décret de Lyon; ensuite, ceux qui ont signé les procès-verbaux de la séance du 1er avril et de celle du 2 : ils sont au nombre de cinquante-neuf; certains, devenus étrangers, se trouvent éliminés naturellement : de ces conjurés de la première heure, l'Empereur en conserve trois comme pairs : Fabre (de l'Aude), Pontécoulant, Roger-Ducos. Quelques-uns, dès le 3, se sont empressés d'adhérer par lettre : On leur tient rigueur, mais non pas à la plupart de ceux qui les ont suivis le 4, le 8 et le 9. Des ralliés d'après le 13 avril, beaucoup sont nommés, mais point tous : Le 14, trois sur quatre; le 16, trois sur huit; le 18, quatre sur cinq; le 26, deux sur quatre.... et tout cela en fait vingt-sept. Comme si, dès qu'on trahit, on prenait date pour l'ignominie! On ajouta beaucoup de généraux — soixante et un — plus de moitié; parmi eux il y en avait eu de fidèles, — peu; onze chambellans, quatre archevêques et des ministres. On avait proposé des bourgeois, même des banquiers; l'Empereur en accepta deux, mais de l'un il fit un comte et de l'autre un baron. Ainsi forma-t-il cette chambre des Pairs. A la tête, dans le décret d'institution, il fit figurer Joseph, Louis, Lucien, Jérôme, Fesch, Eugène, Cambacérès et Lebrun. Cela était étrange; on mêlait les pairs de droit aux pairs de nomination et tout était confondu. Il est évident que ses frères n'y avaient guère influé, car ils eussent réclamé la place qu'ils tenaient de la Constitution. Mais peut-être avait-on ainsi procédé pour faire nombre et n'avoir point à remplir ces vides pour lesquels on n'avait plus de candidats à fournir. Peut-être aussi était-ce un signe de ce désarroi général et de cette incohérence à quoi rien n'échappait : car Joseph n'en était pas moins en faveur.

Le 19 mai, l'Empereur a fait appel à ses lumières et l'a invité à lui remettre, comme « tous ses ministres et d'autres personnes dans l'opinion et dans les sentiments desquels il se confie », une liste de cent vingt personnes qu'il choisirait, comme s'il était chargé de cette nomination. L'on peut penser que Joseph mit en avant Jourdan qui s'était constamment attaché à sa fortune et qui s'était montré si médiocre de caractère et de génie, et Alexandre Lameth, qui, préfet de la Somme sous le roi après l'avoir été sous l'Empereur, était de ces grands citoyens qui sont, assure-t-on, indispensables aux gouvernements quels qu'ils puissent être et qui les servent avec la même infidélité. Joseph proposa son beau-frère Clary et le fit nommer; mais Napoléon le connaissait depuis 93 et il avait borné un moment ses ambitions à entrer dans ses affaires. Depuis lors, Clary avait été le banquier de Madame et de Fesch, comme de Joseph et de Bernadotte et il avait à diverses reprises employé des fonds pour l'Empereur. C'était un homme d'affaires très répandu en même temps que fort estimé; Lejéas qui tenait d'aussi près à Joseph avait été sénateur, mais il se trouvait dans un cas particulier et qui lui faisait quelque honneur; il était des trois « qui s'étaient excusés simplement par lettre de ne point assister aux séances, sans que ces lettres d'excuse continssent adhésion aux mesures prises par le Sénat ».

Si tous les choix avaient été ainsi justifiés, on eût formé une assemblée qui eût peut-être manqué de prestige sans du moins manquer de fidélité; mais, à défaut de la vieille noblesse qui se dérobait presque tout entière et dont l'Empereur ne put retenir que quelques hommes attachés à sa personne par un de ces sentiments de reconnaissance ou d'admiration plus forts que les traditions et les liaisons de famille, il puisa dans ce réservoir de la noblesse impériale où il avait jeté tant de richesses et tant d'honneurs pour recueillir si peu de services, si peu de dévouement, un si médiocre patriotisme. Ces créatures ne pouvaient, la plupart, lui apporter ni intelligence, ni courage et, lorsque l'on ouvrit dans cette assemblée le seul parti que dictât l'honneur, on entendit s'élever de partout de piteuses voix pour imposer silence à de compromettantes générosités !

Et ceux-là aussi la folie d'égalité les avait gagnés, au point qu'ils s'insurgèrent, dès les premières séances, contre la Constitution même. L'article 6 de l'Acte additionnel était ainsi conçu : « Les membres de la Famille impériale, dans l'ordre de l'hérédité, sont pairs de droit. Ils siègent après le président. » Ce n'était là que la reproduction de l'article 30 de la charte de 1814, et l'on eût pu penser que nul n'élèverait de difficulté, mais l'opinion était si montée contre les frères de l'Empereur, qu'on leur contesta leur pairie de droit et leur place réservée. On trouva qu'à réclamer celle-ci au bureau, ils donnaient la mesure « de l'esprit de vertige et d'aveuglement qui durait encore dans la Famille impériale ». C'est un ami qui parle. Que disaient les ennemis ! « Lucien, chétif prince romain, écrit Thibaudeau, n'était pas prince français d'après les constitutions de l'Empire, et n'avait point produit un nouveau titre. » Devant les critiques qui se faisaient jour sans ménagement, « Lucien déclara qu'il tenait la pairie de sa nomination par l'Empereur et que jusqu'à ce que le peuple lui eût donné droit à la successibilité au trône impérial, il ne réclamerait aucun privilège ». C'était d'ailleurs la constatation d'un fait qui n'était point contestable et Lucien était bien venu à reconnaître qu'il n'avait droit à rien.

Mais il n'en alla pas de même de Joseph. « Il soutint que, d'après l'Acte additionnel, étant pair de droit en sa qualité de premier prince du sang, il n'avait pas eu besoin de la nomination de l'Empereur et que cette nomination était une atteinte à ses droits. » Il protesta publiquement et l'on s'en étonna; ses amis eux-mêmes lui firent connaître qu'ils le désapprouvaient. Ils lui dirent que l'Acte additionnel serait probablement revisé et que, lorsque la situation des choses était tellement périlleuse que toutes les situations étaient menacées, il était du dernier ridicule de réclamer « un droit équivoque ». Joseph, bien qu'il se fût fait près de l'Empereur l'introducteur et le prôneur de Benjamin Constant et de Mme de Staël, était resté le même qu'en 1805, mais l'on ne saurait nier qu'il arrivait ici avec des arguments qu'on ne pouvait réfuter qu'à condition de mettre en question l'Acte constitutionnel tout entier. S'il était premier prince de sang, pourquoi lui contestait-on des honneurs qui lui appartenaient, si ce n'était pour contester sa dignité princière? Si Lucien se montrait si facile à abandonner les droits que l'Empereur lui avait accordés, n'était-ce pas pour établir un contraste entre Joseph et lui? N'était-ce pas là un épisode de cette lutte engagée sur le navire coulant bas d'eau en vue de la future succession du capitaine. Joseph défendait sa place ; Hortense combattait pour ses enfants, et, malgré qu'il fût l'aîné de Louis, Lucien n'osait point entreprendre sur lui ; tout son effort portait contre Jérôme dont il pensait avoir d'autant plus facilement raison que Jérôme n'élevait aucune prétention et se tenait en dehors des intrigues.

Très tendre à l'égard de l'Empereur « qui s'en était montré profondément touché », Jérôme était venu mettre son épée au service de l'Empereur et de la France et, seul de la Famille, il aspirait à les servir. Il avait dit qu'il ne formait aucune prétention : il accepta une division. « Dans les circonstances où nous nous trouvons, écrivit-il au ministre de la Guerre, prince d'Ekmuhl, tout Français est soldat et j'aurais accepté avec plaisir tous les postes où l'Empereur m'aurait placé. » Toutefois l'organisation de sa maison militaire ne se fit point sans labeur. L'Empereur, en lui attribuant, par décret en date du 1er juin, un premier aide de camp maréchal de camp, deux aides de camp chefs de bataillon et quatre aides de camp capitaines ou lieutenants, avait formellement exigé que « ces officiers fussent pris parmi les Français ayant servi sans interruption dans l'armée française ». Or, le prince Jérôme en adressant, le 5 juin, au ministre la liste des officiers attachés à sa personne, y avait placé : Le comte Sahla de Hoene, ci-devant lieutenant général et ministre de la Guerre westphalien, le maréchal de camp Wolff aide de camp, trois colonels également westphaliens et quatre officiers d'ordonnance français, Bourdon de Vatry, Grisolles, Saint-Hilaire et Mougenet. L'Empereur n'accepta point ces désignations. « Mon frère, écrit-il à Jérôme le 5 juin, je ne puis pas consentir à ce que vous paraissiez à l'armée française entouré d'Allemands. De tous ceux qui sont avec vous, vous n'en pouvez conserver qu'un qui sera votre écuyer. Je leur donnerai des grades et des traitements en France. Envoyez au ministre de la Guerre leurs états de services. Vous aurez un maréchal de camp pour premier aide de camp et deux chefs de bataillon et quatre capitaines pour aides de camp. Vous n'avez pas besoin d'officiers d'ordonnance. »

En même temps, l'Empereur écrivit à Davout : « Mon intention est qu'il ne garde aucun des officiers westphaliens qui l'ont accompagné. Aussitôt que vous aurez les états de service de ces officiers vous pourrez les employer dans leurs grades. » Cela était net. Jérôme parut se rendre. Il transmit au général de Flahaut, chargé du travail de l'armée près de l'Empereur, une nouvelle liste où il se restreignait au maréchal de camp Wolff, lequel avait été, de 1807 à 1813, au service westphalien[1], au

[1] « Sa conduite pendant les Cent-Jours, dit un rapport du 19 avril 1819, mérite des éloges : nommé à un commandement actif sans l'avoir demandé, il éluda plusieurs ordres qui lui furent donnés de s'y rendre ; il refusa également de servir auprès

colonel Picot, au chef d'escadron Reiset, au chef de bataillon Hochet, mais il demandait de plus pour officiers d'ordonnance le capitaine Bourdon de Vatry, le lieutenant Ordener et deux autres officiers dont les services n'étaient point constatés et qu'on ne connaissait point au ministère de la Guerre. Lorsqu'on eut expédié à sept officiers français des lettres de service, le prince Jérôme revint à la charge et demanda qu'on lui passât par surcroît Sahla et ses trois colonels westphaliens. Il obtint que le ministre de la Guerre adressât à l'Empereur un rapport où il proposait la nomination au grade de maréchal de camp de M. de Sahla, admis au service de France comme adjudant-commandant et devant servir dans ce grade près de Son Altesse Impériale. « Le prince m'a fait connaître, ajouta-t-il, qu'il attachait le plus grand prix à ce que sa demande en faveur de MM. les colonels Phuld, Berger et Gail fût accueillie. Ces officiers ont tout quitté, famille, fortune, patrie, pour partager son exil et il lui serait extrêmement pénible de se séparer aujourd'hui d'hommes qui ne lui ont pas été moins fidèles et moins dévoués dans le malheur que dans la prospérité. » Le maréchal, d'après ces considérations, proposa un décret conforme : l'Em-

de Jérôme Bonaparte, dont il avait été nommé aide de camp, et ne céda qu'à des ordres réitérés en suivant son état-major pendant quelques jours seulement. »

[1] Antoine Ordener, second fils du général, n'a pas dû rejoindre. Il fut blessé à Waterloo dans les rangs du 7e cuirassiers et mourut le 10 juillet.

pereur n'admit point la nomination de Sahla : quant au décret préparé pour les autres, il le rectifia de la façon suivante : après le premier paragraphe : « Les sieurs Phuld, Berger et Gail, colonels westphaliens sont admis au service de France », l'Empereur raya : « Ils serviront comme aides de camp du prince Jérôme » et il écrivit « Ils seront employés dans la ligne. »

L'on ne saurait affirmer toutefois qu'ils ne suivirent point Jérôme durant sa courte campagne, d'autant plus courte que cette discussion, vraisemblablement, l'avait empêché de partir à la date fixée par l'Empereur. En le désignant, le 3, pour être « employé à l'armée comme lieutenant général » et « prendre le commandement de la 6ᵉ division sous les ordres du général Reille », l'Empereur avait enjoint au ministre de la Guerre de lui donner ordre de partir immédiatement. « Il doit s'y rendre de suite », insistait-il. Le 5, Jérôme, en même temps qu'il annonçait au ministre que l'Empereur l'avait nommé au commandement de la

[1] D'après les *Mémoires du roi Jérôme*, VII, 48, son état-major particulier aurait été composé « du général Wolff, premier aide de camp, du colonel de Gail, du lieutenant-colonel Hamel, du capitaine de Vatry, des colonels Pfuhld et Berger » : ces deux derniers ayant attendu à Paris des ordres de service, ne rejoignirent le roi qu'au milieu de la retraite. Il n'y a point de doute que Wolff fut nommé. Il se défendit plus tard d'avoir accepté, mais il avait rejoint. Hamel est l'écuyer autorisé par l'Empereur ; quant à Gail, il faut croire qu'il fit grande diligence pour rejoindre son maître à Paris, car on le trouve à Vienne le 24 avril, les 2 et 7 mai.

6e division, « exprimait le désir que le lieutenant général Guilleminot fût employé sous ses ordres et qu'il fût mis à sa disposition un escadron de cavalerie ». L'on ne pouvait penser à employer un général de division sous les ordres de Jérôme qui n'avait reçu dans l'armée française que le grade de général de brigade, par équivalence à son grade dans la marine, mais on tourna la difficulté en conférant à Guilleminot les fonctions de chef d'état-major de la division : le cas était sans précédent, mais l'Empereur passa. Il était indispensable que Jérôme, peu familiarisé avec les manœuvres, trouvât à ses côtés un homme qui, de toutes façons, avait fait ses preuves. Néanmoins Jérôme n'était point parti. « Je suppose, écrivit, le 7, l'Empereur à Davout, que le prince Jérôme et les généraux Girard et Berthezène sont partis pour l'armée du Nord. » Pour Jérôme il n'en était rien. Il avait pris séance le 5 à la Chambre des pairs, il s'abstint de paraître à la séance impériale d'ouverture des Chambres, mais il ne voulut pas quitter Paris que la question ne fût résolue et elle ne le fut que le 9 au soir [1].

L'Empereur lui-même allait partir. La mise en exercice du régime parlementaire, retardée par les

[1] Les mémoires du roi disent qu'il partit le 12 au point du jour dans la voiture de l'Empereur et se trouvent ainsi en contradiction avec l'ordre de l'armée publié à la page précédente (t. VII, 47 et 48) et avec tous les documents qu'on trouvera cités plus loin.

circonstances, allait en procurer l'expérience dans les conditions les plus périlleuses, puisqu'il laisserait les Chambres assemblées durant qu'il livrerait sur la frontière du Nord les batailles d'où dépendraient son trône et la France. A cette séance d'ouverture des Chambres où l'ont accompagné, au rang de princes et non de pairs, Joseph et Lucien, où Madame et la princesse Hortense ont assisté d'une tribune, les paroles qu'il a prononcées ont été sévères et tristes : « Une coalition formidable de rois en veut, a-t-il dit, à notre indépendance ; ses armées arrivent sur nos frontières.. La *Melpomène* a été attaquée et prise dans la Méditerranée, après un combat sanglant contre un vaisseau anglais de 74. Le sang a coulé pendant la paix. Nos ennemis comptent sur nos divisions intestines. Ils excitent et fomentent la guerre civile. Des rassemblements ont lieu ; on communique avec Gand, comme en 1792 avec Coblentz. Des mesures législatives sont indispensables... » et il termine par ces paroles : « Il est possible que le premier devoir du prince m'appelle bientôt à la tête des enfants de la nation pour combattre pour la patrie. L'armée et moi nous ferons notre devoir.

« Vous, pairs et représentants, donnez à la nation l'exemple de la confiance, de l'énergie et du patriotisme, et comme le sénat du grand peuple de l'antiquité, soyez décidés à mourir plutôt que de survivre au déshonneur et à la dégradation de la France : la cause sainte de la Patrie triomphera. »

Il laissait donc derrière lui cette chambre des Représentants, toute neuve en l'exercice de ses droits, infatuée de sa victoire sur le régime dictatorial, enivrée d'avoir vaincu l'Empereur même et de lui infliger des offenses, incapable de former une majorité loyaliste, divisée entre des sots honnêtes et des intrigants vénaux, uniquement livrée en réalité, par la nullité de son président et par la complicité de son bureau, à l'homme qui, ministre de l'Empereur, et au rang presque de premier ministre, n'avait, depuis le 20 mars, de tendresses et de complaisances que pour les royalistes, entretenait avec Gand des relations presque publiques et se ménageait une complicité dans toutes les factions pour s'assurer un rôle dans toutes les combinaisons.

Quelle résistance pourra opposer à des menées factieuses un gouvernement dont le membre principal, le seul qui ait l'habitude du pouvoir, qui dispose d'un personnel, qui ouvre et ferme les prisons et les portes, est un traître avéré? Par-dessus tous ses moyens d'action, on lui en a livré un nouveau : il peut prendre l'air de se faire forcer la main par les orateurs dont il a assuré l'élection et par la majorité dont il dispose. En réalité, il est le maître de Paris et, par là, le maître de l'Empire.

Dans cette journée du 11 juin, la dernière où il soit encore à peu près souverain, quel avertissement Napoléon a reçu de ces adresses que les députés des deux Chambres sont venus lui présenter! Les pairs lui ont signifié que, de tous les succès qu'elle peut espérer du génie de l'Empereur et de la bravoure des armées, « la France ne veut d'autre fruit que la paix », et que les institutions nouvelles « garantissent à l'Europe que le Gouvernement français ne peut être entraîné par les séductions de la victoire ». « L'entraînement de la prospérité, a répondu l'Empereur, n'est pas le danger qui nous menace aujourd'hui. C'est sous les Fourches Caudines que les étrangers veulent nous faire passer. »

Ce n'est rien là près des Représentants : toute la vanité soupçonneuse des robins, tout le délire d'égalité des membres de la Législative, la volonté de pénétrer tous les secrets et de se mêler à tout, une sorte de défiance injurieuse qui soufflette l'Empereur et ses ministres, le goût des discussions oiseuses et des délibérations philosophiques, c'est ce qui paraît dans ce morceau pédant, sec, sans patriotisme et sans flamme. « La crise où nous sommes engagés est forte, répond l'Empereur, n'imitons pas l'exemple du Bas Empire qui, pressé de tous côtés par les Barbares, se rendit la risée de la postérité, en s'occupant de discussions abstraites au moment où le bélier brisait les portes de la ville. »

Ces leçons, si nobles et si fières, n'étaient point pour faire impression sur des bourgeois enivrés de leur récent pouvoir, qui s'étaient convaincus dès lors qu'en eux seuls résidait la souveraineté du peuple. Il est vrai qu'ils ne trouvaient en face de leurs entreprises qu'un pouvoir exécutif singulièrement effacé.

L'Empereur avait décidé que, durant son absence, les ministres continueraient à correspondre avec lui, mais qu'ils tiendraient aussi conseil, le mercredi de chaque semaine et toutes les fois que les circonstances l'exigeraient, sous la présidence du prince Joseph. A la vérité, ils ne paraissaient devoir délibérer que sur les objets relatifs à leurs attributions respectives, ou sur les affaires concernant les opérations des Chambres, mais cette dernière formule eût pu tout ouvrir. L'Empereur se réservait : 1° les objets de détail et de contentieux des administrations ministérielles ; 2° toutes les affaires qui, dans l'ordre du Gouvernement et de l'Administration, ont besoin de la signature impériale ; 3° toutes les décisions sur l'initiative des lois et sur les déterminations à prendre dans le cas où la demande de la présentation d'un projet de lois aurait été faite par l'une des Chambres et adoptée par l'autre ; 4° la décision sur la distribution des fonds proposée par le ministre du Trésor, et en conséquence de laquelle toute disposition de fonds devait obligatoirement être faite. C'était donc à peu près tout, et, sauf le détail des menues nominations, on peut se demander quelles étaient les attributions du Conseil.

A ce conseil devaient assister, outre les ministres à portefeuille, les ministres d'État membres de la Chambre des représentants. « Notre frère Lucien, disait l'Empereur, prendra séance dans tous les Conseils et y aura voix délibérative. » Mais il ne lui attribuait aucune fonction particulière, tandis qu'il témoignait une confiance presque entière au *prince Joseph*. (Cette différence de traitement est remarquable.) C'est au prince Joseph que les autorités de Paris constituées en conseil de défense sous la présidence du gouverneur, le maréchal prince d'Eckmühl, ministre de la Guerre, doivent faire quotidiennement le rapport de tout ce qui concerne l'ordre et la sûreté publique; à lui, que les ministres d'État doivent rendre compte de tout ce qui se passera dans la Chambre des représentants; à lui que seront remises les dépêches télégraphiques. Au résumé, et bien que l'Empereur n'ait pu se dessaisir en sa faveur d'une autorité effective, c'est à lui pourtant qu'il témoigne sa confiance et l'on ne peut se demander s'il n'a point eu connaissance des bruits qui courent dans les milieux royalistes et dont Mme du Cayla fait part, le 8 juin, à son ami la Rochefoucauld : « On parle de nous donner un gouvernement républicain : deux chambres et Lucien chef, car ici on regarde Bonaparte comme perdu. »

Joseph, qui occupait l'ancien hôtel Langeron, faubourg Saint-Honoré, vient, pour être plus à portée des affaires, s'installer aux Tuileries où il a fait préparer ses appartements et il se munit des objets par lesquels devra être assurée la stricte observance de l'étiquette : ainsi, pour un suisse d'appartement, « une hallebarde modèle des châteaux ». Lorsque l'Empereur quitte Paris, Joseph lui remet pour les besoins de l'armée des diamants en grains, enveloppés dans des papiers séparés, d'une valeur de 800.000 francs. L'Empereur les fait enfermer dans sa voiture, dans le secret de son nécessaire, avec le collier que la princesse Pauline lui a offert lors du départ de l'île d'Elbe, et qui vaut 300.000 à 400.000 francs. Joseph s'est livré à la bonne foi de l'Empereur et, de même que Pauline, n'a reçu alors nulle valeur en échange. Le cas est neuf et les honore.

Une fois la campagne ouverte, il reçoit chaque jour les lettres de l'Empereur et c'est si bien à lui que sont apportées les dépêches télégraphiques que le ministre de la Guerre se plaint de n'en avoir pas communication; mais il n'a, semble-t-il, aucune action sur la politique. Rien de plus plat et de plus banal que les comptes rendus des séances tenues aux Tuileries, dans la salle du Trône, sous la présidence du prince et auxquelles assistent, avec Lucien, tous les ministres à portefeuille et les quatre ministres d'État. Joseph n'influe sur rien et les opinions qu'il ouvre, pleines de sens en général, ne correspondent nullement à la gravité de la situation. Lorsque, dans la séance du jeudi 15, les ministres discutent sur la dépense de l'habillement des gardes nationales, Joseph « demande qu'on la restreigne au vrai besoin, attendu que le recouvrement en deviendra plus prompt et plus facile ». En tout, sur les affaires de finances comme sur celles de police, il se montre modéré, prudent, consciencieux, habitué aux affaires et il ne parle qu'à bon escient.

Tel n'est point le fait de Lucien, empressé à discourir sur toutes choses et montrant, en même temps qu'une compétence médiocre, ce goût du développement oratoire qui embrouille et retarde les affaires. Il le témoigne en particulier sur le projet d'emprunt que le ministre des Finances a préparé, sur lequel les hommes instruits se trouvent d'accord et dont il critique les dispositions avec des arguments sentimentaux. L'ancien Jacobin reparaît lorsque le Conseil s'occupe, le 19 juin, d'un projet de loi sur « la répression des mauvais journaux et des fausses nouvelles... Un journal a osé, contre toute vérité, annoncer la prise du général Travot par les rebelles de l'Ouest avec des particularités propres à tromper les gens crédules, à répandre l'alarme chez les bons citoyens et à relever les opérations criminelles des autres. Il y a là un délit bien plus grave que la simple émission d'une opinion ou d'un vœu contre-révolutionnaire; avec des faits controuvés, on porte des coups bien plus acérés qu'avec de simples raisonnements; il est pressant de réprimer un tel désordre... Le prince Lucien s'étonne que ce fait nécessairement connu de plusieurs membres des deux Chambres n'ait pas donné lieu à des propositions sévères contre un délit de cette nature. Le simple débat et l'improbation manifestée par les grands corps de l'État auraient par eux-mêmes produit un bon et salutaire effet ». Telle est en fait la pure doctrine jacobine. La liberté de la presse est inscrite dans la Constitution et l'Empereur a cru si fortement qu'elle était réclamée par la nation qu'il n'a point attendu l'Acte additionnel pour en faire l'octroi le plus large et le plus imprudent. Alors, ont abondé les journaux ennemis, puis les journaux, les pamphlets et les canards clandestins; en l'absence de loi sur la presse, aucun règlement n'a plus été observé, mais si l'Empereur avait pensé à réfréner cette extraordinaire licence, quels cris eussent poussés les libéraux! Dès que ce seraient les Chambres qui eussent fait cette loi, la liberté était sauvegardée. Il n'est que de s'entendre.

Tel fut le rôle officiel des deux frères de l'Empereur durant son absence. Joseph réduit à un figuration purement décorative, n'avait aucune autorité sur le militaire, dont le maréchal Davout, en sa double qualité de gouverneur de Paris et de ministre de la Guerre, disposait à son gré, et il n'en avait pas davantage sur le civil où Fouché était tout-puissant. Fouché durant ce mois de juin laissait se former à Paris des conspirations qui se tenaient prêtes à éclater au premier échec de l'Empereur, en même temps qu'il nouait lui-même à la Chambre, par les représentants dont il avait assuré l'élection, les intrigues destinées à lui assurer les moyens de traiter efficacement avec cette cour de Gand dont il était le correspondant officieux et dont il aspirait à se rendre le restaurateur.

*
* *

Jamais campagne ne fut entamée sous d'aussi fâcheux auspices; jamais armée ne fut autant travaillée et ne se trouva aussi justement inquiète; jamais gouvernement ne fut aussi médiocre en autorité et composé d'éléments aussi peu sûrs. De tous les hommes qu'on employait dans les missions d'importance, quels ne correspondaient pas avec Gand et quels ne prenaient pas l'attache du roi avant d'accepter des fonctions de l'Empereur? Pourtant, une suite de victoires eût pu changer la face des choses, mais qui n'était point usé des généraux qu'on employait et quels étaient décidés à être fidèles? Il est consolant qu'un des frères de l'Empereur, le dernier-né, celui auquel sa jeunesse et sa fortune « avaient fait tant de bruit » qu'il en était demeuré étourdi, se soit à ses trente ans, montré soldat énergique et chef intrépide [1].

[1] Dans les *Mémoires et correspondance du roi Jérôme et de la reine Catherine*, aussi bien que dans la note émanée de M. Bourdon de Vatry reproduite dans les *Mémoires du maréchal de*

Le prince Jérôme arriva dans la nuit du 9 au 10 à Avesnes où il devait prendre le commandement de sa division, la 6e du 2e corps.

Un ordre de l'armée annonça aux troupes que Son Altesse Impériale remplaçait le lieutenant général Rottembourg appelé à d'autres fonctions. Les deux brigades, composées des 1er et 2e de ligne, du 3e de ligne et du 1er léger, et commandées par les maréchaux de camp Soye et Bauduin, comptaient 7.800 baïonnettes ; les officiers étaient hommes de cœur et vieux soldats; sous la Restauration, le 1er régiment de ligne et le 1er léger, dénommés régiments du roi, avaient reçu des effets neufs et

Grouchy (t. IV), il est dit que le prince Jérôme partit dans la voiture de l'Empereur. — Cela est contredit expressément par l'ordre de l'armée et par le témoignage du *capitaine Robinaux* publié en 1906 par mon confrère M. Gust. Schlumberger. Au surplus, on ne saurait attacher qu'une importance des plus minces au récit de M. de Vatry rédigé plus de trente ans après les événements et contredit souvent par ses propres souvenirs. Ainsi, au sujet de Bourmont sur lequel il fournit deux récits, l'un dans la note citée, l'autre dans des notes manuscrites dont il couvrit un exemplaire de la *Vie du général Drouot* par Nollet appartenant aujourd'hui à mon neveu le commandant Lefebvre de Béhaule. M. de Vatry annonce pourtant avoir reçu de Bourmont, peu de jours avant qu'il passât à l'ennemi, une lettre écrite de Metz « si enthousiaste que, pour justifier sa confiance en lui, le maréchal Gérard a voulu la faire figurer dans ses mémoires. Je la réclame aujourd'hui, ajoute M. de Vatry, de son neveu le comte Henri de L'Aigle, son aide de camp, et de sa respectable veuve, la fille du vieux sénateur, l'ex-sémillant comte de Valence ». Malheureusement la lettre n'est pas jointe.

Par ailleurs les précisions manquent tellement dans les notes de M. de Vatry que, pour en tirer argument, il faut se trouver dans le cas de pénurie du rédacteur des *Mémoires du général Grouchy*.

des distinctions d'uniformes ; ils tenaient la garnison de Paris ainsi que le 2e de ligne, régiment de la reine, et ils entrèrent en campagne bien équipés, contrairement à ce qui se produisit pour d'autres corps. La 2e compagnie du 2e régiment d'artillerie, le 1er escadron du train et une compagnie du génie complétaient la division, pauvre en artillerie, car elle n'avait que du 4 et du 6.

Au nombre des régiments que Jérôme passa en revue le 10, à la pointe du jour, sur le camp des Césars, grand plateau présentant une petite plaine au-dessous de la ville d'Avesnes, était le 2e de ligne, colonel Tripe. Le prince remit lui-même au colonel le drapeau du régiment et il accepta le déjeuner champêtre qui lui fut offert. Tous les officiers y prirent part. « Pendant le déjeuner, des chansons patriotiques furent chantées par de jeunes officiers. » Certaines étaient de leur composition. Le lieutenant Sénécal en chanta une dont le refrain était :

Mais si le Destin
Nous conduit jusqu'au Rhin
N'en demandons pas davantage.

Le prince applaudit, mais « on ne lui entendit rien dire d'agréable durant le déjeuner » ; son air inquiet et pensif ne parut pas de bon augure et les officiers s'en inquiétèrent.

Le général Guilleminot n'avait pas encore rejoint et n'était pas même fixé sur sa destination ; il ne le fut que le 12, où le major général lui fit confirmer, par un aide de camp de Jérôme, que, décidément, c'était près de lui qu'il serait employé et il vint retrouver à Solre-le-Château la division qui s'y était réunie tout entière et qui s'attendait dès le lendemain à combattre. Le 12, en effet, l'Empereur était arrivé à Laon ; le 13, il était venu coucher à Avesnes; le 14, jour anniversaire de Marengo et de Friedland, il lança sa proclamation aux troupes : « Coalisés contre nous, les princes que nous avons laissés sur le trône en veulent à l'indépendance et aux droits les plus sacrés de la France... Marchons à leur rencontre : Eux et nous, ne sommes-nous plus les mêmes hommes? » On lut cette proclamation le 15 au matin aux troupes campées dans la plaine vis-à-vis de Thuin. Après l'avoir entendue, le lieutenant général de Bourmont monta à cheval avec son état-major et alla porter à l'ennemi la nouvelle qu'il allait être attaqué. « On avait proposé au prince Jérôme, a écrit le prince Napoléon[1], le général Bourmont pour chef d'état-major. Jérôme se méfiant de ses antécédents de Vendéen ne voulut pas l'accepter. » Le fait ne se trouve point confirmé par des pièces officielles, mais, s'il est exact, il fait honneur à la perspicacité de Jérôme.

« Le général Reille, dit le Bulletin de l'armée, passa la Sambre à Marchiennes-au-Pont pour se porter sur Gosseliès avec les divisions du prince

[1] Note mss. adressée à Pons de l'Hérault en réfutation de Vaulabelle.

Jérôme et du général Bachelu, attaqua l'ennemi, lui fit 250 prisonniers et le poursuivit par la route de Bruxelles. » Le feu cessa à 6 heures du soir et la division prit position à Gosselies, s'avançant sur la route des Quatre-Bras.

Jérôme va avoir affaire à forte partie. Le 16, à midi seulement, sa division, formée en colonne de route, quitte Gosselies à la suite de la division Foy. Il s'agit d'enlever le hameau des Quatre-Bras occupé par la division Perponcher, du corps du prince d'Orange. Le prince d'Orange est déterminé à se défendre à l'extrémité pour attendre les Anglais dont il espère le secours. Moyennant les retards de Ney et de Reille, il gagne du temps et atteint son but. A 3 heures, la 6e division entre en ligne : elle a mission d'enlever la ferme du Grand-Pierre-Pont et le bois de Boussu où la brigade Jamin, de la division Foy, n'a pu mordre. Elle s'empare de la ferme, en chasse les quatre bataillons de Nassau, mais ceux-ci sont renforcés par la brigade hollandaise Van Merlen (1.100 chevaux) et, à distance, par les douze bataillons de la division anglaise Picton. La charge de Van Merlen ayant été repoussée et reconduite par une des brigades du général de Piré, Jérôme continue, avec la brigade Soye, à travailler pour prendre le bois de Boussu aux Nassau, tout en étendant la brigade Bauduin entre le bois et la chaussée de Bruxelles.

En atteignant le bois, la brigade Soye, avec laquelle marchait le prince, se heurta aux Orangistes

« qui l'attendaient bravement, secondés par des Écossais vraiment très solides, dont l'un logea une balle dans le pommeau de l'épée de Jérôme ». Ce pommeau, d'or massif, large, solide et épais, ne ressemblait point aux pommeaux des épées que le prince portait d'ordinaire et qui étaient presque pareilles à celles de l'Empereur ; pour qu'il ait été faussé et déformé comme il est demeuré, il a sauvé la vie de Jérôme. « Touché très raide, le prince devint pâle à faire croire à ses aides de camp qu'il était frappé mortellement. Son sang-froid les rassura et il le conserva assez pour ne pas vouloir descendre de son cheval, sur lequel on le pansa. Il ne s'occupa de sa blessure que plusieurs heures après. » Le prince était fort peu entouré : Bourdon de Vatry l'escortait sur un bidet de poste ; Wolff marchait à pied. On ne trouve pas trace des autres qui, sans doute, n'avaient pas été atteints par les ordres ou n'avaient pu rejoindre.

Presque au moment où Jérôme était ainsi contusionné, le duc de Brunswick, menant sa cavalerie à la charge, vint s'abattre sur les baïonnettes du 1er léger. Il reçut une balle dans le ventre : porté aux Quatre-Bras, il y mourut le soir. C'était le cousin germain de la reine Catherine. Il était le fils du duc de Brunswick tué à Auerstaedt et c'était lui-même qui, en 1809, s'était efforcé de reconquérir sur Jérôme ses États l'épée en main et qui, à travers la Westphalie et le Hanovre, avait mené avec succès cette course téméraire dont il se tira à sa gloire.

On apporta à Jérôme la paire de pistolets que le duc portait dans ses arçons : ce trophée figure noblement près de l'épée au pommeau faussé.

Les Brunswickois repoussés, un nouvel effort de la brigade Soye chasse les Nassau du bois dont la possession est assurée. Le terrain ainsi déblayé, la 1re brigade se forme, en colonne d'attaque, avec la division Foy, pour aborder la position même des Quatre-Bras, mais l'élan des Français est arrêté par les douze bataillons anglais de la division Picton. Sans le 1er corps (d'Erlon) dont il attend la venue à chaque instant, Ney n'est point en mesure d'y faire face avec son infanterie qu'il a engagée tout entière et qui est épuisée. Il imagine qu'il pourra avoir raison de cette infanterie qu'on évalue à 25.000 hommes avec une seule brigade des cuirassiers de Kellermann. (Par les ordres du maréchal lui-même, les trois autres brigades étaient restées en arrière.) Cette charge héroïque et folle faillit réussir, Kellermann rompit les deux lignes anglaises et ses cavaliers pénétrèrent jusqu'aux Quatre-Bras ; mais ils ne furent point soutenus : ils durent après un si magnifique sacrifice se retirer en désordre.

Alors, ce fut une sorte de débâcle et, après une heure de combat, le bois fut repris par l'ennemi ; on recula, d'une demi-lieue seulement, dit-on, mais on était battu. « La division du prince Jérôme a donné avec une grande valeur. S. A. R. (*sic*) a été légèrement blessée. Tout le monde a fait son devoir excepté le 1er corps, » écrivit Ney. Les pertes étaient importantes: au 1er de ligne, 6 officiers tués et 21 blessés; au 2e, 1 officier tué et 5 blessés; au 3e, 5 officiers blessés; au 1er léger, 3. « Notre perte de ce côté, disait le Bulletin, a été très considérable: elle s'élève à 4.200 hommes tués ou blessés. » Le soir, à 10 heures, le prince, qui avait retrouvé le maréchal Ney, l'invita à partager son souper: assis sur une couverture de cheval, ils soupèrent d'un morceau de pain et d'une bouteille de vin. Un feu placé derrière eux servait de point de mire aux tirailleurs écossais. Il fallut éteindre le feu.

Cependant l'ennemi était resté sur ses positions, Wellington s'était renforcé des troupes qui étaient à portée: il ignorait tout de l'armée prussienne et apprit seulement vers 7 heures 1/2 que, battue à Ligny, elle se retirait et le laissait en l'air, exposé à une attaque combinée de l'Empereur et de Ney. Toutefois, il décida que ses troupes ne commenceraient à se retirer qu'à 10 heures du matin et, le soir, il prit position en avant de la forêt de Soigne au Mont-Saint-Jean. « Le temps était affreux, toute la nuit du 17 au 18 fut employée à réunir l'armée et à prendre des dispositions pour le lendemain. Le 18 au matin, en passant devant le quartier général de l'Empereur, écrit Jérôme, je m'arrêtai une heure avec lui. Il me reçut avec une affection et une tendresse toutes particulières, il assembla les principaux généraux et, une fois le plan de bataille arrêté, chacun se rendit à son poste. »

Reille était chargé d'occuper les approches du

château d'Hougoumont, mais il devait seulement s'emparer de la lisière du bois : « se maintenir dans le fond, derrière le bois, en entretenant en avant une bonne ligne de tirailleurs ». Il n'y avait pas lieu de pousser plus avant, le point d'Hougoumont, à l'extrême gauche de la ligne, important peu pour l'attaque sur le centre gauche anglais et devant être évacué par ses défenseurs dès que le plateau de Mont-Saint-Jean serait occupé. La division Jérôme fut chargée de l'opération. « Je marchai, dit Jérôme, sur le bois que j'occupai à moitié après une vive résistance, tuant et perdant beaucoup de monde. » Le général Bauduin, un de ses brigadiers, avait en effet été tué à ses côtés, à la tête du 1er léger, très éprouvé. Il restait une partie du bois à conquérir : le 3e de ligne vint appuyer le 1er léger et, à 2 heures, les Nassau et les Hanovriens avaient abandonné le terrain.

Mais c'était à présent le massif de pierre du château, avec les murailles des communs et du parc. Jérôme eût dû s'arrêter ; mais, soit que l'ordre lui eût été mal transmis, soit qu'il ne l'eût point reçu ou qu'il n'eût point voulu l'entendre, il jeta sa première brigade sur ces murs et elle fut décimée ; il appela sa seconde brigade pour remplacer la première à la lisière du bois et, avec les débris de celle-ci, il atteignit la façade nord du château et y donna l'assaut. Ceux qui, par un miracle de force physique et de vaillance, pénétrèrent dans la cour, furent fusillés à bout portant, exterminés. Wellington envoya en renfort quatre compagnies des gardes qui prirent la troupe de Jérôme entre deux feux. Il fallut se replier dans le bois, qui fut attaqué, perdu, repris, car les Anglais ne cessaient d'envoyer des renforts et les Français luttaient en désespérés. Maîtres du bois, ils parvinrent à tenir dans le verger, mais, du jardin qui le dominait, les Anglais tiraient abrités et, quant au château, il semblait imprenable : l'on se battait depuis quatre heures et demie. On finit par quoi l'on eût dû commencer : le canon. « L'Empereur envoya, sous la conduite de Drouot, une batterie de 12 de la Garde et 8 obusiers. » « Si on n'employa pas d'artillerie avant celle que l'Empereur envoya, a écrit le prince Napoléon, il y a pour cela une raison concluante, c'est que la 6e division n'en avait pas suffisamment. Elle avait six pièces de 4 ou de 6. » Malgré l'incendie qui dévorait les bâtiments, les Anglais continuaient à tirailler et l'on ne parvint pas à prendre possession du château, mais le bois nous resta. « L'ennemi, dit Jérôme, laissa dans ce bois 6.000 morts et moi 2.000 avec un de mes généraux et presque tous mes officiers supérieurs. » Rien qu'en officiers, le 1er de ligne avait 5 tués et 13 blessés, le 2e, 6 tués et 20 blessés ; le 3e, 5 tués et 20 blessés ; le 1er léger, 5 tués et 18 blessés. « Les blessés et les pertes que j'avais faites à la bataille du 16, me réduisirent, écrit Jérôme, à deux bataillons. »

« Ce fut à ce moment, dit Jérôme, que je reçus

l'ordre de l'Empereur de me rendre auprès de lui : il me reçut encore mieux que la veille et me dit : « Il est impossible de se mieux battre; actuellement qu'il ne vous reste plus que deux bataillons, demeurez avec moi, je vous enverrai partout où il y aura du danger. » Selon une autre version : « Quand Jérôme approcha de l'Empereur, à cheval en avant de la Belle-Alliance, celui-ci prit la main de son frère et lui dit : « Mon frère, je regrette de vous avoir connu si tard. » Enfin, selon le prince Napoléon, ce n'eût pas été à trois heures, ni à quatre que Jérôme aurait rejoint l'Empereur, mais lorsque les Prussiens arrivaient. « Ce fut alors que l'Empereur envoya le brave colonel (?) Labédoyère donner l'ordre au prince de se retirer... Jérôme fit replier ses troupes et accourut au secours de son frère : ce fut dans un des carrés de la Vieille Garde que l'Empereur lui dit avec des expressions que nous ne rappelons pas par modestie, mais qui suffisent à la gloire d'un général : « Mon frère, réunis-« sez les débris de l'armée, je vous en donne le « commandement ».

Quelque version qu'on adopte, il paraît acquis que Jérôme rejoignit l'Empereur après trois heures. Il assure qu'il était présent « alors que l'Empereur ordonna au maréchal Ney de se porter avec une grande partie de la cavalerie, deux corps d'infanterie et la Garde sur le centre de l'ennemi pour donner le coup de massue ». Il s'agit sans doute de la grande attaque qui fut prononcée entre cinq et six heures. Ney attaqua trois quarts d'heure trop tôt : « J'étais auprès de l'Empereur, écrit Jérôme, lorsqu'il vit la faute du maréchal. Il me dit ces mots : « Le malheureux ! c'est la seconde fois depuis avant hier qu'il compromet le sort de la France. »

Jérôme n'aurait point quitté l'Empereur jusqu'à huit heures du soir. Il aurait assisté et pris part à l'attaque de la Garde. « L'Empereur, écrit-il, espérant que Grouchy arriverait nous dit : « La « bataille est gagnée, il faut occuper les positions « de l'ennemi, marchons ! » et tout, à l'exception de six bataillons de Vieille Garde, marche avec nous. Ney reçut les quatre régiments de la Garde, commandés par le général Friant, et arriva sur les canons anglais ; nous soutenions au pied de la position avec d'autres troupes. » Mais Friant est blessé et se retire du combat, la Garde est ramenée ; il faut battre en retraite. « L'Empereur voulut se faire tuer ; nous étions au milieu des balles et des ennemis. » A huit heures du soir, Wellington lâche dans la plaine sa cavalerie toute fraîche ; c'est une panique et la déroute. « L'Empereur, dit Jérôme, a été sublime jusqu'à huit heures du soir... Il fut entraîné, personne ne donnait d'ordres. On courut jusqu'à la Sambre. J'arrivai à Avesnes le lendemain, ayant constamment fait l'arrière-garde avec un bataillon et un escadron. »

Tels sont les renseignements que donne Jérôme sur le rôle qu'il joua à partir de trois heures ou trois heures et demie. Il ne semble pas qu'on ait jusqu'ici moyen de les contrôler par des témoignages ou des documents précis. Toutefois, l'on doit croire que Jérôme était près de son frère et dans son état-major lorsque l'Empereur se réfugia dans les carrés des bataillons de grenadiers de la Vieille Garde laissés en réserve à la Haie-Sainte. Ceux-ci étant attaqués à la fois par la cavalerie et l'infanterie anglaises avec du canon, l'Empereur, sur les instances des quelques généraux qui l'entouraient encore : Jérôme, Soult, Bertrand, Drouot, Labédoyère, sortit du carré et gagna au galop la ferme de Rosomme où il trouva deux bataillons de la Garde laissés au quartier général, avec lesquels il se retira au pas sur Charleroi.

Ce fut au moment où l'Empereur quitta le carré, que Jérôme se sépara ou fut séparé de lui. On peut douter que, à ce moment, l'Empereur, dans le désarroi général, ait pu lui parler et surtout que Jérôme ait « fait l'arrière-garde avec un bataillon et un escadron ». Il dit lui-même qu'il arriva à Avesnes le 20 au matin ayant parcouru vingt lieues en trente-six heures. Après de telles journées, les fantassins auraient-ils retrouvé assez d'énergie pour le suivre ? « Quant à la remise du commandement, écrivait le général Guilleminot le 23 juillet 1836, le prince me l'a fait connaître lui-même lorsque je le rejoignis dans la nuit à Avesnes; mais il ne me parla pas alors des circonstances qui l'accompagnaient. C'est un fait bien notoire cependant que ce commandement. Le prince rallia d'abord tout ce qu'il put de troupes sous Avesnes qu'il ne quitta que vers le soir du lendemain de la bataille. De là, il se rendit à Laon où il rassembla les débris de l'armée. » D'Avesnes Jérôme écrivit à l'Empereur une lettre qui n'a point encore été retrouvée.

En allant d'Avesnes à Laon, il s'arrêta à Vervins le 21, à midi, et il écrivit une seconde lettre où il annonçait que quelques débris de la Garde avaient pu se réunir et qu'il les dirigerait le lendemain sur Soissons où serait son quartier général; qu'il pensait ramasser à Laon 6.000 hommes d'infanterie et 3.600 chevaux. Le lendemain 22, il arriva sous Laon où l'Empereur avait passé l'avant-veille et d'où il avait daté le Bulletin de l'armée. On y lisait : « L'Empereur a passé la Sambre à Charleroi le 19. Philippeville et Avesnes ont été donnés pour point de réunion. Le prince Jérôme, le général Morand et les autres généraux y ont déjà rallié une partie de l'armée. »

« Le maréchal Soult, dit Jérôme, se trouvait à Laon, il me croyait seul et ne pouvait croire que j'eusse autant de monde avec moi et, lorsqu'un de mes officiers d'ordonnance arriva à Paris pour rendre compte de cet heureux résultat, le maréchal Ney qui y était depuis plusieurs jours soutint, dans la Chambre des Pairs, que cela était impossible.

« Le duc de Dalmatie, en sa qualité de major général, réclama le commandement, je le lui remis et me rendis le 22 à Soissons, où je reçus une lettre du ministre de la Guerre, qui me félicitait du résultat que j'avais obtenu et m'engageait à continuer de rallier l'armée. Le ministre ne savait pas que le maréchal Soult avait pris le commandement de l'armée. »

Alors seulement, Jérôme se rendit à Paris : tout y était consommé.

*
* *

De Charleroi, où il était le 19 à cinq heures du matin, l'Empereur s'était dirigé sur Philippeville, puis sur Mézières ; il déjeuna à Berry-au-Bac, s'arrêta quelques heures dans un faubourg de Laon et arriva à l'Elysée le 21 à huit heures.

Le 18, sur la nouvelle du combat de Ligny, Joseph avait ordonné, peut-être contre l'avis de Lucien, qu'on tirât le canon à la batterie triomphale. « Le président du Corps législatif, raconte Joseph, écrivit à l'Empereur une lettre de félicitations où on lit entre autres expressions « que même les plus grands revers ne seraient pas capables d'ébranler le dévouement de tous les membres du Corps législatif ; que c'est dans ce moment surtout que l'Empereur reconnaîtrait qu'il n'a dans le Corps législatif que des admirateurs passionnés et des amis intrépides ». Cette lettre a été spontanément écrite par M. Lanjuinais de la part de ses collègues auxquels il l'a lue dans la chambre des conférences. »

C'est une manifestation qui répond assurément à l'opinion momentanée des Représentants et à celle de la population. Le 19, l'on continue à vivre sur la victoire.

C'est dans l'après-midi du 20 que la défaite est connue par des lettres écrites de Philippeville au roi Joseph[1]. L'Empereur vient de recevoir la lettre de Lanjuinais. « Elle le décide, écrit Joseph, dans les dispositions qu'il prend. L'Armée du Rhin a ordre de détacher 25.000 hommes qui, réunis aux 40.000 de Grouchy, aux débris de Waterloo, aux nouvelles levées que la bouillante ardeur du Corps législatif va improviser, doivent rétablir les affaires ou au moins obtenir, les armes à la main, des conditions dignes de la nation. L'Empereur arrive à Paris dans l'idée de prévenir l'effet d'un grand désastre sur une grande population, de profiter des dispositions bienveillantes de la Chambre des députés, de concerter un plan général de défense nationale, de dire la vérité et de recevoir tous les secours que la nation se doit à elle-même. » C'est là ce qu'il a fait, lorsqu'il a rédigé à Laon le bulletin de la victoire et celui du désastre. Il n'a rien caché et peut-être a-t-il été pessimiste.

Le Conseil des ministres que Joseph a convoqué

[1] Bien qu'accepté par la plupart des historiens le texte de ces deux lettres publié par Fleury de Chaboulon (II, 185) me paraît éminemment suspect et, puisqu'il s'agit de documents rapportés de mémoire, je préfère la version que je trouve dans un fragment inédit du roi Joseph, daté de Point-Breeze, octobre 1823.

et auquel il a communiqué les nouvelles n'a pris aucune résolution, se rejetant sur la prochaine arrivée de l'Empereur. « Dans la nuit, dit Joseph[1], une grande partie des membres de la Chambre des députés s'était réunie dans la maison de M. de La Fayette où l'on ne concerta pas les moyens de sauver la nation et l'Empereur, mais bien de perdre l'Empereur pour sauver la nation. On rappelle les premiers temps de la Révolution : M. de La Fayette est représenté comme un sauveur que la France peut avouer, que Paris connaît, que les Alliés recevront comme l'organe de la Chambre des députés qui devient à leurs yeux la véritable représentation nationale; les Alliés s'arrêteront à sa voix; Napoléon II sera reconnu par eux avec la constitution qu'on lui donnera; une régence sera formée et cette régence garantira aux Alliés les intentions pacifiques de la France, à la nation le maintien de la paix, aux amis de la liberté un gouvernement plus libéral, plus rapproché du gouvernement anglais ou américain. Les têtes s'échauffent; M. de La Fayette se laisse persuader qu'il pourra tout le bien qu'il désire. Pour cela il faut s'assurer de la majorité dans la Chambre des députés », et c'est ce qu'il fait.

Que Fouché surveille ce mouvement et qu'il y

[1] J'attache une grande importance à cette note de Joseph : seule elle explique la motion de La Fayette à la Chambre des représentants et son acceptation sans discussion, par une majorité dont l'opinion avait été faite dans une réunion préalable.

pousse, qu'il le dirige peut-être en agissant sur l'infatuation et la sottise de La Fayette, rien de plus vraisemblable : il a Manuel, Jay, bien d'autres qui sont à lui. Il n'a d'ailleurs pas besoin d'intermédiaire. C'est chez lui le 21, à 10 heures, que La Fayette vient convenir de l'exécution immédiate du complot formé dans la nuit.

L'Empereur atterré par ce coup du destin, épuisé par la fatigue, sous le coup d'une cystite consécutive à ces journées sous la pluie et à ce surmenage effrayant, s'était mis au bain, après avoir causé quelques instants avec Caulaincourt ; il lui avait fait part de ses illusions sur le patriotisme des Chambres et il en avait reçu des avis peu rassurants. Davout qu'il vit ensuite, au bain, conseilla, dit-on, la prorogation immédiate ; Napoléon, déterminé à être plus constitutionnel que la Constitution, n'accepta point cette mesure qui eût été selon la lettre de l'Acte additionnel, mais qu'il ne trouvait point selon son esprit.

Il sortit du bain, mangea, reçut Joseph qui était fort découragé et Lucien qui était plein d'ardeur. Comme tout le monde, ils rendirent compte de l'hostilité de la Chambre des représentants : Joseph en était d'autant mieux instruit qu'il venait de causer avec Lanjuinais.

Après 10 heures, l'Empereur passa au Conseil, très nombreux : les deux princes, le secrétaire d'État, les huit ministres, les quatre ministres d'État, le secrétaire. L'Empereur exposa la situation et annonça qu'il attendait des Chambres « un grand pouvoir, une dictature temporaire ». Il trouva du patriotisme chez Carnot ; un complet découragement — sinon pis — chez Caulaincourt ; nulle flamme chez Maret ni chez Cambacérès ; une vive décision chez Davout, ferme dans son opinion et décidé pour la prorogation. Fouché insista au contraire pour que l'Empereur s'accordât avec les Chambres, comme s'il eût ignoré ce qui se passait à l'heure même au Palais-Bourbon. Decrès marcha avec Davout ; Regnaud (de Saint-Jean-d'Angély), dupe ou complice de Fouché, peut-être convaincu que la proclamation de la Régence pouvait être un moyen de salut, lança le premier l'idée d'une abdication à laquelle tous pensaient. L'Empereur la releva et Regnaud n'hésita point à dire que, si Napoléon n'abdiquait point de son chef, les Chambres pourraient s'enhardir à réclamer la déchéance. Lucien très vivement se prononça pour la dictature. « Si la Chambre ne veut pas seconder l'Empereur, il se passera d'elle. Le salut de la Patrie est la suprême loi. » L'Empereur parla ; il exposa les espérances qu'il mettait au patriotisme de tous, les ressources qui lui restaient, celles qu'il pouvait créer, l'enthousiasme qu'il était sûr de trouver dans l'armée. Il s'était convaincu ; il semblait avoir convaincu les ministres. Mais, durant qu'il parlait, les conspirateurs agissaient.

Ils devaient avant tout se mettre en garde contre la prorogation qui, éminemment légale, était d'autant plus redoutable pour les faiseurs de lois que, selon eux, elle menait à cette dictature de salut public à laquelle poussaient Davout, Decrès, Lucien, même Carnot: la prorogation ou la dissolution pouvaient sortir des délibérations de ce conseil qu'on tenait aux Tuileries. Il s'agissait donc de gagner de vitesse l'Empereur et les ministres. A midi un quart, Lanjuinais ouvre la séance; La Fayette monte à la tribune: en quelques mots, il annonce qu'il va proposer certaines résolutions: La Chambre déclarera que l'indépendance de la nation est menacée; elle décrétera sa permanence; toute tentative pour la dissoudre est un crime de haute trahison; quiconque se rendra coupable de cette tentative, sera traître à la patrie et jugé comme tel; l'armée et la garde nationale ont bien mérité de la patrie; la garde nationale sera portée au plus grand complet; les ministres sont invités à se rendre sur-le-champ dans le sein de l'assemblée.

Un coup d'État contre la souveraineté nationale, une insurrection contre l'autorité légale, un crime de lèse-patrie, la plus lâche et la plus folle des agressions contre le seul homme qui pût encore sauver la nation, c'était l'œuvre de celui qui, dans les annales de sa triste vie, a enregistré trois dates mémorables: le 5 octobre 1789, où il trahit le roi, le 20 août 1792, où il passa à l'ennemi, le 21 juin 1815, où il abattit l'Empereur. « Le plan concerté, écrit Joseph, s'exécute avec trop de succès. La peur était aux portes des uns ; l'ambition et la vanité aveuglaient les autres. L'Empereur et la nation sont sacrifiés à des chimères ; l'étranger veut les séparer et ce sont les députés de la nation, en majorité bien pensants, ennemis des constitutions octroyées et des systèmes monarchiques, ce sont ces députés qui servent plus les rois alliés que leur million de soldats. La Fayette se croit au Jeu de Paume de l'Assemblée constituante ; il met du courage à des actes de folie et de lâcheté ; il déclare comme Mirabeau qu'il est là par la volonté du peuple ; il menace celui qui vient implorer la participation et les secours du Corps législatif. Tous les projets qu'il propose sont accueillis par une majorité qui n'a plus d'opinion que celle que lui donne la masse des députés qui ont conspiré la nuit dans sa maison ; la garde nationale est appelée au secours de la représentation nationale que personne ne menace : l'Empereur est accusé. »

Voilà l'impression qu'éprouvent les quelques fidèles groupés autour de l'Empereur : il est accusé, et ceux qui auraient pu et dû répondre par un acte de force à cet acte de violence s'intimident et ils semblent frappés d'une terreur sacrée. On dirait qu'ici la légalité fût le prix de la course et que, en prenant l'initiative de l'usurpation, la Chambre eût mis le droit de son côté.

Dès ce moment, l'Empereur ne lutta plus que pour la forme. Il entra en des négociations et il adressa aux représentants et aux pairs un message où, en racontant brièvement le désastre, il annonçait qu'il était venu à Paris pour conférer avec les ministres et se concerter avec les Chambres. Cela passa dans l'inattention, et on n'y répondit point. Durant ce temps, la Chambre des pairs votait presque intégralement la motion usurpatrice de la Chambre des représentants. Celle-ci, enhardie par ses succès, en arrivait à vouloir nommer un commandant en chef de la garde nationale ; Sébastiani proposait que chacun des chefs de légion tînt un bataillon sous les armes ; sans plus attendre, Benjamin Delessert, chef de la 3ᵉ légion en même temps que représentant, faisait battre le rappel, réunissait 400 hommes qu'il dirigeait sur la Chambre. C'était un 18 Brumaire à rebours. En même temps, comme les ministres ne s'étaient point rendus encore aux appels de la Chambre, celle-ci multipliait les injonctions, créait une Commission administrative dont les pouvoirs étaient semblables à ceux des inspecteurs de la Salle au temps des Conseils, et la chargeait de prendre des mesures pour sa sûreté.

L'Empereur, après avoir un instant résisté, avait encore cédé. Il avait autorisé les ministres à se rendre devant les Représentants, mais, toujours confiant en l'éloquence et l'adresse parlementaires de Lucien, il le leur avait adjoint et l'avait désigné, conformément à la Constitution, pour son commissaire extraordinaire. « Lucien, a-t-il dit, était partisan d'une dissolution violente à laquelle encourageait l'enthousiasme des Fédérés assemblés autour de l'Élysée : mais c'était la guerre civile d'abord et ensuite le gouvernement révolutionnaire. » L'Empereur n'eût point voulu être sauvé par un bouleversement social. Il n'attendait le salut que de l'union des Français : « Essayez de ramener les Chambres, dit-il à son frère, je puis tout avec elles; sans elles, je pourrais beaucoup pour mon intérêt, mais je ne pourrais pas sauver la patrie. »

A la Chambre des représentants, où il arriva à 6 heures, avec les ministres, Lucien n'avait plus cette belle audace, cette indomptable faconde qu'il déployait seize ans auparavant. Déjà est-il surprenant que, rejeté après une si longue oisiveté au milieu de circonstances aussi tragiques, il ne fût point entièrement déconcerté : peu à peu son émotion tomba et il retrouva ses moyens. Sur sa demande, la Chambre se forma en comité secret pour entendre la lecture d'un message de l'Empereur. L'Empereur annonçait qu'il avait « formé un comité du ministre des Affaires Étrangères, du comte Carnot et du duc d'Otrante pour renouveler et suivre des négociations avec les puissances étrangères, afin de connaître leurs véritables intentions et de mettre un terme à la guerre, si cela était compatible avec l'indépendance et l'honneur de la nation. » Et il terminait par un appel au patriotisme des Chambres et à leur union. Lucien développa ce texte. Il montra la nécessité que

« de sages mesures dirigeassent les volontés vers un même but; l'armée se rallie, dit-il, la diplomatie peut agir, le salut de la patrie est tout entier dans l'union de ses premiers magistrats ».

Médiocrement assurés, Davout et Caulaincourt — celui-ci tout à fait pessimiste — parlent ensuite, puis Carnot. Jay, un des hommes de Fouché, demande la parole, pose la question d'abdication; toute négociation est impossible entre l'Europe et Napoléon; qu'il abdique et tout devient possible. Lucien répond : Il dit « que les Alliés n'ont refusé de communiquer avec l'Empereur que parce qu'ils affectaient de douter des dispositions de la France et qu'ils se sont flattés ensuite que les Français manqueraient de persévérance et céderaient au premier choc : c'est là le principe de l'obstination des ennemis à repousser la paix. Mais serait-il vrai que leurs calculs ne dussent pas tromper leur ambition et que la France ne trouvât pas en elle cette énergie dont la Russie, dont l'Espagne lui ont fourni des exemples contre elle-même? S'il en était ainsi, si nous abandonnions nous-mêmes notre propre cause, il ne resterait plus qu'à déplorer la perte de la patrie ». M. de La Fayette interrompt avec la véhémence d'une haine qu'ont accrue les bienfaits reçus. C'est pour avoir suivi un chef qui la conduisait à sa perte que la France s'est perdue; elle ne lui a montré que trop de constance et d'attachement. Lucien, paralysé par cette sorte de fétichisme qu'inspire La Fayette, n'ose ou ne peut répondre. Les conjurés s'enhardissent, en arrivent à proposer qu'une députation soit envoyée à l'Empereur pour lui demander d'abdiquer. Toutefois, au moment de voter, une sorte de tardive pudeur les arrête. Ils se contentent de réclamer que cinq membres de chacune des Chambres soient adjoints aux ministres pour être associés à leurs délibérations. Ainsi le pouvoir exécutif est mis en tutelle par le législatif et délibère avec lui en minorité. M. de Caulaincourt s'empresse d'acquiescer et Lucien, enchérissant, réclame la formation « d'une Commission chargée de s'associer au Conseil des ministres et de coopérer aux mesures de salut public qu'exigeraient les circonstances ». Mais on ne le suit point et l'on se contente des cinq membres : ce sont le président et les quatre vice-présidents : on ne pouvait en trouver qui fussent plus hostiles à l'Empereur.

A la Chambre des pairs, où les commissaires se rendirent ensuite, la scène fut plus décente ; on lut le message ; puis, sur la demande des commissaires, on élut cinq délégués, pour coopérer avec les délégués de l'Empereur et ceux des représentants. Ce furent Drouot, Dejean, Andréossy, Boissy-d'Anglas et Thibaudeau.

Lucien revint à l'Elysée pour rendre compte à l'Empereur. Napoléon était très abattu et très fatigué. Sa pensée flottait et il ne s'arrêtait à aucune résolution. Entre Hortense qui avait assisté à son dîner et Lucien, qui ne cachait aucune de ses impressions, en présence de Maret et de Caulaincourt, il allait de l'abdication à la dissolution. Lucien tenait pour ce parti; les ministres insistaient pour l'autre et menaçaient de la déchéance.

A onze heures du soir, la Commission des Chambres se réunit, avec les princes et les ministres, aux Tuileries, dans la salle du Conseil d'État. « On y répéta à froid, écrit Thibaudeau, le drame joué passionnément dans la Chambre des représentants. Pour l'acquit de leur devoir, les ministres proposèrent diverses mesures de défense, se renfermant dans l'ordre légal comme s'il ne s'était rien passé d'extraordinaire et s'il n'y avait eu rien de changé dans les rapports des pouvoirs. » Pourtant l'usurpation continuait, et on votait que des négociateurs pourraient être envoyés par les Chambres près des Alliés, puisque ceux-ci ne voulaient point traiter avec l'Empereur. De la part de ceux qui réclamaient l'abdication de l'Empereur, n'était-ce point proclamer l'abdication de l'indépendance nationale et reconnaître l'ingérence de l'étranger dans les affaires de France?

Jusque-là, on n'avait point abordé la question personnelle à Napoléon. C'était la seule qui fût réellement à l'ordre du jour. « Il n'appartenait point à ses ministres de la traiter », dit Thibaudeau. Mais La Fayette était là. Après quelques paroles d'adhésion aux mesures de défense que proposeraient les ministres, « il aborda la question de l'abdication, rappela les discours qui avaient été tenus à la Chambre des représentants et surtout celui de M. Jay qui s'était expliqué sur cet objet avec énergie et sans détour ». Un des assistants, Lucien, assure-t-on, l'interrompit pour dire que, « si les amis de Napoléon avaient cru son abdication nécessaire au salut de la France, ils auraient été des premiers à la lui demander ». Il tombait dans le jeu de La Fayette et lui procurait oiseusement d'étranges avantages. « C'est parler en vrai Français, s'écria-t-il ; j'adopte cette idée et la convertis en motion. Je demande que nous allions tous chez l'Empereur lui dire que, d'après tout ce qui s'est passé, son abdication est nécessaire au salut de la Patrie. » « Si Cambacérès qui présidait avait osé consulter l'assemblée, la majorité aurait décidé, malgré les ministres, de se transporter à l'Élysée pour prier l'Empereur d'abdiquer. Du reste, quelques ministres ne s'y opposaient que par un reste de prudence. Fouché, auprès duquel j'étais assis, écrit Thibaudeau, sans prendre hautement la parole, manifestait à chaque instant son adhésion au système des représentants. » La motion ne fut pas mise aux voix. En sortant, au petit jour, Fouché dit à Thibaudeau : « Il faut en finir aujourd'hui. »

C'était le 22. Les meneurs de la Chambre craignaient un coup de force, l'Empereur y pensait : mais cet acte d'autorité légale qui eût été la dissolution ou la prorogation, l'Empereur ne pouvait guère le tenter sans l'appui formel de la Chambre haute et son complet assentiment : Or les pairs qu'il avait nommés se solidarisaient avec les représentants et leur esprit — à quelques exceptions près — était exactement pareil. Au lever, toute idée de résistance avait disparu, l'Empereur admettait que ses serviteurs les plus fidèles lui parlassent d'abdication ; il approuvait que la Chambre traitât directement avec les Alliés par des commissaires élus; il approuvait qu'officieusement, en attendant que ce fût officiellement, Regnaud annonçât l'abdication et, s'il espérait un instant que les nouvelles apportées par M. Bourdon de Vatry de la part du prince Jérôme, produiraient quelque impression sur les représentants, c'était pour qu'ils ne courussent point à une lâche capitulation et non pour qu'ils l'épargnassent.

A la Chambre, où le compte rendu de la réunion des Tuileries avait été accueilli comme une déception, les représentants étaient prêts, faute d'avoir obtenu l'abdication assez tôt pour leur impatience, à prononcer la déchéance. Ils consentaient tout juste à accorder à l'Empereur, pour se prononcer, un délai d'une heure. On suspendit la séance. La Fayette allait échauffant ses amis. On dit qu'il s'adressa à Lucien et que Lucien lui répondit vertement, mais c'est Lucien qui le dit. Davout apporta les nouvelles données par Bourdon de Vatry; on ne voulut pas y croire; les porteurs de l'ultimatum revinrent, annonçant un prochain message de l'Empereur que Regnaud vint encore presser. Napoléon eut une révolte suprême, une colère qui tomba vite.

Autour de lui, certains qui étaient sincères poussaient à l'abdication, pensant peut-être à la régence ; d'autres n'y croyant pas, en parlaient. Lucien, à ce qu'il assure, opinait pour la résistance, un Brumaire, la dictature. Cela peut être ; son élévation princière était si neuve et si fragile qu'il avait tout à gagner du temps. Mais, en admettant qu'il ne se fût point rallié à une opinion devenue unanime, il ne prononça point de discours. Dans cette chambre mortuaire, on parlait bas. Il fallait pourtant rédiger cet acte ; Lucien prit la plume et écrivit, sous la dictée de son frère. Il prétend qu'il s'arrêta et voulut jeter la plume après cette phrase : « Je m'offre en sacrifice à la haine des ennemis de la France : puissent-ils être sincères dans leurs déclarations et n'en avoir voulu réellement qu'à ma personne ! » On représenta à l'Empereur — Carnot et Lucien d'abord — qu'il n'avait point nommé son fils. Il leva les épaules et, comme on insistait, il ajouta : « Je proclame mon fils, sous le titre de Napoléon II, empereur des Francais. Les princes Joseph et Lucien et les ministres actuels formeront provisoirement le Conseil de gouvernement. L'intérêt que je porte à mon fils m'engage à inviter les Chambres à organiser sans délai la régence par une loi. »

Que son fils prît sa succession, comment l'eût-il pensé ? Comment eût-il cru que cette assemblée déchaînée contre son règne, mais qu'il croyait patriote, pût accepter pour souverain un enfant dont l'Autriche avait la garde ? Son patriotisme l'élevait à cette hauteur, de préférer les Bourbons, « qui au moins n'étaient point sous la férule autrichienne ». Sur une observation de Maret, on biffa le nom des princes que l'Empereur avait placés avec les ministres dans le Conseil de gouvernement. Maret dit qu'on exigerait peut-être encore leur renonciation à la couronne. « Comment, de mes frères ? dit l'Empereur. Ah ! Maret, vous voulez donc nous déshonorer tous !... »

Fouché, Caulaincourt, Decrès allèrent porter l'abdication aux Représentants, Gaudin, Mollien, Carnot aux Pairs. A la Chambre basse, Fouché discourut et prétendit s'attendrir, mais il ne parla pas plus de Napoléon II que n'en parlèrent les orateurs qui lui succédèrent, même Regnaud. Pourtant celui-ci parla avec émotion de l'Empereur et provoqua la Chambre à faire au moins près de lui une démarche de déférence, à lui exprimer, au nom de la nation, son respect et sa reconnaissance. Napoléon ne s'y trompa point ; il jugea le néant des motifs, mais il voulut montrer qu'il n'était point dupe. « Je recommande mon fils à la France, dit-il en terminant. J'espère qu'elle n'oubliera point que je n'ai abdiqué que pour lui. Je l'ai fait aussi, ce grand sacrifice, pour le bien de la nation ; ce n'est qu'avec ma dynastie qu'elle peut espérer d'être libre, heureuse et indépendante. » M. le comte Lanjuinais répondit par quelques paroles coupantes, que « la Chambre n'avait délibéré que sur le fait précis de l'abdication ; mais qu'il se ferait un devoir de rendre compte à la Chambre du vœu de Sa Majesté pour son fils. » Les hommes de l'espèce de La Fayette trouvèrent qu'il y avait dans cette réponse une présence d'esprit, une déférence et, en même temps, une fermeté admirables.

L'Empereur, lui, avait senti l'insolence et la sottise parlementaires ; aussi, quand, au nom de la Chambre des pairs, Lacépède se présenta avec le bureau pour lui offrir de menteuses condoléances ; que, lui aussi, il passa sous silence Napoléon II, l'Empereur le releva avec une extrême vivacité : « Je n'ai abdiqué, dit-il, qu'en faveur de mon fils... Si les Chambres ne le proclamaient pas, mon abdication serait nulle... Je rentrerais dans tous mes droits... D'après la marche que l'on suit, on ramènera les Bourbons... Vous verserez bientôt des larmes de sang... » Et il dénonça la faction d'Orléans prête à trahir la branche aînée comme à livrer la patrie...

Cela ne changea rien au plan des conjurés. Lorsque, à la Chambre basse, Durbach insinua que c'était au Conseil de régence d'administrer et qu'il n'y avait point lieu de nommer un Gouvernement provisoire, il fut hué ; car Fouché entendait tout conduire et avait pris son parti. Il fallait qu'il fût élu l'un des cinq membres de ce gouvernement : les représentants en nommèrent trois qui furent Carnot, Fouché et le général Grenier. Pour ceux qui se souvenaient du 18 fructidor, comme pour ceux qui avaient en mémoire les proclamations récentes de Grenier, un seul de ces trois comptait, et Fouché restait le maître, entre une dupe et un complice.

Mais que feraient les pairs ? Même après l'étonnante algarade de Ney, le « sauve qui peut » retentissant que le brave des braves avait hurlé à la tribune et qui avait atterré ses amis, la question de la succession au trône qu'ouvrait l'abdication de l'Empereur n'avait pas moins été posée. Deux hommes, l'un, Pontécoulant, qui devait tout à l'Empereur, l'autre Boissy, le ci-devant maître d'hôtel de Monsieur, qui, aux récompenses qu'il reçut de son ancien protecteur, travaillait pour lui, s'étaient opposés avec une froideur haineuse aux propositions qu'un dévouement passionné inspirait à Labédoyère, qu'une reconnaissante fidélité faisait soutenir à Ségur. On avait suspendu la séance pour envoyer cette députation à l'Empereur. A la reprise, à 9 heures du soir, tout ce qui demeurait napoléoniste était là : Joseph, Lucien, Jérôme, Fesch, Labédoyère, Ségur, Rœderer, Maret, Flahaut, tous revêtus de leurs décorations, étaient entrés ensemble. Lacépède qui présidait rendit compte, en atténuant les termes, des paroles de l'Empereur : « Je vous répète ce que j'ai dit au président de la Chambre des représentants, je n'ai abdiqué qu'en faveur de mon fils. » Aussitôt Lucien prit la parole. « Il s'agit ici, dit-il, d'éviter la guerre civile ; de savoir si la France est une nation indépendante, une nation libre : *L'Empereur est mort! Vive l'Empereur! L'Empereur a abdiqué! Vive l'Empereur!* il ne peut y avoir d'intervalle entre l'Empereur qui meurt ou qui abdique et son successeur. Telle est la maxime sur laquelle repose une monarchie constitutionnelle. Toute interruption est anarchie. Je demande qu'en conformité de l'Acte constitutionnel..... la Chambre des pairs, par un mouvement spontané et unanime, déclare, devant le peuple français et les étrangers, qu'elle reconnaît Napoléon II comme empereur des Français. »

Et comme il s'élevait des murmures : « J'en donne le premier l'exemple et lui jure fidélité. »

Et il développa sa motion qui tournait à l'accusation : « S'il est, dit-il, des traîtres autour de nous, s'il est des Français qui pensent nous livrer au mépris des autres peuples, à l'ignominie de ne savoir défendre ce que nous avons entouré de respect et d'amour ; si une minorité factieuse voulait attenter à la dynastie et à la Constitution ; ce n'est pas dans la Chambre des pairs qu'on trouverait des traîtres, ce n'est pas dans la Chambre des pairs qui a donné l'exemple du dévouement, que les factieux trouveraient un appui. »

Un tel discours eût pu porter de la tribune des Cinq-Cents ; à la tribune des Pairs il détonnait. On était là entre gens qui évitaient de se compromettre et se réservaient à l'enchérisseur. Pontécoulant prit prétexte des règlements parlementaires. « Si j'ai bien entendu, dit-il, on veut nous faire adopter une proposition sans délibération. » Et il posa aussitôt cette embarrassante question. « Je le demande au prince, à quel titre parle-t-il dans cette chambre? Est-il Français? Je ne le reconnais pas comme tel. Sans doute, je le trouve Français par ses sentiments, ses talents, par les services qu'il a rendus à la liberté, à l'indépendance nationale; je veux bien l'adopter pour Français. Mais lui qui invoque la Constitution, n'a pas de titre constitutionnel; il est prince romain, et Rome ne fait plus partie du territoire français. » Lucien essaya de riposter : « Je vais répondre, dit-il, à ce qui m'est personnel... » Quoi répondre? N'a-t-il pas, par vingt actes publics, affirmé sa sujétion et sa fidélité au Saint-Siège et le Pape n'a-t-il point proclamé qu'il est son sujet dans le brevet même de la principauté de Canino? D'ailleurs Pontécoulant ne tolère pas l'interruption : « Vous répondrez après, prince, dit-il, respectez l'égalité dont vous avez tant de fois donné l'exemple. » Et, continuant son raisonnement : on doit d'abord délibérer, dit-il, et abordant nettement la question : « Je déclare fermement que je ne reconnaîtrai jamais pour roi un enfant, pour mon souverain celui qui ne résiderait pas en France. On irait bientôt retrouver je ne sais quel sénatus-consulte; on nous dirait que l'Empereur doit être considéré comme étranger ou captif, que la régente est étrangère ou captive, et l'on nous donnerait un autre régent qui nous amènerait la guerre civile... On nous parle d'une minorité factieuse... Sommes-nous des factieux, nous qui voulons la paix? ». Et il réclama la discussion ou l'ordre du jour.

Lucien essaya une justification embarrassée : « Si je ne suis pas Français à vos yeux, dit-il, je le suis aux yeux de la nation entière. » Propos cicéronien : que ne proposait-il de monter au Capitole? du coup son aplomb était ébranlé. Il entrait dans les considérations juridiques et constitutionnelles. Boissy y était bien autrement expert. En parlant de la paix, de l'obstacle qu'y apporterait la proclamation de Napoléon II, il était sûr de grouper autour de lui toutes les lâchetés. Mais il comptait sans Labédoyère. Ah! le noble et généreux Français et comme les paroles qu'il prononce, d'une voix habituée à dominer le bruit des armes, cinglent et fouettent ces vieillards épeurés qui furent jadis des soldats! Par un tumulte de voix cassées, on couvrit à la fin ses paroles; on le rappela à l'ordre et les anciens sénateurs reprirent l'exécution du plan tracé par Fouché : l'établissement d'un Gouvernement provioire, substitué au Conseil de régence. Lucien déclara qu'il n'entendait pas s'opposer à la nomination des membres de ce gouvernement. Croyait-il, par cette concession, s'attirer des suffrages ou bien était-ce là un propos concerté avec Joseph en vue d'une combinaison qu'on ne comprend pas; car, après que Ségur et Maret ont lutté avec une remarquable vigueur, pour la cause de Napoléon II, Joseph, répondant au comte de Lameth qui insiste sur la nomination du gouvernement, répond : « Il n'y a pas d'inconvénient à le nommer, mais il faut l'autoriser à gouverner au nom de Napoléon II pour qui seul l'Empereur a abdiqué. » La discussion devient de plus en plus confuse : Maret, Ségur, Rœdorer, Flahaut, demeurent sur la brèche, attaqués par Cornudet, que renforcent Quinette, Valence, Thibaudeau, Pontécoulant — enfin, personnage inattendu, Decrès ! La clôture de la discussion est adoptée; l'ajournement de la proposition de Lucien est prononcé. On procède au scrutin pour la nomination de deux commissaires. Sur soixante-dix votants, Caulaincourt obtient cinquante-deux voix, Quinette quarante-huit. Lucien à chaque scrutin en a eu dix-huit. Voilà ce qui est resté fidèle à l'Empereur dans la Chambre dont il a nommé tous les membres !

Toutefois, les paroles de Labédoyère n'étaient point restées sans écho et l'on avait tenté vainement de les étouffer. Elles avaient porté un avertissement aux meneurs du complot, en même temps qu'elles retentissaient dans les masses patriotes qui, de tous les faubourgs de la grand'ville, affluaient vers l'Elysée. Si l'Empereur n'avait trouvé qu'ingratitude et trahison chez ceux qu'il avait comblés de ses bienfaits, chez ceux qui, peut-on dire, l'aimaient pour lui-même, il trouvait, avec une fidélité passionnée, une ardeur au sacrifice qui évoquait les plus beaux moments de l'Histoire. Ce peuple, qui, en trois mois, eût pu former la plus redoutable des armées nationales, offrait ses bras, son sang, son cœur. Sur un geste parti de l'Elysée, il eût jeté à la rivière les Représentants et leurs élus, Fouché (de Nantes), l'oratorien défroqué, Quinette, l'amant d'Illyrine, Caulaincourt, le négociateur de Plesswitz et d'ailleurs, et il eût rendu à l'Empereur les morceaux lacérés de son acte d'abdication.

Mais Fouché et les parlementaires formés à son école ou soumis à ses suggestions, excellaient justement à faire prendre une ombre pour la proie qu'ils se réservaient. Ils pensaient bien que, à la Chambre des représentants, les patriotes reviendraient à la charge et ils s'étaient déterminés à leur céder sur l'apparence, pourvu qu'ils conservassent la réalité du pouvoir et la direction exclusive des affaires. Le 23, prenant prétexte d'une proposition de Béranger (de la Drôme) sur la responsabilité collective des membres de la Commission et d'une proposition de Dupin sur la formule d'un serment à prêter par eux, le comte Defermon, avec l'admirable netteté de sa belle intelligence juridique, remit en question la proclamation du Prince impérial. « Nous avons un empereur en la personne de Napoléon II, dit-il... La Constitution est notre étoile polaire et elle a pour point fixe

Napoléon II! ». Cette fois, ce sont des cris d'adhésion qui partent de la plupart des bancs et lorsque Defermon ajoute : « Lorsqu'on verra que nous nous rallions fortement à nos Constitutions, que nous nous prononçons en faveur du chef qu'elles nous avaient désigné, on ne pourra plus dire à la garde nationale que c'est parce que vous attendez Louis XVIII que vous ne délibérez pas... Nous rassurerons l'armée, qui désire que nos constitutions soient conservées, il n'y aura plus de doute sur le maintien constitutionnel de la dynastie de Napoléon. » Toute l'Assemblée est debout. Au milieu d'applaudissements enthousiastes « le cri de Vive l'Empereur! éclate dans la majorité ».

Tout le monde semble d'accord; Béranger qui prononce des paroles d'admirable fidélité; Boulay qui, avec sa robuste carrure, attaque l'ennemi de face, jette la terreur dans les rangs des adversaires en dénonçant la faction d'Orléans, Garat, Regnaud, Mouton-Duvernet... Mais voici Manuel, le Manuel, que le peuple entoura plus tard d'une si chaude popularité, qui s'institua le défenseur des gloires nationales... C'est l'homme de Fouché : il a été son confident lorsque le duc d'Otrante couvait ses haines dans sa sénatorerie d'Aix; il est l'élu du ministre de la Police dans le Collège des Basses-Alpes. Sa tâche est difficile, car l'immense majorité de l'assemblée paraît décidée pour Napoléon II, surtout contre les Bourbons, mais n'est-il pas moyen de la leurrer? d'éviter une proclamation formelle, une diminution des pouvoirs du Gouvernement provisoire? Il y parvient. La Chambre passe à l'ordre du jour motivé : 1° Sur ce que Napoléon II est devenu empereur des Français par le fait de l'abdication de Napoléon Ier et par la force des Constitutions de l'Empire ; 2° Sur ce que les deux Chambres ont voulu et entendu, par leur arrêté à la date d'hier, portant nomination d'une Commission de gouvernement provisoire, assurer à la nation la garantie dont elle a besoin dans les circonstances extraordinaires où elle se trouve, pour sa liberté et pour son repos, au moyen d'une administration qui ait toute la confiance du peuple. »

Les niais crient vive l'Empereur! avec enthousiasme et s'imaginent qu'ils ont ville gagnée. Les malins qui ont senti combien, au milieu des périodes enflammées sur la Guerre, l'Indépendance et la Liberté, portent seules les phrases honteuses sur la paix, les ménagements qu'on doit garder à l'égard de l'ennemi, l'opportunité de lui laisser le choix du souverain... les malins comprennent que Fouché, devenu dictateur, va livrer la nation, pourvu qu'on lui garantisse le respect des personnes et des fortunes, sinon le maintien des emplois aux Jacobins nantis. Peut-être s'est-il fait l'illusion de penser qu'il avait encore un grand rôle à jouer ; du moins, croyant les Bourbons inévitables, a-t-il voulu que leur rentrée ne fût point marquée par une réaction sanglante dont il eût été une des premières victimes.

Les Pairs, malgré Boissy-d'Anglas et Lameth, sur un discours de Thibaudeau très violent contre les Bourbons, adoptent une délibération analogue à la première qu'avaient prise les Représentants : « La Chambre des Pairs déclare que Napoléon II est devenu empereur des Français par le fait de l'abdication de Napoléon Ier et par la force des Constitutions de l'Empire. »

Manifestation platonique, a-t-on dit. Sans doute, la déclaration des Chambres n'eut point pour effet d'investir efficacement Napoléon II de l'autorité impériale. Nul décret ne fut rendu en son nom; nulle loi promulguée ; mais il suffit de ces actes pour que Napoléon II ait été le souverain légitime de la France et que, par ce même fait, il ait conservé en puissance et qu'il ait transmis les droits imprescriptibles de la dynastie nationale.

Si l'Empereur, dans ce désastre où entraînait la désunion, avait presque omis le nom de son fils, et s'il avait considéré comme oiseuse une transmission de pouvoirs qui n'existaient plus à un enfant prisonnier de l'ennemi, à présent il avait senti la faute et l'on peut bien penser qu'il avait employé ses fidèles à la réparer. Lucien, qui s'était prodigué avec d'autant plus de dévouement que sa fortune nouvelle était en jeu, qu'il ne manquait pas plus d'être persuadé de sa dignité princière que de son habilitation dynastique, y avait échoué; Joseph avait à peine dit un mot; Jérôme s'était tû. La voix de l'armée par la bouche de Labédoyère; la voix du peuple par les milliers de bouches criant Vive l'Empereur! autour de l'Elysée avaient imposé, quoi qu'il arrivât désormais, que Napoléon II était et demeurerait l'Empereur. — Et cela suffisait à la Nation si quelque jour elle entendait se reprendre.

Toutefois, quand Regnaud vint lui rendre compte, il parut presque indifférent. « Il demanda à quoi s'occupaient les représentants. — Au projet de la Constitution, Sire. — Toujours le Bas Empire, dit l'Empereur, ils délibèrent, les malheureux! Quand l'ennemi est aux portes! » Que leur importait? N'est-ce pas un des principaux meneurs de cette chambre, M. Dupin, celui qui préludait alors à cette carrière d'honneurs et d'infamie, n'est-ce pas lui qui, le 3 juillet, parlant sur la Constitution, répondit à un collègue lui disant : « Hâtons-nous. Les Prussiens et les Anglais arrivent! — Ils seraient là que je voudrais encore émettre librement mon opinion!... »

L'Empereur sentait qu'il n'avait plus rien à faire en France. Il avait compté demander l'hospitalité aux Anglais. A présent, en apparence au moins, il était converti à l'idée de passer aux Etats-Unis, mais, ouvertement, sous son nom, avec des passeports anglais pour le moins. On les lui promettait et il devait croire que cela rentrait d'une façon formelle dans les instructions que Bignon, chargé du portefeuille depuis que Caulaincourt siégeait à la Commission, avait données aux plénipotentiaires nommés pour traiter avec l'ennemi : La Fayette, d'Argenson, Sébastiani, Pontécoulant, La Forest; mais on pouvait être assuré que, pas plus pour Napoléon II que pour Napoléon Ier, les plénipotentiaires ne se mettraient en peine. Tout ce qu'on pouvait espérer était qu'ils ne livreraient pas l'Empereur — si on ne le leur demandait pas trop haut.

Napoléon devenait gênant. Il paraissait ne vouloir quitter l'Elysée que pour gagner Rochefort. Le 24, Fouché envoya Davout l'engager à partir, pour Malmaison s'il voulait, en tout cas, à quitter Paris. Le soir même, à dîner, quand la reine Hortense vint le voir, il lui demanda l'hospitalité. Hortense partit aussitôt pour tout préparer. Dans la nuit, Fouché, assure-t-on, fit prévenir que l'on pouvait tenter un coup de main sur l'Elysée. Cela n'eût point été invraisemblable. Deux conspirations étaient prêtes à éclater, les royalistes ayant obtenu l'autorisation de former à Paris des corps francs qui, au lieu de combattre les coalisés, devaient enlever l'Empereur. On ne s'en émut point dans l'entourage. Le 25, Napoléon était décidé à partir : il prenait ses dernières dispositions lorsque Carnot vint, envoyé encore par Fouché, pressé d'avoir place nette. La foule emplissait pourtant le faubourg, criant : Vive l'Empereur! Il fit par la grand'porte sortir la voiture vide avec l'escorte;

il passa par le jardin, il retrouva à la porte des Champs-Élysées la voiture de Bertrand, il y monta et, sous l'escorte d'un seul écuyer demeuré fidèle, il partit...

TABLE DES MATIÈRES

XXXVI. — LE RETOUR DE L'ILE D'ELBE. — 26 février-28 avril 1815. — L'ENTENTE AVEC MURAT. — Mai 1814-février 1815. 1

LE RETOUR DE L'ILE D'ELBE. — L'Empereur n'a fait confidence de son retour ni à sa mère, ni à Pauline. — Attitude de Madame lors du départ. — Attitude de Pauline. — Recommandations faites aux princesses. — Qu'elles attendent à Porto-Ferrajo.

L'Empereur sait qu'il trouvera des amis en France, à Grenoble. — Motifs qui le dirigent vers Grenoble. — Le cléricalisme et les Bourbons. — Résistance des libéraux et des patriotes. — Les Loges. — A Grenoble, l'Empereur sera à Paris. — Point d'illusions sur le but et sur les moyens. — Tout ensuite dépend du retour de Marie-Louise. — L'Empereur convaincu qu'elle n'attend qu'un signe. — Lettre écrite de Grenoble. — Lettre écrite de Lyon. — Dictée faite à Bertrand. — Opinion générale que la paix est subordonnée au retour de l'Impératrice. — Nécessité de la paix pour la France. — Il faut que l'Europe consente au retour de Marie-Louise. — Les décrets de Lyon. — Pourquoi ils sont rendus. — Apparence et réalité. — Le Champ de Mai et le couronnement de l'Impératrice et du Prince impérial. — La régence annoncée. — Pourquoi l'Empereur confie le portefeuille des Affaires Étrangères au duc de Vicence. — Désappointement de Fouché. — Prestige que l'Empereur prête au duc de Vicence. — Il croit à sa fidélité. — Il essaie de reprendre Talleyrand et de le débaucher des Bourbons. — Émissaires qu'il lui envoie. — Lettres qu'il lui adresse. — Lettres qu'il adresse à l'empereur de Russie et à l'empereur d'Autriche. — Succès qu'il en attend. — Conviction où il est de la prochaine arrivée de l'Impératrice. — Lettre à Fesch sur le couronnement du prince impérial. — Les revenants de Vienne. — Le capitaine Hurault. — Bruits contradictoires. — Réponse du Congrès aux manifestes de Napoléon. — L'Empereur mis au ban de l'Europe. — Ce qu'est la déclaration du 13 mars. — La doctrine de la Sainte-Alliance. — Injustice et mensonges. — Proclamation du droit d'intervention. — Napoléon ne croit pas que les Alliés exécutent leurs menaces. — Il proteste de son désir de la paix. — Circulaire de M. le duc de Vicence. — Protestation du Conseil d'Etat. — L'Empereur veut employer des agents secrets. — Lettres autographes aux souverains. — La France en interdit. — La régence pourtant n'est pas impossible. — Mais la régence de Marie-Louise. — Tout dépend d'elle. — Mauvais bruits rapportés par Montrond sur sa situation d'esprit. — Arrivée de Ballouhey. — L'Empereur n'apprend de lui rien de positif. — Il faut attendre l'arrivée de Meneval. — La destinée de Napoléon et la fortune de la France aux mains de Marie-Louise.

Entente avec Murat. — En quittant l'île d'Elbe, Napoléon comptait sur deux alliés, Marie-Louise et Murat. — Qu'arrive-t-il de Murat ?

Les deux parias de l'Europe contraints à s'entendre, — après des négociations qui ne durent guère être entamées avant le mois de décembre. — Napoléon a nié qu'aucun rapprochement ait eu lieu avant son départ. — Contredit par les faits. — Il allègue qu'il envoya le chevalier Colonna au moment du départ. — Objet de la mission de Colonna. — Ce qu'en dit Napoléon. — Contradictions relevées qui prouvent l'entente antérieure au second voyage de Colonna. — Point d'alliance signée. — Paroles de Murat. — Mission que Napoléon confie à Murat. — Faire connaître à l'Autriche ses dispositions pacifiques. — Il compte sur la nécessité pour rendre Murat raisonnable.

Politique de Murat depuis mai 1814. — Son isolement en Europe. — Le Renégat. — Seule l'Autriche lui fait à peu près bonne mine. — L'évacuation de la Toscane, des Duchés et des Marches. — Pie VII et Murat. — Refus du pape de le reconnaître tant qu'il occupera une partie quelconque du territoire pontifical. — L'Angleterre refuse de se compromettre et de recevoir son émissaire. — Même conduite de la part de la Russie. — Les Bourbons : l'Espagne et le Deux Mai. — Lettre de Murat à Ferdinand VII. — Attitude vis-à-vis de Louis XVIII. Envoi de Schinina. — Argent distribué par les agents de Fouché. — Tentatives sur Talleyrand. — Pourquoi infructueuses. — Lettre de Murat à Louis XVIII. — Humilité de Murat. — Jaucourt et Schinina. — Offre d'alliance contre l'Autriche. — Hostilités ouvertes par Louis XVIII. — Policiers français en Lombardie. — Desquirou de Saint-Agnau. — Murat dénonce les patriotes italiens. — Sauvage répression d'un mouvement carbonariste. — Avances à l'Autriche. — Murat met ses espoirs en M. de Metternich. — Conditions pour qu'il soit sauvé. — Qu'on soit certain de sa sincérité lorsqu'il a trahi l'Empereur, que nulle puissance n'ait intérêt à le détruire. — Or il est accusé par tous. — Mauvaise volonté prouvée. — Résolution prise par Louis XVIII. — Négociation secrète entre Blacas et Bombelles. — Murat veut prendre les devants, présente un mémoire apologétique. — Ce mémoire livré à la critique du comte Nugent et de Lord Bentinck. — Entrevue de Talleyrand et de la légation muratiste. — Eugène et la princesse Bagration. — Vantardises de Murat. — 80.000 hommes ! — Lettre à l'empereur d'Autriche. — Lettre au prince régent. — Les Anglais refusent de livrer Murat, à moins qu'on ne leur prouve sa duplicité. — Louis XVIII prépare l'attaque contre Murat. — La princesse de Galles à Naples. — Murat joue sur les deux cartes : Angleterre et Autriche. — Mais il se remet en rapport avec les Unitaires. — Les Emissaires de Fouché. — M. de Jullian. — Projets des Unitaires.

Caroline. — Elle a accepté totalement l'alliance avec l'Autriche. — Elle se tient pour chef de famille. — Comme elle morigène. — Rapports avec Pauline.

Echange de lettres. — Voie ouverte pour Murat. — L'Empereur a recommandé la paix. — Dès le 23 février, Murat a présenté un ultimatum à l'Autriche. — Que gagne Napoléon à cette entente avec Murat ?

XXXVII. — La famille a Paris. — Mars-juin 1815 . . 71

Hortense aux Tuileries le 20 mars avec Julie. — Paroles sévères de Napoléon. — Lettre inconsidérée à Eugène. — Eugène compromis. — Il est question de l'arrêter. — Explication avec l'empereur Alexandre. — Remords d'Hortense. — Nouvelle lettre. — Les Beauharnais contre les Bonaparte. — Hortense inconsidérée. — Ce qu'a été son salon. — Son effort pour y réunir des éléments irréconciliables. — Les officiers bonapartistes. — Les femmes. — Justifications devant Alexandre. — Hortense et Thibaudeau. — Opinion de celui-ci. — Flahaut en rapports avec l'Empereur. — L'annonce du retour de l'Empereur. — On accuse la reine de l'avoir fêté. — Les enfants mis en sûreté. — On inspire à Hortense une étrange démarche près d'Alexandre. — Elle provoque l'immixtion de l'étranger. — Les Bourbons tentent un coup de force. — Les visites. — Les avis. — Avertie de se mettre en sûreté. — Demande asile à de faux amis, — à la négresse qui fut la bonne d'Eugène. — Calomnies contre elle. — Elle offre ses services à l'Empereur, au roi, à Mme Récamier, aux d'Orléans, etc. — Visite aux Tuileries avec ses fils. — Ce que dit l'Empereur du procès. — Louis refuse de rentrer en France. — Il reste à Florence. — Réconciliation de l'Empereur avec Hortense. — Il fait écrire par elle à l'empereur Alexandre. — Sa lettre. — Réponse d'Alexandre. — Elle donne ouverture à la régence. — Napoléon à Malmaison avec Hortense. — Souvenirs de Joséphine. — Hortense tient la Cour. — Ses lettres à M. Sosthène de La Rochefoucauld et à Mme du Cayla. — Inconscience sentimentale.

Joseph. — Il arrive le 23 aux Tuileries. — Son voyage. — Comment il a été proscrit en Suisse. — Le comte et le prince de Talleyrand contre lui. — Obstacles mis par le ministre d'Autriche. — Négociation de Paroisse. — Assurances qu'il donne au comte de Talleyrand. — Etrange démarche de Joseph, sans doute commandée par Napoléon. — Mesures prises contre lui. — Son arrestation commandée. — Conspirait-il avec Napoléon? — Habitations, chevaux, voitures, apanage offerts par l'Empereur. — Maison militaire. — Conduite de Joseph. — L'Empereur lui destine la dignité de grand électeur. — Constitution de son apanage. — Il réconcilie l'Empereur avec Lucien.

Lucien. — Lucien ne peut rester à Rome si le pape en sort. — Il tente de l'y faire rester. — Il quitte Rome avec le Père Maurice. — Mme Lucien reste à Frascati. — A Florence, Lucien demande les ordres du pape. — Il va à Milan, — traverse la Suisse. — Arrive à Genève. — S'arrête à Berne. — Pique sur Paris. — Station à Charenton. — Versions différentes. — Le Père Maurice aux Tuileries. — Il voit l'Empereur, qui ne parle pas de Lucien. — Etrange imbroglio. — Lucien repart, — s'arrête à La Grange-la-Prévôté, — arrive à Prangins, — est averti qu'il va être arrêté, — repasse en France. — Séjour à Versoix. — Lettre au nonce. — M. Auguste de Talleyrand et le corps diplomatique. — Le nonce en suspicion. — Lucien loue une campagne sur les bords du

Léman. — Lettre reçue de Joseph. — Rappel de Lucien. — Gravité de cette mesure au point de vue dynastique. — Louis et Jérôme. — Lucien revient à Paris. — Lettre à l'Empereur. — Il demande à entrer dans la dynastie. — Palinodies. — Grand Cordon. — Note de l'Empereur sur la maison de Lucien. — Situation respective des héritiers. — Ce que dit Lucien impossible. — Lucien prince. — Son palais. — Sa maison. — Ses audiences. — Son ton. — L'Institut. — La réception de M. Parseval Grandmaison. — Discours d'Aignan. — Contraste avec la séance de la deuxième classe du 21 avril. — *L'Ode contre les détracteurs d'Homère* déclamée en séance par le prince Lucien. — Accueil qu'il reçoit. — Rapports qu'il dit avoir eus avec l'Empereur. — Consolidation de sa situation. — Le Palais-Royal apanage de branche. — Ce que Lucien réclamait en 1831. — Les armoiries du prince. — Lucien Bonaparte et non pas Lucien Napoléon. — Distinction essentielle. — Le prince républicain.

Jérôme. — Catherine doit aller aux eaux. — Nouvelle du départ de l'île d'Elbe. — Jérôme s'échappe. — Navigation dans l'Adriatique. — Premier, second débarquement sur les côtes d'Italie. — Rencontre du roi Joachim. — Conversation. — Les projets de Murat. — Ce qu'il propose à Jérôme. — Faux bruit de l'arrivée de Catherine à Ancône. — Jérôme à Bologne. — Son entrée à Florence au milieu des Autrichiens. — Il échappe, — rétrograde sur Ancône, arrive à Portici où il retrouve sa mère et son oncle.

Madame. — Elle eût voulu quitter Porto-Ferrajo. — Écrit à Lucien à ce sujet. — Arrivée du colonel Campbell. — Scène avec Pauline.

Pauline, qui a pris peur, s'embarque avec les dames Lebel sur un petit bâtiment, — arrive à Viareggio, — débarque, — se fait transporter à Campignano, château de la princesse Elisa. — Le château cerné la nuit par les Autrichiens. — Un des serviteurs de Pauline s'échappe, elle est prisonnière.

Madame pensait à la rejoindre. — Attend désormais qu'on la vienne chercher. — Transportée à Naples sur un vaisseau napolitain.

Fesch. — Ses espérances de tranquillité. — Les caisses de tableaux qu'il attendait, séquestrées par les Bourbons. — Inventaire de sa galerie. — Il n'a pas reçu les instructions de l'Empereur l'accréditant près du Pape. — Arrivée de Jérôme. — Triste réunion de famille.

MADAME, JÉRÔME ET FESCH. — Premier embarquement sur le *Joachim*, obligé de rentrer en rade. — Arrivée de la *Biche*. — Blocus de la rade. — Arrivée de la *Melpomène*. — Le guet-apens des Anglais. — La *Melpomène* attaquée en pleine paix et prise. — Cruelle incertitude. — Arrivée de la *Dryade* à Gaète. — Sauf-conduit anglais. — Départ pour la France. — Relâche à Bastia. — Le général Simon. — Jérôme et ses prétentions. — Le bal manqué. — Arrivée au golfe Juan. — Voyage à travers la France. — Enthousiasme des Lyonnais. — Jérôme arrive à Paris le 27 mai. — L'Empereur lui demande quel commandement il veut prendre. — Question dynastique posée. — Droits incontestables de Jérôme. — Opinion d'Hortense. — Le Champ de Mai. — Fesch désigné pour y officier arrive quand tout est terminé.

Règlement de la situation financière. — Rentes et apanages. — Ce que l'Empereur donne à chacun des siens.

XXXVIII. — LES AVORTEMENTS. — LE CHAMP DE MAI. — L'ÉQUIPÉE DE MURAT. — Mars-juin 1815 161

NAPOLÉON et la Révolution. — Les premières proclamations. — Les actes. — Les décrets de Lyon. — La constitution du ministère. — Les avances faites à la bourgeoisie. — La liberté de la presse. — Incertitude, incohérence, faiblesse du Gouvernement. — Restauration de la Maison. — Les fédérés. — Ce qu'il admet de la Révolution. — Sa machine. — Les préfets. — Cinq préfets en trois mois. — Les préfets de Louis XVIII. — Leur façon de servir l'Empereur. — L'Acte additionnel. — Détail des contradictions. — Mobiles auxquels l'Empereur a pu obéir. — Influences. — Question majeure : préparer la régence, assurer le trône à Napoléon II. — Impossibilité de fixer la date du Champ de Mai. — Ignorance où l'Empereur est resté des intentions de l'Impératrice. — Profits qui en résultent pour les Alliés. — L'Empereur fixé seulement à la mi-mai. — Arrivée de Meneval. — Récit de Meneval. — Ce qu'il dit de Marie-Louise et du Roi de Rome. — Note pour le duc de Vicence. — Rapport que doit faire Meneval. — Générosité de Napoléon. — Les phrases qu'on écrit et les mots qu'il faudrait dire. — L'écroulement de la combinaison de Napoléon.

MURAT. — Il débarque à Cannes. — L'Empereur, depuis

l'île d'Elbe, a tout fait pour retenir Murat. — Mission de Colonna à Naples. — A son arrivée (1er mars), Murat est déjà à la veille d'une rupture avec l'Autriche. — Sa note au cabinet de Vienne remise le 26 février. — L'ultimatum. — Sur la nouvelle du départ de Napoléon, protestations de fidélité à l'alliance autrichienne. — Inquiétudes et agitations. — Fermeté de la reine. — Ses confidences au comte Mier. — Murat expédie à Londres un courrier pour protester de sa fidélité. — Reprise d'intrigues avec les Unitaires. — Il craint que Napoléon ne recouvre l'Italie. — Il veut être roi d'Italie. — Confidences à d'Ambrosio. — Lettre à Napoléon portée par Alexandre de Bauffremont. — Annonce du départ du roi pour les Marches. — Prétexte d'un voyage. — Mobilisation de l'armée. — Demande d'explications de Mier. — Protestations de Murat. — Jeu double. — Arrestation de Pauline. — Réclamations. — Caroline refuse la régence. — Réponse des Autrichiens à la note du 26. — Murat quitte Naples. — Entrée à Ancône. — Demande de passage au pape. — Le pape quitte Rome. — Conversation entre Murat et Starhenberg à Ancône. — La guerre inévitable avec l'Autriche. — Murat croit rester en paix avec les Anglais. — Pourquoi les Anglais n'agissent pas immédiatement. — Lettre de Bentinck à Gallo. — Lettre de Murat à Bentinck. — Murat propose son alliance contre la France. — Marche en avant de Murat. — Rencontre d'un courrier de Joseph. — Cette lettre n'a pu déterminer le fait accompli. — Texte de cette lettre, suspecte, interpolée et faussée. — Preuves. — Etat d'esprit de l'Empereur. — Sa lettre à Murat. — Elle est parvenue. — Instructions pour le cardinal Fesch relatives à Murat. — L'Empereur désigne Belliard pour ministre à Naples. — Note sur Murat dans le rapport du ministre des Affaires Étrangères. — Aucune excitation n'est venue de Napoléon. — Conversation avec Jérôme. — Proclamation de Rimini. — Elle vise la France plus que l'Autriche. — Ordre du jour à l'armée. — Illusions de Murat. — Effectif de son armée. — Les Autrichiens se replient. — Murat à Bologne. — Combat sur le Panaro. — Entrée à Modène. — Echec d'Occhiobello. — La désertion. — Couleurs nouvelles données à l'Italie annexée à Naples. — Les Anglais. — Espèce d'ultimatum de Murat. — Déclaration de Bentinck. — Murat revient sur ses pas. — L'armée autrichienne en manœuvre. — Ce qu'on sait à Paris, on croit à des succès. — Idées de Napoléon. — Mission de Belliard. — Son voyage. — Son arrivée à Naples. — Il arrive en pleine crise. — Murat qui se croit perdu essaie de donner le change au public. — Tentatives près de Bentinck. — Près du général autrichien. — Près du cabinet de Vienne. — Demande d'armistice. — Dispositions de Metternich. — Echec sur échec. — Rentrée à Ancône. — Bataille de Tolentino. — Défaite totale. — Belliard rejoint Murat à Castel di Sangro. — Nouvelles qu'il apporte de Naples. — Caractère de Caroline. — Sa belle conduite. — Belliard expose les instructions de l'Empereur. — Murat essaie des explications. — Conseils de Belliard. — Nouvel échec. — Murat n'a de ressource que de rentrer à Naples. — Le blocus de Naples. — La *Dryade* et le commodore Campbell. — Conseil de défense. — La capitulation inévitable. — Convention avec Campbell. — Caroline exécute de point en point la convention. — Caroline écrit à l'empereur d'Autriche. — Emeutes. — Sang-froid de la reine. — Murat, sa fuite à Ischia. — Rencontre de Manhès. — Embarquement. — Arrivée à Cannes. — Lettres à Brune, à l'Empereur et à Fouché. — Sentiment de l'Empereur. — Les faux-Blacas. — La séance des Communes. — Indignation de Napoléon. — Communication des originaux des pièces faussées. — Jugement de Napoléon sur Murat. — Note au ministre des Affaires Étrangères. — Mission de M. de Baudus. — Ménagements à l'égard de Murat. — Première lettre de Murat à Mme Récamier. — Murat à Plaisance. — Opinion manifestée à son égard par les officiers de Toulon. — Il apprend la violation de la capitulation de Naples. — Caroline prisonnière des Anglais, livrée par eux aux Autrichiens. — Lettre de Metternich. — A quoi rêve Caroline. — Ses biens. — Sa lettre à Napoléon. — Murat. — Seconde lettre à Mme Récamier. — Lettre à l'Empereur. — Lettre à Fouché. — Prodige d'inconscience de Murat.

Le Champ de Mai. — Projets de Fouché. — L'Abdication. — S. A. I. le prince Lucien. — Lucien et Jullian. — Paroles de Lucien. — A défaut de l'Impératrice, il faudra un régent. — Ambitions de Lucien. — L'habit de garde national. — Lucien et Jérôme. — La Cérémonie. — Rang donné aux trois frères. — Critiques et opposition de Lucien. — Discours de l'Empereur. — Il annonce tous les malheurs. — Dissolution du Gouvernement. — Convocation des Chambres.

XXXIX. — LA SECONDE ABDICATION. — 27 avril-25 juin 1815. 289

L'entrée en campagne devait avoir lieu le 27 avril. — Pourquoi retardée. — Arrivée de Ballouhey. — Renseignement qu'il apporte de la part d'Eugène. — Résultats. — Autres motifs. — L'espoir de la paix. — La Santé. — Détails. — Le Gouvernement parlementaire. — La Chambre des Représentants. — L'élection du bureau. — Le comte Lanjuinais. — Les autres. — Lucien. — La nomination des Pairs. — Les catégories de l'ancien Sénat. — La trahison selon les dates. — Joseph et ses propositions. — L'opposition chez les Pairs contre les Princes.

Jérôme. — Dès son arrivée, il demande du service. — Formation de sa maison militaire. — Difficultés avec l'Empereur. — Les Westphaliens et les Français. — Jérôme, lieutenant général, nommé au commandement de la 6e division. — Il n'est parti que le 9 juin au soir.

La séance d'ouverture des Chambres. — Pourquoi les assembler? — Le discours de l'Empereur. — Enivrement des représentants. — Faiblesse du Gouvernement. — Fouché et Gand. — Les adresses des deux Chambres. — Adresse des Pairs. — Réponse de l'Empereur. — Adresse des Représentants. — Le Bas-Empire et les Barbares. — Ordre du Gouvernement en l'absence de l'Empereur. — Ce que l'Empereur se réserve. — Fonctions du conseil des ministres. — Lucien et Joseph. — Joseph remet ses diamants à l'Empereur. — Ce que furent les délibérations du conseil des ministres. — Rôle de Joseph. — Discours de Lucien. — La liberté de la Presse. — Davout et Fouché.

Jérôme. — Ouverture de la campagne. — Sous quels auspices! — Jérôme à Avesnes. — Sa division, ses brigadiers. — Le 2e de ligne. — Le déjeuner offert au Prince. — La proclamation du 14 juin. — Bourmont et Jérôme. — Passage de la Sambre. — Premiers succès. — Les Quatre-Bras. — L'attaque de la ferme du Grand-Pierre-Pont et du bois de Boussu. — Alternatives. — Jérôme blessé. — La charge du duc de Brunswick. — Deux cousins. — Les pistolets du duc. — Renforts continuels de l'ennemi. — Charge d'une brigade des cuirassiers. — On recule. — Nos pertes. — Retraite de l'armée anglaise. — Jérôme et l'Empereur. — Jérôme est chargé de l'attaque d'Hougoumont. — Le général Bauduin tué dans le bois, qui est enlevé. — Attaque du château. — Pertes énormes. — Le canon. — Pertes de la division. — Elle est réduite à deux bataillons. — Jérôme va retrouver l'Empereur. — Versions diverses. — Jérôme assiste à la fin de la bataille. — Il ne quitte l'Empereur qu'à 8 heures du soir. — Chargé de rallier l'armée. — Il se rend à Avesnes où il arrive le 20 au matin. — Puis à Laon. — Le Bulletin. — Soult et Jérôme. — Jérôme se rend à Paris.

L'Empereur à Paris. — Ce qui s'est passé en son absence. — Lettre de Lanjuinais à Joseph. — Projets de l'Empereur. — Conseil des Ministres. — La conspiration de La Fayette et de Fouché racontée par Joseph. — Ce que fait l'Empereur à son arrivée. — Etat d'esprit des ministres. — Lucien. — La Chambre des Représentants. — La motion de La Fayette. — Un Dix-Huit brumaire à rebours. — Ce que dit Joseph. — Message aux Chambres. — Usurpations nouvelles de la Chambre. — Benjamin Delessert. — La Chambre et les ministres. — L'Empereur cède. — Lucien adjoint aux ministres. — Discours de Lucien. — Les hommes de Fouché. — La Fayette contre l'Empereur. — On veut forcer l'Empereur à abdiquer. — La Commission de Gouvernement. — Les Représentants et les Pairs. — Etat d'esprit de Napoléon. — La séance de la Commission. — La proposition de La Fayette. — Les Représentants et l'abdication. — La scène à l'Elysée. — — L'acte d'abdication. — Napoléon II ? — Les conjurés essaient d'esquiver la proclamation. — M. le comte Lanjuinais. — M. le comte Lacépède. — Le Gouvernement provisoire. — Les Pairs. — Pontécoulant et Boissy. — Labédoyère. — Lucien. — Intervention de Pontécoulant. — Il dénie à Lucien la nationalité française. — La régence. — Labédoyère. — Nomination des deux commissaires. — Les Fédérés devant l'Elysée. — Les conjurés ont peur et jouent de ruse. — Ils acceptent la proclamation de Napoléon II. — Les Pairs les imitent. — Napoléon et son fils. — Napoléon contraint à quitter l'Elysée.

BIBLIOTHÈQUE NATIONALE
RF
IMPRIMÉS

ÉVREUX, IMPRIMERIE CH. HÉRISSEY

SOCIÉTÉ D'ÉDITIONS LITTÉRAIRES ET ARTISTIQUES
Librairie Paul Ollendorff
50, CHAUSSÉE D'ANTIN. — PARIS

ŒUVRES DE M. FRÉDÉRIC MASSON

de l'Académie française

Le Cardinal de Bernis depuis son ministère (1758-1794) . . . 1 vol. in-8°.
Le Département des Affaires étrangères pendant la Révolution (1787-1804). . . . . 1 vol. in-8°.
L'Académie française (1629-1793) . . . . 1 vol. in-8°.

ÉTUDES NAPOLÉONIENNES

I. Manuscrits inédits de Napoléon (1786-1791) . . . . 1 vol. in-8°.
Napoléon dans sa Jeunesse (1769-1793) . . . . 1 vol. in-8°.

II. Napoléon et les Femmes . . . . 1 vol. in-8°.
Joséphine de Beauharnais (1763-1796) . . . . . . 1 vol. in-8°.
Joséphine Impératrice et Reine (1804-1809). . . . 1 vol. in-8°.
Joséphine répudiée (1809-1814). . . . . 1 vol. in-8°.
L'Impératrice Marie-Louise (1809-1815) . . . . . . 1 vol. in-8°.

La série sera complète en six volumes.

III. Napoléon et sa Famille (1769-1815) . . . . 11 vol. in-8°.

L'ouvrage complet formera douze volumes.

IV. Napoléon et son fils. . . . . 1 vol. in-8°.
V. Napoléon chez lui. — La journée de l'Empereur aux Tuileries . . . . 1 vol. in-8°.
VI. Cavaliers de Napoléon.. . . . . 1 vol. in-8°.
Le Sacre et le couronnement de Napoléon. . . . . 1 vol. in-8°.
VII. Napoléon à Sainte-Hélène (1815-1821) . . . . 1 vol. in-8°.

CHAQUE VOLUME : 7 FR. 50

Napoléon et les Femmes, édition illustrée par CALBET. . 1 vol. in-18.
La Révolte de Toulon en prairial an III . . . . 1 vol. in-18.
Le Marquis de Grignan, petit-fils de Mme de Sévigné. 1 vol. in-18.
Diplomates de la Révolution. . . . . 1 vol. in-8°.
Jadis (1re et 2e séries). . . . . 2 vol. in-18.
L'Affaire Maubreuil (Mars-avril 1814) . . . . 1 vol. in-18.
Jadis et Aujourd'hui (1re et 2e séries) . . . . 2 vol. in-18.
Autour de Sainte-Hélène (1re, 2e et 3e séries) . . . . . 3 vol. in-18.
Sur Napoléon . . . . 1 vol. in-18.
Petites histoires (1re et 2e séries) . . . . 2 vol. in-18.
Au jour le jour . . . . 1 vol. in-18.
Pour l'Empereur (1796-1821) . . . . 1 vol. in-18.

CHAQUE VOLUME : 3 FR. 50

Mémoires et Lettres du Cardinal de Bernis (1715-1758). 2 vol. in-8°.
Journal inédit du marquis de Torcy (1709-1711). . . . 1 vol. in-8°.
Mémoires du Comte Hippolyte d'Espinchal. . . . . . . 2 vol. in-8°.

CHAQUE VOLUME : 7 FR. 50

Souvenirs de Maurice Duvicquet . . . . 1 vol. 3 fr. 50
Journal de ma déportation, par Laffon-Ladebat . . . 1 vol. 3 fr. 50

EVREUX. — IMPRIMERIE CH. HÉRISSEY

www.ingramcontent.com/pod-product-compliance
Ingram Content Group UK Ltd.
Pitfield, Milton Keynes, MK11 3LW, UK
UKHW021054270726
13967UKWH00012B/1097